KB231682

동북아의 왕자를 꿈꾸다

동북아의 왕자를 꿈꾸다

동북아의 왕자를 꿈꾸다

고조선에서 발해까지, 한민족의 고대전쟁사

서인한

플래닛미디어
Planet Media

평화를 원하거든 전쟁을 이해하라

● 전쟁은 더 나은 수준의 평화를 건설하고자 하는 인간의 욕망에서부터 비롯되었다. 이는 동서고금을 막론한 전쟁사가들의 공통된 주장이다. 원시사회에서 국가가 출현한 후로 무력에 의한 영토확장과 정복활동은 더욱 조직적으로 행해졌다. 이런 정복전쟁을 포함한 모든 형태의 전쟁이 본질적으로는 그가 속한 정치공동체의 안전과 이익의 확보로 귀결된다는 점은 의심할 바 없는 분명한 사실이다.

고대국가에서는 권력의 정점에 군주가 존재했다. 군주는 하늘의 뜻을 지상에 전달하는 '대리자'로서 절대적인 통치권을 행사했다. 그가 장악한 권력은 군사軍事와 정치의 구분이 없었으며, 오히려 권력 초기에는 군사권이 정치권을 압도했다. 마오쩌둥이 "권력은 총구에서 나온다"고 말한 바 있으나, 그 이전에 고대의 권력은 이미 군사로부터 비롯되고 있었다.

고대의 전쟁은 그 정당성을 논하기에 앞서 본질적으로 생존을 위한 투쟁 자체였다. 전쟁에는 그 사회의 모든 지혜와 에너지가 동원되었고, 그 결과는 빛나는 전승으로 연결되어 모든 것을 취하게 하거나 혹은 왕조와 왕국의 몰락으로 이어지곤 했다.

과연 고대사회에서 전쟁은 무엇이고, 전쟁을 치렀던 전사들은 누구인가? 그 명분조차 변변찮았던, 그럼에도 생존의 현실로 받아들일 수밖에 없었던 고대의 전쟁을 통해 우리는 무엇을 배울 것인가? 그 전쟁에서는 진실로 인간을 향한 도덕과 가치가 전혀 무시되기만 했던 것인가? 역사를 주도했던 그들 주인공들의 고민과 결단의 종점에는 어떤 결과가 기다리고 있었는가? 이 책은 감히 이런 의문들에 대한 답으로 만들어졌다.

한국의 고대사에서는 신라의 삼국통일 이전까지 통치자가 직접 군대를 이끌고 전장에 출정하는 경우를 많이 볼 수 있다. 고조선의 위만, 고구려의 광개토왕, 백제의 근초고왕과 근구수왕, 신라의 진흥왕과 무열왕·문무왕 부자, 발해의 고왕 대조영과 무왕 대무예 등이 그 대표적 인물이다. 군주로서 통치자이자 군사지휘관이었던 이들은 이른바 '지휘관형 군주'의 전형이었다.

대화로 하는 전쟁이 외교라면 무력으로 하는 외교가 바로 전쟁이다. 이것은 무한경쟁, 약육강식의 논리가 지배하는 세계질서와 함께 반만년 전부터 21세기 오늘 현재까지도 여전히 유효한 '엄숙한 생존의 룰'이다. 이것은 다만 문장의 형식을 취하지 않은 '국제법'이다. 그 중한 질서 안에서 그들은 외교와 군사력을 적절하게 구사하며 전쟁과 평화의 균형점을 찾고자 했다.

고대사회의 국제적 질서 아래, 생존을 위해 치열하게 몸부림한 전쟁사에서 일정한 법칙을 끌어내기란 결코 쉽지 않다. 다만 한 시대의 과학과 철학, 지식과 견식 등 모든 동력을 끌어 쓴 그들의 분투 속에서 역사가 전하는 생생한 생존의 파노라마만은 읽을 수 있을 것이다. 그것을 나는 '지혜'라 하겠다.

왜 전쟁을 이야기하는가? 목적은 찬양이 아니다. 전쟁을 이해하지 않고 평화를 말할 수 없기 때문이다. "평화를 원하거든 전쟁을 준비하라^{Si vis pacem, pare bellum}"는 말처럼 전쟁은 인류 역사의 중요한 일부를 형성해왔으며, 명백하게 승자와 패자를 갈라놓았다. 나폴레옹과 싸워 승리한 웰링턴은 "패전 다음으로 슬픈 일은 승전이다"라고 하여 승리한 전쟁조차 평화보다는 아픈 것임을 역설적으로 표현했다.

그럼에도 불구하고 자의적으로 내린 전쟁의 명분은 항상 정당했다. 그리고 전쟁은 우리의 의지와 무관하게 멀리 떨어져 있지도 않았다. 고조선부터 발해시기까지 주변국과의 주요 전쟁을 분석하고, 여기에 한반도 내부에서 주도권을 잡기 위해 싸운 전쟁을 독립적·개관적으로 조망함에 따라 모두 11개의 전쟁 상황으로 정리하게 되었다.

이 책이 평화를 갈망하는 바 전쟁을 보다 명확하게 이해하게 하고, 그 이해를 통해 인간의 가치를 더욱 고양시키는 데 유익한 길잡이가 되기를 바라마지않는다.

차례

들어가는 말 | 평화를 원하거든 전쟁을 이해하라 ● 4

제1장 문화의 우위가 힘의 불균형을 만들다
– 기원전 300년 고조선과 연나라의 전쟁

최초의 국가 ● 14
'잔인하고 교만한' 경제대국 ● 16
연의 동진 ● 19
군비경쟁 ● 21
연의 세력권에서 벗어나 수도를 한반도로 옮기다 ● 24
전략적 후퇴 ● 28

또 하나의 역사 단군신화를 어떻게 볼 것인가? ● 30

제2장 리더가 지도력을 상실하면 국가는 곧 위기다
– 기원전 109년 고조선과 한나라의 전쟁

이민자 위만이 고조선을 치다 ● 36
군사력은 경제력에 비례한다 ● 40
선전포고 ● 42
한나라의 패수 도하를 저지하다 ● 44
남북의 수륙군에 도성이 넘어가고 ● 46
요동의 주도권을 건 힘겨루기 ● 52

또 하나의 역사 위만의 정체성, 그는 어디서 왔나? ● 55

제3장 요동의 새로운 주인공으로
– 172년 고구려와 한나라의 전쟁

'하구려' • 60

옥저를 확보하여 후방을 안정시키다 • 63

합종과 연횡 • 68

고구려를 키운 전사계급 • 70

극단의 방어 청야전술 • 73

형의 왕위와 아내를 물려받다 • 76

또 하나의 역사 형과 아우의 왕비가 되었던 우씨 • 80

제4장 요동의 육상교통로를 확보하라
– 244년 고구려와 위나라의 전쟁

어지러운 혁신의 시대 • 86

동북아의 독자세력으로 성장하다 • 88

완충지대가 사라지다 • 91

초토화되는 국내성 • 93

항복 소찬 속에 단검을 숨기고 • 97

낙랑과 대방을 압박하며 다시 세를 키우다 • 100

또 하나의 역사 목숨으로 주군을 구한 밀우와 유유 • 103

제5장 왕조의 안녕을 보장받기 위한 정치적 선택
– 4세기 후반 백제와 고구려의 전쟁

기지개 펴는 백제 • 108

백제의 기회, 고구려의 위기 • 112

근초고왕, 사상 최고의 지략가 • 116

장차 누가 다시 이곳까지 올 수 있을까 • 120

평양성을 공격하여 고구려의 남진을 견제하다 • 124

팽창정책의 성과와 후유증 • 129

또 하나의 역사 백제는 과연 요서지역을 지배했을까? • 132

제6장 사상 최대의 영토를 지배하다

– 4세기 말 고구려와 백제의 전쟁

연의 침략에 고구려가 휘청거리다 · 138

위대한 정복군주의 등장을 준비하다 · 143

척박하고 메마른 땅은 강인한 전사를 길러내고 · 147

한민족 역사상 최대의 영토국가로 · 150

고구려의 최고전성기를 이끌다 · 159

등거리외교 · 168

또 하나의 역사 장수왕의 공작원 도림 · 172

제7장 고구려와 백제의 연결을 차단하라

– 553년 신라와 백제의 전쟁

불교의 위엄에 지배자의 권능을 일치시키고 · 178

백제와 고구려의 혼란을 적극적으로 활용하다 · 182

군제를 개편하고 진흥왕의 시대를 준비하다 · 184

한강을 장악하다 · 188

'용궁을 탈출한 토끼' · 193

중국을 전략적 파트너로 · 198

또 하나의 역사 최초의 여왕 선덕 · 202

제8장 살수의 큰 이름을 세계 전쟁사에 기록하다

– 6세기 말~7세기 중반 고구려와 수·당의 전쟁

남북세력과 동서세력으로 동아시아를 양분하다 · 208

끼니 거르는 30만 침략군 · 210

113만 대군이 9600리의 대열을 이루다 · 214

쿠데타를 일으키고 스스로 최고의 자리에 오르다 · 224

토산보다 높은 성벽으로 고구려를 지켜내고 · 228

방어전에는 수세적 외교관계가 필수적이다 · 236

또 하나의 역사 절대권력자 연개소문과 그 아들의 말로 · 241

제9장 새로운 한반도
– 7세기 중반 신라와 백제 · 고구려의 전쟁

생존게임 • 246

구원요청에 외교적 역량을 집중하다 • 249

당 고종을 한반도로 불러들이다 • 251

문화선진국 백제의 시대가 막을 내리고 • 254

당나라의 권력지형도를 바꿔놓다 • 259

700년 고구려의 기상이 꺾이고 • 262

변혁 또는 지각변동 • 267

또 하나의 역사 김유신이 여동생을 김춘추와 혼인시키다 • 272

제10장 고구려의 대부분을 대가로 지불한 통일
– 7세기 후반 신라와 당나라의 전쟁

백제 고토에 당의 행정조직이 들어서다 • 278

고구려의 레지스탕스를 지원하다 • 281

멸망 후 10년 만에 백제 땅을 취하다 • 284

죽는 것보다 죽을 자리를 택하는 것이 어려운 일이니 • 291

티베트의 개입으로 7년 나당전쟁이 막을 내리다 • 299

실리외교의 승리 • 303

또 하나의 역사 백제 유장 흑치상지 당나라에서 재기하다 • 308

제11장 다시 발해를 꿈꾸며
– 733년 발해와 당나라의 전쟁

고구려를 계승하며 말갈을 거두다 · 314
당의 전략적 파트너로 성장하다 · 316
새질서와 구질서 · 319
거대한 제국 발해의 전성시대 · 325
역사 속으로 사라지다 · 331
해동성국 부활운동 · 335

또 하나의 역사 발해 공주의 묘비 · 339

마치는 말 | 언제나 으뜸은 국익이다 · · · 342

연표 · · · 345
참고문헌 · · · 354
찾아보기 · · · 360

제1장

문화의 우위가 힘의 불균형을 만들다

- 기원전 300년 고조선과 연나라의 전쟁

• 최초의 국가

• '잔인하고 교만한' 경제대국

• 연의 동진

• 군비경쟁

• 연의 세력권에서 벗어나 수도를 한반도로 옮기다

• 전략적 후퇴

❖ 단군신화를 어떻게 볼 것인가?

최초의 국가

한민족 최초의 고대국가인 고조선古朝鮮은 단군신화에서 웅녀熊女로 대표되는 신석기문화인 집단과 환웅桓雄으로 상징되는 청동기문화인 집단이 결합하여 형성된 국가로 알려져 있다. 즉 선진문화를 가진 환웅부족이 주변의 다른 부족을 복속하거나 연합하여 고조선을 형성한 것이다. 고조선 건국 초기에는 제사장이 정치적 군장을 겸임하는 이른바 제정일치 국가로, 정치적 군장인 단군왕검檀君王儉이 통치하는 성읍국가城邑國家의 규모로 출발했다. 그러다가 한韓이라 불리는 정치적 대군장이 다스리는 보다 조직적이고 광범위한 연맹왕국으로 발전했고, 청동기문화를 향유하는 선진화된 국가로의 진전을 이루었던 것이다.[1]

이와 같이 고조선 사회가 발전하여 중앙집권적인 정치권력이 형성되면

서 사회를 규제하는 새로운 법률이 필요
하게 되었다. 오늘날 3개 조만 전해오는
'8조법금八條法禁' 같은 비교적 단순한 법적
규제로 농경사회를 지배하면서, 고조선은
개인의 생명과 사유재산의 가치를 중요하
게 인식하는 사회로 발전했다. 따라서 국
왕을 비롯한 지배계층은 경제적으로 풍족
한 생활을 영위했고, 강력한 권력으로 피
지배층의 노동력을 동원하여 거대한 지석
묘支石墓를 만들기도 했다.[2] 이러한 경제력
의 축적과 인구 증가에 따른 인력동원능

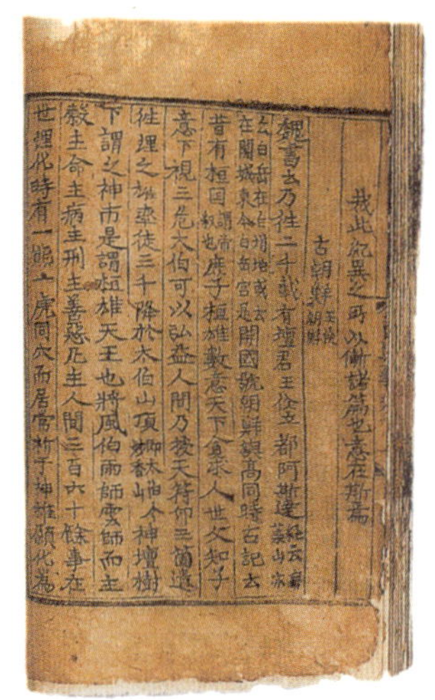

『삼국유사』의 고조선 기록

력은 곧 군사력으로 직결되었을 뿐만 아니라 고조선 국력 신장의 직접적
인 배경이 되기도 했다.

오늘날 일반화된 국명인 '고조선'은 기원전 7세기 무렵부터 '조선'으
로 부르던 것을 고려시대 승려 일연一然이 13세기에 『삼국유사三國遺事』를
저술하면서 '단군조선'을 '위씨조선'과 구분하기 위해 앞 시기 조선을
'옛 조선'이란 뜻으로 사용한 것이다. 그리고 1392년 이성계에 의해 '조
선朝鮮'이 건국되어 국명이 중복되자 그 이전 조선과 차별화하기 위해 '고
조선'으로 일괄 호칭하게 된 것이다.[3]

---

1 서영수, 「고조선의 위치와 강역」, 『한국사시민강좌』 제2집(일조각, 1988), 39-40쪽.

2 사회과학원 역사연구소 편, 『조선전사2-고대편』,(북한 : 과학·백과사전출판사, 1979),
  84-85쪽; 정경희, 「고조선의 사회와 정치」, 『한국사시민강좌』 제2집, 65-66쪽.

3 이기백, 『한국고대사론』(탐구당, 1975), 19쪽 ; 김두진, 「단군신화의 문화사적 접근」, 『한
  국사학』11(한국정신문화연구원, 1990), 14쪽.

이러한 '조선'이 문헌상으로는 『관자管子』[4]에 처음 나타나지만, 역사학계는 중국 고전인 『전국책戰國策』과 『사기史記』에 보이는 '기원전 4~기원전 3세기경 조선의 지배자가 왕을 칭하며 중국대륙의 연燕나라와 대립하면서 상당한 세력을 갖추고 있었다'는 요지의 내용이 더욱 신뢰도가 높은 것으로 인식하고 있다. 그리고 우리나라 고고학계에서도 한반도의 청동기문화 역사가 기원전 10세기 무렵에 시작되었으며, 고조선이 국가로 성립된 것도 이 이후인 것으로 보고 있다. 일반적으로 국가의 탄생을 지배자와 피지배자가 분화되는 청동기시대 이후로 인식하기 때문이다. 따라서 기원전 7~기원전 6세기 무렵부터 국가 형태가 존재했을 것으로 보고 있으며, 『삼국유사』나 『동국통감』 등의 단군신화에서 언급되는 '기원전 2333년' 건국과는 차이가 있다. 이 차이는 우리 고고학계와 역사학계가 선사시대와 역사시대를 포괄하는 고조선사로부터 부여받은 공통과제 중 하나다.

'잔인하고 교만한' 경제대국

고조선은 기원전 7세기 무렵부터 춘추시대春秋時代 제齊나라와 경제적 · 문화적 교류를 적극적으로 추진하여 경제력을 축적하고 지배층의 권위를 신장시키는 등 빠른 속도로 성장해나갔다.[5] 이른바 춘추전국시대의 전기

---

4 춘추시대 제나라 사상가인 관중이 지은 것으로 전해지나 내용으로 보아 전국시대에서 한대漢代에 걸쳐 그의 업적을 중심 내용으로 후대인들이 쓴 것으로 보인다.
5 박준형, 「고조선의 대외교역과 의미」, 『북방사논총』 2호(고구려연구재단, 2004), 93쪽.

인 춘추시대는 주나라가 수도를 호경(지금의 서안)에서 동쪽의 낙읍(지금의 낙양)으로 옮긴 기원전 770년부터 기원전 403년에 이르는 360년간이며, 후기인 전국시대戰國時代는 기원전 403년부터 진秦나라가 중국대륙을 통일한 기원전 221년까지다. 춘추시대는 주나라 왕실의 봉건적 지배와 구속에서 벗어난 제후국들이 자립하여 열국으로 발전함으로써 100여 국가가 자웅을 겨루던 혼돈의 시대였다.

열국들은 정치적·군사적 주도권을 장악하고 유명무실해진 주 왕실을 대신하여 중원의 패자가 되려는 야심을 가지고 있었다. 따라서 부국강병 정책으로 군사력을 증강시키는 데 주력했다. 그리고 '주 왕실의 권위를 침해하는 무리들을 물리친다'는 이른바 '존왕양이尊王攘夷'의 기치 아래 전략적 제휴를 모색함으로써 동맹체제로 발전시키기도 했다.[6]

그러나 춘추시대 말기에는 존왕양이의 명분도 크게 약화되어갔다. 주 왕실은 그 가신家臣 중에 한씨韓氏·위씨魏氏·조씨趙氏가 진국晉國을 분할 점령하자, 이들의 기세에 위축된 나머지 이를 기정사실로 인정해주지 않을 수 없었다. 그 후로 기원전 403년 한·위·조 삼국은 주 왕실로부터 정식 제후국으로 승인받았는데, 이것이 이른바 전국시대로 불리는 약육강식의 영토확장 전쟁을 예고한 사건이었다.

이들 열국은 청동기시대를 거쳐 철기문화가 전파되자 각종 무기류를 획기적으로 개선하여 무기 및 생산도구를 혁신해나갔다. 특히 철제무기와 철제농기구의 출현으로 농업생산성도 향상되었고, 이를 통해 국력을 신장시킨 국가들은 군사력을 강화하여 영토를 확장하기 위해 치열한 전쟁을 벌였다.

---

6 신채식, 『동양사개설』(삼영사, 1993), 54-55·65-66쪽.

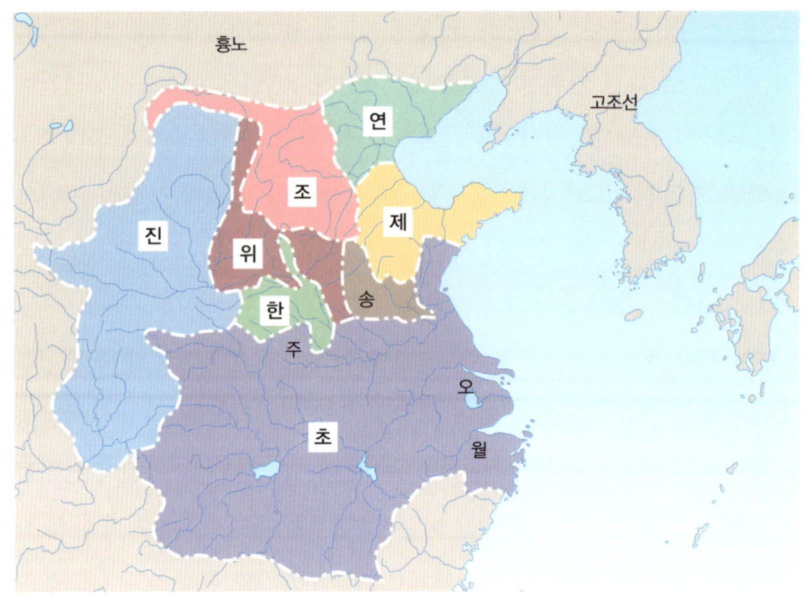

전국시대 7웅

　고조선의 지배자가 세습적인 통치자인 '왕王'으로 불리기 시작한 것도 바로 중국의 전국7웅戰國七雄[7] 중에 하나인 연나라가 지배자를 왕으로 호칭한 것과 동일한 시기, 즉 기원전 323년 무렵부터다. 고조선은 강력한 권력을 가진 국왕을 정점으로 정치적으로나 경제적으로 획기적인 발전을 이룩하여 중국대륙의 열국과도 어깨를 나란히 할 정도의 국력을 보유했다.[8]

　전국시대에 이르자 고조선은 중국대륙 동북지역의 연나라와 무역도 적극적으로 추진했다. 특히 지리적으로 멀리 떨어진 제나라와의 교류는 더 활발했는데, 인접한 연나라를 견제하기 위한 이른바 '원교근공遠交近攻' 전

---

[7] 동방의 제齊, 남방의 초楚, 서방의 진秦, 북방의 연燕, 중앙의 위魏·한韓·조趙 등 전국시대에 중국의 패권을 놓고 다투던 7개 강국.

[8] 유 엠 부찐Ю.М.Бутин, 『고조선』, 국사편찬위원회 옮김(국사편찬위원회, 1986), 331쪽 ; 이병도, 『한국고대사연구』(박영사, 1981), 중판 67쪽.

략의 일환이었을 것이다. 이러한 정치적·군사적 대립관계로 인해 연나라는 고조선을 적대시하면서 '잔인하고 교만한 국가'라 비난했다.[9] 고조선은 또 중국대륙의 제후국과 남방의 여러 나라와도 무역함으로써 경제적 이익은 물론 무역선 건조 기술과 원양항해술의 발달, 수군력의 확보와 같은 부수적 성과도 거둘 수 있었다.[10] 이러한 해양기술의 발달과 각종 생산력의 증대로 무역은 더욱 확대되고, 고조선은 중국대륙의 주요 교역국으로 부상할 수 있었다. 경제력의 축적을 통해 고조선의 국력은 한층 신장되었고, 경제력과 국력의 성장은 고조선이 군사강국으로 발전하는 데 원동력이 되어주었다.

연의 동진

고조선은 기원전 2세기 무렵부터 농기구를 비롯한 각종 생산도구들을 정교한 철기로 제작해 활용하면서 생산성을 크게 향상시켰다. 생산도구의 개량으로 농업과 수공업이 발달하고 생산량은 급격히 늘어났다.[11] 그리고 산업의 발달과 함께 화폐도 널리 통용했는데, 주로 중국의 청동제 화폐를 들여와 사용했다.[12]

철기문화의 수용으로 고조선의 경제력이 획기적으로 향상되자 인근 지

---

9 이도학, 「고대국가의 성장과 교통로」, 『국사관논총』 제74집(국사편찬위원회, 1997), 144-145쪽 ; 『삼국지 三國志』 권30 위서30 「동이 東夷 -한 韓」.
10 윤명철, 『한민족의 해양활동과 동아지중해』(학연문화사, 2002), 33쪽.
11 최성락, 「철기문화를 통해서 본 고조선」, 『국사관논총』 제33집(1992), 68쪽.
12 사회과학원 역사연구소 편, 『조선전사2-고대편』, 76쪽.

역에서 고조선 영역으로 이주하는 유민들이 증가했다.[13] 이들의 유입으로 노동인력이 증가하면서 고조선은 국력 신장의 새로운 기반을 구축하게 되었다. 그러나 노동 및 생산인력의 이런 이동현상은 결국 연나라와 고조선이 무력충돌을 일으키는 불씨가 되기도 했다.

중국대륙의 정세 변화와 그에 따른 연나라의 침략야욕을 미리 간파하고 있던 고조선은 연의 동진정책을 사전에 무력화시키기 위한 적극적 대응전략을 모색했다. 바로 요서지역을 선제 기습공격하여 기선을 제압하는 것이었다.

이 같은 대응책은 은밀하게 추진되어, 외형적으로는 외교적 접근을 통해 연나라의 침략 기도를 일단 중지시킴으로써 예봉을 피해가려 하고 있었다. 고조선의 대부大夫 예禮가 주도하는 이른바 강화파의 노력으로 양국의 이해가 일치되자 일단 위기상황이 해소되었고, 겉으로 보기에는 평화관계가 성립되는 듯했다. 이와 같이 평화적 해결이 가능했던 것은 고조선의 국력과 군사력이 상당한 수준에 도달하여 연나라가 얕보고 쳐들어올 수 있는 상황이 아니기 때문이었을 것이다.[14]

연나라는 오늘날 중국 북경北京을 포함하여 그 동북쪽으로 요하遼河 중하류 일대에 이르는 광범위한 지역을 지배하고 있었다. 그리고 그 주변의 진·조·초나라가 인근의 여러 민족들을 침공하여 거대한 영토국가로 성장해가고 있었다.

이런 상황에서 연나라는 기원전 314년 그동안 긴밀한 관계를 맺고 있던 제齊의 침공을 받고 연왕이 전사하는 위기를 맞기도 했다. 그러나 새로

---

13 김두진, 「단군신화의 문화사적 접근」, 『한국사학』 11, 16쪽.
14 김두진, 『한국고대의 건국신화와 제의』(일조각, 1999), 45-46쪽.

즉위한 소왕昭王(기원전 311~기원전 279)이 중원의 선진문물을 적극 수용하면서 비교적 짧은 시간에 국력 신장의 기반을 마련했다. 특히 중원의 명사들을 초빙하여 군사력을 강화하자 신흥강국으로 두각을 나타내기 시작했다. 기원전 284년 진·초·한·위·조나라와 합종合從하여 그 맹주가 된 연은 진·조·한·위나라 연합군을 지휘하여 제나라에 대한 보복 침공을 단행했다. 연은 제나라 국왕이 북쪽으로 탈출하자 추격전을 전개하여 수도를 점령하고 초토화시켰다. 그리고 70여 개 주요 성곽을 비롯하여 영토의 대부분을 장악하며 군사강국의 위세를 과시했다.[15]

군비경쟁

연나라는 주변국과의 전쟁에서 보병부대를 주력으로 하면서 성곽 중심의 공방전을 전개하여 많은 성과를 거두었다. 즉 춘추시대의 전차전戰車戰 위주 전술에서 벗어나 보병을 주로 하는 성곽 공방전 형태로 전환하면서 필요에 따라 대규모 병력을 보유하게 되었다. 이를 위해 국민개병제國民皆兵制를 채택했는데, 이 무렵 연나라가 보유한 병력은 60만을 상회하고 있었다.

뿐만 아니라 북방 유목민족들의 기마전술을 도입하여 기병부대를 편성하고 이를 보병부대와 혼성 운용하는 새로운 형태의 전술운용을 발전시켜나갔다. 그리고 살상효과가 큰 철제무기를 비롯하여 운제雲梯[16]·충차衝車[17] 등과 같은 공성 및 수성무기들을 개발함으로써 보기步騎 통합전술을

---

[15] 『전국책』, 연책燕策 소왕조昭王條 ; 전백찬翦伯贊 편, 『중국전사中國全史 상』(학민사, 1990), 91-92쪽.

[16] 성城을 공격할 때 쓰던 높은 사다리.

구사하는 강력한 군사력을 보유하게 되었다. 이처럼 전국시대 열국들이 경쟁적으로 군사력을 강화하는 분위기 속에서 각종 병서兵書가 간행되고, 이를 연구한 전쟁이론가와 우수한 무장들이 속출하여 크고 작은 전쟁을 주도해나갔다.[18] 전국시대 이래로 크게 발전한 각종 무기와 전술들은 인근 국가로 전파되었는데, 고조선의 경우도 중국과의 정치적·지리적 관계로 보아 어느 국가보다 먼저 도입하여 강력한 군사력을 보유했을 것이다.

고조선은 기원전 4세기 말경에는 이미 요하遼河와 대동강 일대의 다른 성읍국가들을 정복하거나 이들과 연합하여 광대한 영역을 확보하고 있었다.[19] 중국의 전국시대에 우수한 철제무기 제조 기술을 도입한 후 기원전 4세기 말에서 기원전 3세기 초에 이르러 제철기술이 급속히 발전하자 철기시대 국가형태로 성장하기 시작했다. 따라서 기원전 2세기 무렵에는 각종 무기와 장비들을 철제로 대체해가고 있었다. 고조선이 최고지배자를 '왕'이라 부르기 시작한 것도 이 무렵인데, 새로운 문화를 수용하는 변화의 시대를 맞이하여 연나라와 대등한 위치에 설 수 있다는 자부심의 표현이었다.[20]

고대사회의 주력 무기는 일반적으로 찌르거나 베는 창과 칼이 중심이었기 때문에 무기의 강도와 예리한 정도가 곧 전력의 우위를 판가름하는

---

17 성을 공격할 때 쓰던 수레. 사방과 윗면이 모두 쇠로 덮여 있어 성벽을 세게 부딪으며 공격한다.

18 최대용崔大庸, 「중국고대병기적주조여예적발전中國古代兵器的鑄造與藝的發展」, 『문사지식文史知識』 (1994), 86-87쪽 ; 백기인, 『중국군사제도사』(국방군사연구소, 1998), 51-52쪽 ; 이춘식, 『중국고대사의 전개』(신서원, 1992), 중판 134-136쪽.

19 이기동, 「철기의 사용과 연맹왕국의 형성」, 『한국사강좌1-고대편』(일조각, 1983), 중판 51·57쪽 ; 서영수, 「고조선의 위치와 강역」, 『한국사시민강좌』 제2집, 49쪽.

20 이도학, 「고대국가의 성장과 교통로」, 『국사관논총國史館論叢』 제74집(1997), 145쪽 ; 최성락, 「철기문화를 통해서 본 고조선」, 『국사관논총』 제33집, 67쪽.

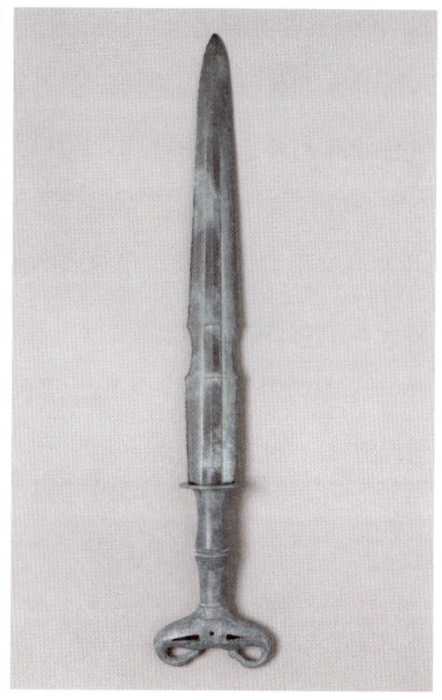

비파형 동검과 세형 동검 (전쟁기념관 제공)

척도였다. 특히 단검^{短劍}과 같은 철제무기의 대량 보급은 전력을 크게 강화시켜주었다. 선철^{銑鐵}과 강철을 많이 생산하는 고조선은 철제무기의 생산과 보급이 신속하게 추진되었다. 그밖에 철제 검·극^戟 등과 같은 근접 전투에 효과적인 무기와 사거리가 긴 장병무기^{長兵武器}인 쇠뇌, 공성작전에 필요한 고가사다리 운제와 수상전투에 필요한 갈구리무기인 구거^{鉤距} 등도 도입하여 개선 발전시킴으로써 전력을 증강시켜나갔다.[21]

고조선은 유사시에 대비하여 서북 국경지대의 주요 지역에 토성과 석성^{石城}을 축조했다. 그리고 군사를 주둔시키면서 칼·창·활 등의 개인무기와 장창^{長槍}·쇠뇌 등 공용무기로 무장하여 대비하고 있었다. 특히 쇠뇌

---

21 유 엠 부찐, 『고조선』, 국사편찬위원회 옮김, 280·286-287·318쪽.

의 경우는 활에 격발장치를 부착하여 기계적 힘으로 화살의 발사속도와 사거리를 개선하고 명중률도 높인 신무기였기 때문에 수성·공성전투를 막론하고 위력을 발휘할 수 있었다.[22]

이러한 주요 성곽에는 행정권과 군사권을 겸장한 군정책임자가 배치되어 유사시에 행정기능과 방위기능을 신속하게 행사할 수 있었다. 적의 침입과 같은 긴급상황이 발생하면 성곽 주변에 거주하는 일반주민들도 신속히 입성하여 함께 수성전을 전개하는 이른바 민·군통합 방위전략의 형태였다.

연의 세력권에서 벗어나 수도를 한반도로 옮기다

중국대륙의 전국7웅 중에서 패자의 지위를 차지한 연나라는 영토확장 전쟁에 자신감을 가지게 되었고, 강력한 군사력으로 동북지역에 인접한 이민족을 압박하기 시작했다. 연은 스스로를 종주국으로 하는 수직적인 군신관계와 그에 따른 조공을 강요했다. 이런 압력에 동호족東胡族이 강력히 반발하자 결국 전쟁이 발발하게 되었다. 연의 동호족 침공작전을 지휘한 장수는 진개秦開라는 이로, 일찍이 동호에 인질로 잡혀 억류생활을 하다가 귀국한 특이한 경력을 가진 인물이었다.

진개는 연나라 소왕의 영토확장 야욕을 부추겨 군사를 일으킨 후 총사령관이 되어 작전을 지휘했다. 진개가 이끄는 연군은 동호를 공격하여 대승을 거두고 영토를 1000여 리나 넓혔다. 이런 성과에 고무된 연나라가

진개를 재기용하여 고조선을 침략하게 된 것이었다.

고조선이 예측한 대로 연은 동호를 침공한 후 그 여세를 몰아 기원전 300년 경 대릉하大凌河 방면으로 쳐들어왔다. 역시 병력의 규모는 알 수 없으나 진개의 침략군은 군사상의 교두보인 대릉하 일대를 직접적인 공격목표로 삼고 있었다. 이 일대는 고조선의 입장에서도 중국 동진세력을 견제하기 위해 전략적으로 중요시 하는 지역이었다. 고조선군은 대릉하와 그 동쪽 대안對岸의 의무려산맥醫無閭山脈과 같은 지형지물을 전술 장애물로 이용하여 연군의 공세를 물리치고자 했다.

그러나 연의 강력한 군사력에 밀려 고조선군은 대릉하와 의무려산 전투에서 고전할 수밖에 없었다. 결국 연군의 침공을 초전에 저지하지 못한 고조선군은 오히려 요하 유역을 상실한 채 요동반도의 주맥인 천산산맥千山山脈으로 퇴각했다. 이후 양군은 요동반도의 천산산맥을 사이에 두고 대치하게 되었다.

이 전투에 관한 기록이 부족하기 때문에 자세한 전개과정을 알 수 없으나 당시 패전한 고조선은 대릉하와 요하 유역의 영토를 상실한 채 천산산맥을 경계로 삼았다. 침략세력의 영향력이 국가의 핵심거점인 요하 유역의 수도에 근접하게 되자 고조선 수뇌부는 내부의 안정을 도모하기 위해 연나라 세력권에서 멀리 떨어진 후방지역 안전지대로 수도를 이전할 필요가 있었다. 결국 한반도 내륙의 안전지대인 평양平壤으로 수도를 옮기고 이를 왕검성王儉城으로 명명하게 된 것이다.[23]

한편 연나라는 동호와 고조선을 침공하여 점령한 지역에 어양漁陽 · 상

---

[23] 왕검성이 오늘날의 평양이 아니라는 주장도 있다〔리지린, 『고조선연구』(열사람, 1989), 85쪽〕.

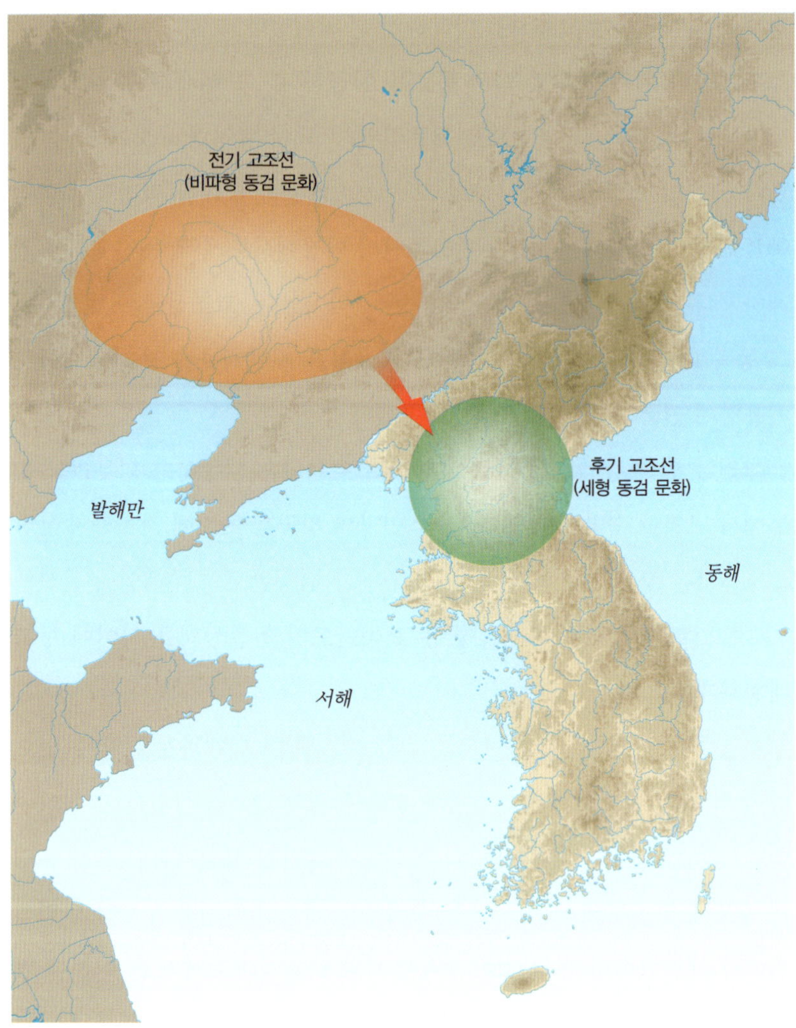

고조선의 중심지 이동

곡 上谷 · 우북평 右北平 · 요서 遼西 · 요동 遼東의 5개 군을 설치하고 군사를 주둔시키는 등 지배체제를 강화하고[24] 막강한 국력을 배경으로 최대 전성기

---

24 천관우, 『인물로 본 한국고대사』(정음문화사, 1982), 67쪽.

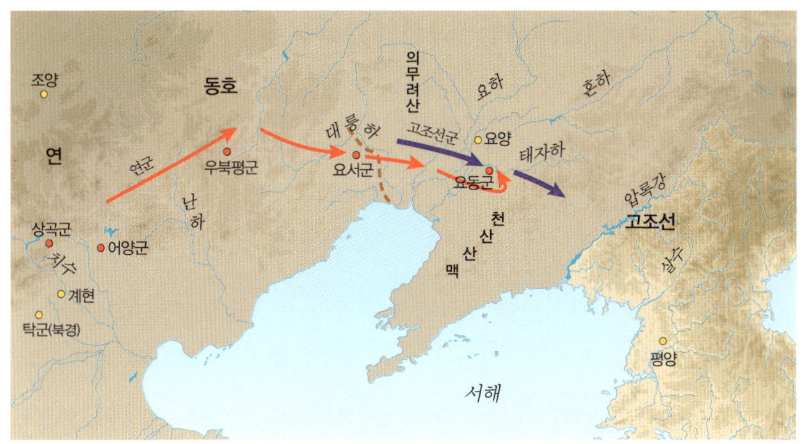

고조선과 연의 전쟁 상황(기원전 300년 경)

를 누리고 있었다. 그러나 혜왕惠王시대(기원전 278~기원전 272)에 이르러 내부 분열과 갈등이 심화되면서 광범위한 영토를 경영하는 데 차질을 빚게 되었다. 이 같은 일련의 사태로 인해 연나라의 국력이 급격히 약화되자 특히 민감한 반응을 나타낸 것은 인근의 제나라였다. 앞서 연나라에 빼앗겼던 영토를 되찾기 위해 제나라가 선제공격으로 압박하면서 치열한 공방전이 벌어졌고, 결국 제나라가 승리하여 광범위한 영토를 점령하게 되면서 연의 국세는 더욱 위축되었다.

앞서 연나라는 동호 및 고조선과의 전쟁에서 승리한 결과로 광대한 영토를 확보하고 5개 군을 설치하여 군대를 주둔시키고 있었다. 그러나 이들 주둔지는 막대한 군사비가 투입되는 반면에 인구가 적어 지역 생산성은 비교적 저조한 곳이었다. 설상가상으로 연나라는 제나라와의 전쟁에서 패퇴하자 주변 6국으로부터도 정치적·군사적 압박을 받게 되었다. 결국 연은 기원전 226년 진秦과의 전쟁에서도 대패하고 수도를 빼앗기는 재기불능의 타격을 입고 말았다. 기원전 222년에는 연왕을 생포한 진나

라가 강력한 군사력을 보유한 새로운 강자로 그 뒤를 이었다.[25]

전략적 후퇴

기원전 300년경 전국시대를 거치면서 중국의 패자로 부상한 연나라와 요서지역을 경계로 대치하던 고조선의 무력충돌에 대한 역사적 기록은 매우 부족하다. 고조선은 대륙의 맹주로 떠오른 연을 맞아, 처음에는 요서지역을 선점하거나 대릉하 선에서 전략상의 주방어선을 천산산맥으로 전환하면서 군사적인 대응과 아울러 외교적 노력을 통해 전쟁을 예방할 수 있었다. 그러나 연의 세력확장 정책이 본격화되면서 결국 무력충돌을 피해갈 수는 없게 되고 말았다.

정면충돌에서 군사력의 열세를 절감하게 된 고조선은 수도 이전이라는 전략적 후퇴를 단행했다. 특히 양국 간 경계로부터 요하 일대 1000여 리를 비워두고 후퇴함으로써 광범위한 완충공간을 형성하고 양국관계를 조정국면으로 이끌었다. 즉 수도 이전이라는 공간적 이격離隔을 통해 연나라의 예봉을 차단한 것이다. 연나라는 점령지역 통치를 위해 요동군을 설치하면서 고조선의 위협과 세력 확장을 차단하려 했다.

그러나 고조선은 점차 연나라 세력이 약화되자 이 틈을 타서 일부 영토를 다시 회복하는 성과를 거두었다. 당시 고조선이 어느 정도의 병력으로 어떻게 싸웠는지에 대해서는 알 수 없으나, 잠시 진秦나라가 확보한 시기를 제외하고는 결국 고조선이 이를 다시 회복했다.[26]

---

25 전백찬 편, 『중국전사 상』, 93-94쪽.

연과 고조선 사이의 힘의 불균형은 근본적으로 연나라 철기문화의 상대적 우위성 때문이었다. 중국대륙과 동북지역 정세변화의 결정적인 요인은 철기문화의 전파였다. 전국시대 중국대륙의 철기문화가 광범위하게 확산되면서 요동반도와 한반도 일대로 그 영향을 미치게 된 것이다. 연이 발달한 철기문화를 배경으로 강력한 군사력을 갖추고 고조선을 침공했을 때, 철기문화를 수용하는 초기단계에서 미처 선진 철기문화의 세례를 받지 못하고 있던 고조선 사회는 힘의 열세를 전략적인 후퇴로 조정한 것이었다. 연나라와의 전쟁 이후로 충분한 완충지대가 필요했던 고조선이 수도를 한반도지역으로 이전하면서 활동영역이 축소될 수밖에 없었던 역사적 사건이었다.

고조선이 옮겨간 새로운 도읍지에 대해 오늘날 우리 역사학계는 크게 3가지 학설을 내놓고 있다. 첫째는 수도가 오늘날 요녕성遼寧省 지역에 존재했다는 것이고, 둘째는 북한의 평양에 있었다는 주장이며, 셋째가 요녕성의 요하 일대에서 오늘날의 평양 일대로 이동했다는 주장이다. 이 같은 견해 차이는 이미 조선 후기 실학자들이 제기했던 것인데, 앞으로 한반도와 요동지역은 물론 서부 만주와 내몽골 동부지역의 고고학적 발굴 성과가 뒷받침될 때 보다 분명해질 것이다.[27]

---

26 이재 외, 『한민족전쟁사총론』(교학사, 1988), 48-49쪽.
27 노태돈, 「왜 고조선인가」, 『고조선 · 단군 · 부여』(고구려연구재단, 2004), 13쪽.

단군신화를 어떻게 볼 것인가?

우리 한민족의 시조인 단군왕검은 천제天帝 환인의 손자이자 환웅의 아들로, 기원전 2333년 아사달에 도읍하여 최초의 국가를 건설한 인물로 알려져 있다. 이에 대한 역사 기록은 13세기 말 고려 승려 일연一然이 저술한 『삼국유사』의 기이편紀異篇이 최초다.

『삼국유사』는 단군의 출신이 하늘로부터 시작된 것으로 기술하고, 환웅이 세상에 내려와 단군이 탄생하고 산신이 되는 과정을 다음과 같이 묘사했다.

옛날 천제 환인의 서자인 환웅이 자주 인간세상에 내려가기를 희망하므로 천부인天符印 3개를 주어 세상에 내려가 인간을 다스리게 하였다. 환웅은 무리 3000명을 이끌고 태백산 정상의 신단수神壇樹로 내려와 그곳을 신시神市라 이름하니 그가 곧 환웅천왕이다. 그는 풍백(바람)·우사(비)·운사(구름)를 거느리고 내려와 곡穀·명命·병病·형刑·선善·악惡 등 360여 가지를 주관하였다.
… 곰 한 마리와 호랑이 한 마리가 같은 굴속에 살면서 환웅 앞에 나타나 인간
이 되게 해달라고 빌었다. 환웅은 이들에게 신령스러운 쑥과 마늘 20쪽을 주면
서 이것을 먹고 100일 동안 햇빛을 보지 않으면 인간이 된다고 하였다. 호랑이
는 도중에 굴을 나가고 곰은 3·7일(21일) 만에 웅녀가 되었다. 웅녀는 자신과
결혼해주는 자가 없었으므로 아기를 가지게 해달라고 신단수 아래서 빌었다.
이에 환웅이 잠시 변신하여 혼인하고 아기를 낳으니 그가 곧 단군왕검이다. 중
국 요임금이 즉위한 지 50년에 평양에 도읍하고 조선이라 하였다. 이어 도읍을
백악산의 아사달로 옮기고 그곳을 궁홀산 또는 금미달이라고도 하였다. 단군
은 1500년 동안 나라를 다스리다가 주周나라 호왕이 즉위한 기묘년에 기자箕子
를 조선 임금으로 봉하니 단군은 장당경藏唐京으로 옮겼다가 아사달로 돌아와
숨어서 산신이 되었다. 이때 나이가 1908세였다.

『삼국유사』와 함께 대표적인 사료로 고려의 이승휴李承休가 쓴 『제왕운
기帝王韻紀』가 있다. 비슷한 시대에 편찬된 두 책의 내용은 대동소이하여,
『제왕운기』는 단웅천왕
의 손녀와 단수신 사이
에 태어난 인물을 단군
으로 인식하고 있다.

하늘에서 태백산 아래
신단수로 내려온 단웅
천왕이 손녀를 사람이
되게 한 후 단수신檀樹神

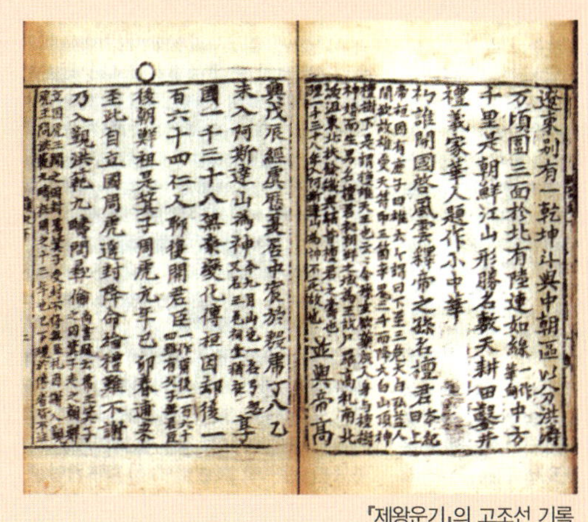

『제왕운기』의 고조선 기록

과 혼인시켜 단군을 낳게 했다. 단군은 조선지역에 자리 잡고 왕이 되었다. … 1028년 동안 다스리다가 아사달산에 들어가 신이 되었으니 죽지 않은 까닭이다.

이후 조선 세종조에 이르러 평양에 사당을 지어 단군과 고구려 시조 동명왕을 국조國祖로 제향하면서 단군은 한민족의 시조로 자리 잡게 되었고, 이후 국난을 당할 때마다 단군의 후예라는 공감대는 민족의 단결을 공고히 하는 매개 역할을 해왔다. 특히 일제의 침략으로 국권이 약탈된 암흑기에는 단군을 숭배하는 종교의 형태로 발전하기도 했는데, 1909년 탄생한 대종교大倧敎가 바로 그것이다. 광복 후에는 대종교의 개천절을 국경일로 지정하였으며, 고려 말 백문보白文寶가 처음 사용한 것으로 알려진 서력기원에 2333년을 더하는 대종교의 '단군기원檀君紀元'도 1948년 9월 25일부로 대한민국 공용연호로 채택되어 1961년 말까지 사용했다. 2008년은 단기 4341년이 되며, 우리 민족사를 흔히 '반만년의 역사'라 하여 그 유구함을 내세우는 것도 단군기원에 근거한 것이다.

단군신화와 관련해서는 문헌학적으로나 고고학적으로 다양한 학설과 해석이 있다. 다른 신화를 가진 두 종족이 통합되면서 그들의 신화가 혼합되었다는 설이 있는가 하면, 중국 산동성 무씨 사당의 화상석畵像石 그림 내용과 유사하다 하여 북방계의 샤머니즘과 종족의 이동이 결합했다는 주장, 단군을 천신족과 지신족의 결합에 의한 탄생으로 보고 단군은 제사장이며 왕검은 정치적 군장으로 보는 것 등이 대표적이다.

그러나 단군에 대한 현대적 이해는 문헌학적 연구와 고고학적 발굴의 성과가 뒷받침되어야 한다. 즉 단군신화의 내용이 역사적으로 어떤 의미를 내포하고 있으며, 그 시기에는 어떤 문화가 지배하고 있었는지 고고학

적으로 규명되어야 한다. 동서를 막론하고 신화에는 원시사회에서 자연
과 신의 존재에 의존하고 싶어 하는 한 종족의 역사가 포함되어 있다는
사실에 주목하여 그 가치를 인정할 필요가 있다.

제2장

리더가 지도력을 상실하면 국가는 곧 위기다

- 기원전 109년 고조선과 한나라의 전쟁

- 이민자 위만이 고조선을 치다
- 군사력은 경제력에 비례한다
- 선전포고
- 한나라의 패수 도하를 저지하다
- 남북의 수륙군에 도성이 넘어가고
- 요동의 주도권을 건 힘겨루기
- ❖ 위만의 정체성, 그는 어디서 왔나?

이민자 위만이 고조선을 치다

고조선은 독자세력으로 방대한 영역을 확보하고 있으면서 연군의 침공에 정면으로 대응했으나 결국 중과부적으로 요하 유역에 이르는 광범위한 영토를 상실하고 말았다. 그러나 이후 연의 국력이 약화된 틈을 타서 요하 유역의 영토 일부를 회복하기도 했다.

이 무렵 중국대륙에서는 진秦나라가 나머지 6국을 멸망시키고 기원전 221년 최초의 통일제국을 수립했다. 그러나 진은 기원전 206년 유방劉邦 (고조高祖)에게 멸망하고, 한漢나라가 정권을 넘겨받게 된다. 당시 동·서·북 삼면에서 위협하고 있는 유목민족 흉노匈奴로부터 벗어나려던 한은, 기원전 200년 32만의 군사를 동원하여 정벌전쟁을 전개했으나 40만 기병을 보유한 흉노에게 포위당해 실패하고 말았다.

그 후 한나라는 매년 수많은 예물을 흉노에게 제공하면서 '형제관계'를 유지하고 있었다. 이런 상황에서 당시 연왕燕王에 분봉分封[1]된 노관盧綰이 한나라에 반기를 들고 흉노와 내통한 사실이 발각되자 흉노지역으로 망명하는 사건이 발생했고, 그 여파는 고조선까지 미치게 되었다. 중국을 통일한 진과 한에 이르기까지 그동안 고조선은 특별히 군사적으로 충돌한 경우가 없었다. 그런데 노관의 투항으로 연나라 지역을 한나라 관군이 점령하자 혼란의 와중에 대규모 이민자가 발생했고, 이후 고조선 계열의 인물로 알려진 위만衛滿이 1000여 명의 유민을 이끌고 고조선지역으로 들어오게 된 것이었다.

위만은 본래 연왕 노관의 휘하에 관리로 있던 인물로, 고조선으로 이주할 당시의 외형이나 복장상태로 볼 때 고조선 계열의 인물로 추정된다.[2] 그러나 일각에서는 위만이 전국시대 연의 인물이며, 앞서 연이 고조선을 점령할 때 그 지배를 받게 된 고조선 토착세력의 후손일 것이라는 주장도 있다.[3] 그밖에 위만정권의 기초가 연·제·조의 유민집단이라는 사실에 더 무게를 두어야 한다는 주장[4]이 제기되기도 하는 등 그와 관련된 의문들은 적지 않다.

당시 고조선의 준왕準王은 위만이 자신을 따르는 유민들과 함께 변경지역에 정착하기를 희망하자 이를 수락하고, 대신 한나라의 군사적 움직임을 정탐하여 보고하도록 임무를 부여했다. 위만은 준왕의 신임을 받으면

---

1 천자가 한 지역을 분할하여 내려주고 그 지역의 제후로 책봉함.
2 김두진, 『한국고대의 건국신화와 제의』, 46쪽.
3 서영수, 「위만조선의 형성과정과 국가적 성격」, 『고조선과 부여의 제문제』(한국고대사연구회, 1996), 96쪽.
4 김한규, 「위만조선관계 중국측 사료에 대한 재검토」, 『부산여자대학논문집』8(1980), 14-23쪽.

서 변경지역에서 강력한 세력집단으로 성장했고, 세를 키운 그는 한나라가 쳐들어온다는 허위 보고를 한 후 군대를 이끌고 수도 왕검성을 점령했다. 기원전 194년, 위만은 준왕을 몰아내고 고조선의 새 국왕이 되었으나 국호를 바꾸지는 않았다.

오늘날 '위만조선'으로 불리는 위만 집권 이후의 고조선은 한나라와 우호적인 관계를 유지하고 교역을 확대하면서 빠른 속도로 경제력을 축적하기 시작했다. 위만이 한에 대해 우호적인 정책을 표방한 것은 집권초기 정권의 안정을 위해 긴장의 완화가 필수적이었기 때문이다. 당시 정치적 협상창구는 요동태수로, 마침 한나라도 위만이 정권을 잡은 것과 비슷한 시기에 출범했기 때문에 그 역시 정치적 안정이 절실하게 필요할 때였다. 양국의 협상은 쉽사리 타결되었다.[5]

즉 고조선은 한나라의 외번外藩[6]으로, 요동 외곽지역에 있는 다른 이민족들이 한나라 영역에 침입하는 것을 막아주며 이민족 지도자가 한나라에 입조入朝[7]하는 것을 방해하지 않는다는 요지의 협상이 성립된 것이었다.[8] 위만조선이 한의 군사적 방파제 역할을 하는 대신 주변지역에 대한 관할권과 중개역할에 따른 경제적 이익을 보장해주는 조건이었다.[9] 이는 그동안 고조선이 한나라 영역에 침입하거나, 이민족이 한나라에 입조하는 것을 차단해온 주체였다는 사실을 역설적으로 입증해주는 것이다.

합의가 성사되자 한과 고조선 사이에는 평화가 지속되었다. 고조선은

---

5 김한규, 『한중관계사 I』(아르케, 1999), 81쪽.
6 국경 밖의 속지屬地 또는 황제 직할지가 아닌 제후나 영주가 다스리는 나라.
7 벼슬아치나 외국 사신이 조정의 회의에 참여하는 것.
8 『사기史記』 권115, 열전 제55 「조선」.
9 윤명철, 『한민족의 해양활동과 동아지중해』(학연문화사, 2002), 44쪽.

위만이 즉위한 기원전 194년 이래 한나라의 정치적·군사적 제약을 받지 않았으며, 오히려 인적·물적 지원을 받으며 내부 발전에 주력할 수 있었다.[10] 통일 직후의 불안한 국내정세로 인해 대외팽창을 자제하지 않을 수 없는 실정이던 한나라도, 특히 최대의 위협세력인 흉노족과의 치욕적 관계를 청산하기 위한 군사력 양성이 시급한 상황에서 고조선과 불필요한 마찰을 일으킬 형편이 되지 못했다. 위만은 한나라의 이 같은 국내외 여건을 전략적으로 이용하여 국력을 키워나갔다.

고조선은 요동지역에서 주변 이민족에 대해 주도적 역할을 수행할 수 있는 위상을 확보했을 뿐만 아니라, 가축과 함께 우수한 철기문화까지 수입할 수 있게 됨으로써 경제력을 획기적으로 신장시킬 수 있었다. 무엇보다도 새로운 철제무기의 수입은 고조선이 주변국에 대해 군사력의 우위를 확보하고 정복활동을 전개하는 데 결정적으로 기여했다. 그러나 고조선의 이와 같은 군사적 팽창은 한나라의 주목을 받게 되었고, 급기야는 양국 간 무력충돌의 불씨가 되었다. 한나라 문제文帝(기원전 179~기원전 157) 초기에 장군 진무陳武가 고조선을 선제공격하여 기선을 제압해야 한다고 건의했던 것도 고조선의 급격한 성장을 우려한 때문이었다.

그러나 고조선은 한나라가 흉노와의 전쟁을 준비하느라 관심이 소홀해진 틈을 적절히 이용하여 성장을 가속화시켰다. 특히 한나라가 무제武帝(기원전 141~기원전 88) 때인 기원전 127년부터 기원전 119년까지 흉노와의 전쟁을 벌이는 동안 고조선은 위만의 손자인 우거왕右渠王(기원전 110~기원전 108) 대에 이르러 군사력을 더욱 강화할 수 있었다.

---

10 이춘식, 『중국고대사의 전개』(신서원, 1992), 279쪽.

군사력은 경제력에 비례한다

중국대륙에서는 한나라가 기원전 119년까지 10여 년간의 전쟁 끝에 흉노족을 오늘날의 외몽고 고비사막 이북지역으로 축출한 후 소강상태를 유지하고 있었다. 상황은 한에게 유리했다.

고고학자들에 의하면 당시 고조선은 서해를 중심으로 한나라와 의례적인 조공무역은 물론 민간무역에 이르기까지 폭넓은 교역활동을 펼쳐 막대한 경제력을 축적해가고 있었다.[11] 위만이 즉위한 이후로 고조선은 한나라의 외곽 변방을 방호防護하는 이른바 번국藩國[12]으로 한으로부터 적극적인 지원을 받아내고 있었다. 그리고 위만의 손자인 우거왕 대에는 한나라에서 요동을 경유하여 고조선 영역으로 들어오는 유민들을 무제한적으로 받아들였다. 한나라가 장기간의 전쟁으로 경제적 어려움을 겪고 있던 때에 상대적으로 경제 상황이 양호한 고조선으로 다수의 유민이 들어오고 있었던 것이다.

이 무렵 고조선은 한반도 남부지역 국가들이 한나라와 교류하는 것을 차단하고, 자비령慈悲嶺[13] 이남과 한강 이북지역에 걸쳐 있던 진번眞番을 비롯하여 함흥평야지대의 임둔臨屯 같은 성읍국가들을 무력으로 복속시키면서 영역을 확장하고 있었다. 따라서 북쪽으로 압록강 유역과 남쪽으로 한강 이북지역을 포괄하는 영역을 확보한 고조선은 풍부한 물산과 생산인구의 증가로 국력을 크게 신장시켰다.

---

11 최몽룡, 「상고사의 서해교섭사연구」, 『국사관논총』 제3집(국사편찬위원회, 1989), 28쪽.
12 번방藩方, 즉 제후국.
13 황해도 봉산과 서흥의 경계에 있는 고개.

고조선은 위만 집권 이래 계속해오던 한나라에 대한 입조를 우거왕 대에 이르러 중단하고, 주변국들의 교류마저 차단 봉쇄하는 조치를 단행했다. 상당한 세력을 축적한 후 주변국과의 관계를 재정립하려는 의도를 가지고 있던 고조선에게, 위만시대에 설정한 한나라와의 관계는 국가 위상에 걸맞게 재조정될 필요가 있었던 것이다.

전성기를 누리던 우거왕 시대의 고조선은 서북쪽으로는 요동지방의 패수浿水(혼하渾河)를 한나라와의 경계로 삼고, 북으로 예濊 지방을 압박하여 오늘날의 남만주지역까지 진출했다. 그리고 남쪽으로는 한강 유역의 진국과 접경하고, 동으로는 임둔을 장악하여 동해에 이를 정도로 팽창하면서 대국의 형세를 갖추어가고 있었다.[14]

이런 상황에 한나라 무제가 파견한 사절단 섭하涉何가 본국으로 돌아가던 도중에 일으킨 사건으로 양국관계는 급격히 냉각되고 말았다. 이들이 고조선 측에 제시한 요구나 협상조건이 무엇인지는 정확히 알 수 없으나, 『사기』에 '한나라 유민을 유혹하여 불러 모은 것이 자못 많았고, 또 일찍이 천자에게 입조하지 않았을 뿐 아니라, 진번 주변국들이 글을 올려 천자를 알현하려 해도 이를 차단하여 통교하지 못하게 했다'[15]라고 한 기록을 통해 그 사정을 짐작할 수는 있다.

어쨌든 한으로서는 고조선으로 빠져나간 인적자원이 적지 않았고, 고조선 측이 이들을 유인했기 때문으로 오해한 것이 문제였다. 고조선이 입조를 중지하고 주변국들이 한나라와 교류하는 것을 방해한 조치는 곧 한나라에 도전하는 행위로 인식되었다. 동시에 흉노세력과 제휴하여 한나

---

14 서영수, 「위만조선의 대한투쟁」, 『한국사 2』(한길사, 1994), 262쪽.
15 『사기』 권115, 열전 제55 「조선」.

라에 대항하려는 조짐으로 보일 수도 있었다. 이 무렵 고조선은 실제로 흉노와 긴밀한 관계를 유지하고 있었다.[16] 한나라의 고조선에 대한 인식이 이렇게 악화되면서 긴장이 고조되는 가운데, 특히 흉노가 고비사막 이북으로 밀려나고 동북아 세력균형이 깨지는 전략 환경의 변화로 인해 고조선은 한나라와 직접 대립하게 되었다.

선전포고

고조선은 적극적인 대외 무역활동을 통해 외화를 대량 보유한 국가일 뿐 아니라 일화전一化錢 같은 독자적인 청동화폐도 사용한 것으로 알려져 있다.[17] 다행히 한나라가 이 무렵 흉노 정벌을 위해 장기전을 벌이고 있었기 때문에 군사적으로 안전한 주변정세도 크게 도움이 되었다. 즉 고조선으로서는 내부 발전에 주력하면서 세를 키울 수 있는 절호의 기회였던 것이다. 한 국가의 군사력은 곧 국가 경제력에 비례한다. 상당한 경제력을 축적한 고조선은 이에 걸맞게 군사력도 확보했을 것으로 짐작된다. 당시 고조선의 실제 군사력이 어느 정도였는지 정확히는 알 수 없으나, 특히 해상무역을 뒷받침하는 중요한 수단이 되었음은 짐작할 수 있다.[18]

이 무렵 한나라 무제가 사절단을 파견한 것은 양국 간 현안문제들을 재조정하기 위한 것으로 보인다. 그런데 고조선은 한나라 사절단장 섭하가

---

16 권오중, 『낙랑군연구』(일조각, 1992), 26-30쪽.

17 사회과학원 역사연구소 편, 『조선전사2-고대편』, 76-77쪽 ; 윤내현, 『고조선 연구』(일지사, 1994), 776쪽.

18 김두진, 『한국고대의 건국신화와 제의』, 50쪽.

가져온 무제의 친서를 접수하지도 않았으며, 이들을 외교사절로 예우하지도 않았다. 아무런 성과도 거두지 못한 채 돌아갈 수밖에 없었던 한나라 사절단은 교섭의 실패에 따른 문책을 모면할 비상수단을 강구해야만 했다. 결국 이들은 자신들을 호위해주던 고조선 장수를 패수에서 살해하고 그 수급首級[19]을 가지고 돌아갔다. 이 사건의 현장인 패수의 위치가 지금의 청천강이라는 주장도 있다.[20]

한나라로 돌아온 사절단은 무제에게 사행결과와 아울러 고조선 장수를 살해한 사실을 함께 보고했고, 보고를 받은 한 무제는 즉시 사절단장 섭하를 고조선 접경지역의 동부도위東部都尉에 임명했다.[21] 당시 동부 무차현武次縣은 서부 무려현武慮縣·중부 후성현候城縣과 함께 요동군의 가장 동쪽에 위치하여 고조선과 접경을 이루고 있었다.[22] 오늘날 단동에서 심양 방면으로 40킬로미터 정도 떨어진 봉성현 봉산향 유가보에 행정중심지가 있었던 것으로 추정된다.[23]

고조선 장수가 한나라 사절단 일행에게 살해된 후 사건의 장본인인 섭하가 요동군 동부도위로 무차현에 부임하면서 사태는 더욱 악화되었다. 고조선 정예군은 패수를 건너 요동과 요서의 경계지역으로 침투하여 무차현의 한나라군을 격파하고, 동부도위 섭하를 살해하는 복수전을 전개했다. 그러나 이런 군사행동은 위기상황으로 몰고 가려는 한나라의 의도를 제대로 파악하지 못한 조치로 보인다. 앞서 야기된 일련의 사태를 한

---

19 적군의 머리를 벤 것.
20 이병도, 『한국고대사연구』, 87쪽.
21 『한서汉書』 권95, 열전 제65 「조선」.
22 이나바 이와키치稻葉岩吉, 「한대의 만주漢代の滿洲」, 『만주역사지리 상』(1940), 123쪽.
23 권오중, 「창해군과 요동동부도위」, 『역사학보歷史學報』 제168호(2000), 109쪽.

나라의 침공정책이 노골화된 것으로 판단하고, 초기단계에서 기선을 제압하기 위해 강력한 대응의지를 과시함으로써 고조선의 승리로 마무리하는 성과를 거두기는 했다. 그러나 위기상황을 조성하려는 한나라의 의도를 파악하고 이에 상응하는 대책을 세우지 않았기 때문에 결과적으로 한무제에게 침공 명분을 제공해준 셈이 되고 말았다.

고조선의 정예군이 출동하여 동부도위를 살해한 사건은 통쾌한 보복전이기는 하나 한나라에 대한 선전포고처럼 인식되면서 새로운 전쟁의 도화선이 되었다. 당시는 이미 남월南越과 동월東越에 대한 침공작전을 성공적으로 마무리하고, 한나라를 압박하던 흉노 세력의 위협마저 크게 약화된 상황이었기 때문에 동북아의 세력균형은 깨어지고 있었다. 따라서 신흥강국으로 성장한 고조선과 중국을 통일한 한나라가 요동 일대의 주도권을 장악하기 위해 군사적으로 대립할 수밖에 없었다. 결국 한나라의 고조선 침공은 흉노족에 대한 작전을 종료한 직후인 기원전 110년부터 준비되어 기원전 109년 가을에 단행되었다.

한나라의 패수 도하를 저지하다

한나라 침공군은 좌장군 순체荀彘의 육로군 5만 명과 누선장군 양복楊僕의 수로군 7000명으로, 편성규모가 구체적으로 나타나 있다. 주로 제齊 지방에서 징발한 수군과 연燕·대代 지방에서 모집한 육군으로 편성되었고, 일부는 죄수들로 충당되기도 했다.[24] 그러나 육로군과 수로군을 통합 지휘

---

24 사회과학원 역사연구소 편, 『조선전사2-고대편』, 108쪽 ; 김한규, 『한중관계사 I』, 85쪽.

할 총사령관은 임명되지 않았다. 한나라의 육로군사령관 순체는 흉노족과의 전쟁에서 전공을 세운 인물이며, 수로군사령관 양복은 남월지역 정벌전쟁에서 전공을 세운 당대의 대표적 명장이었다.

육로군 5만이 요동을 출발하여 패수에서 도하를 준비했는데, 이를 저지하기 위해 패수에서 방어태세를 갖추고 있던 고조선군의 규모나 주요 지휘관에 관해서는 기록의 부족으로 알 수가 없다. 다만 앞서 복수전을 전개한 이후로 한나라의 보복 침공이 있을 것으로 예상하고 있었기 때문에 고조선도 적절한 대응책을 수립했을 것으로 짐작할 뿐이다.

이 무렵 고조선은 한나라 동부도위를 살해한 후로 동부도위 관할지역의 일부를 장악한 것으로 보인다. 한나라 군사의 침입을 방어하는 고조선군의 입장에서 패수는 중요한 천연장애물로, 도하의 초기 접전에서 타격을 가하여 기선을 제압하는 대응책을 세우기에 적합한 곳이었다. 고조선군이 순체의 선발대를 궤멸시킬 수 있었던 것도 사전에 유리한 지형을 선점하고 있다가 도하부대를 공격했기 때문인 것이다.

이처럼 고조선군은 성급하게 선제공격을 감행하는 한나라 선발부대를 초기 전투에서 제압하고 대승을 거두었다. 패전 직후 한나라군 지휘부는 군율에 따라 패전 장병들을 다수 처형하면서 임전태세를 가다듬었다. 그러나 고조선군은 선발대의 패전을 만회하기 위해 패수 북안으로 쳐들어온 육로군 본대도 물리치고 대승을 거두었다. 비록 강물이 깊지 않아도 도보로 강을 건너는 부대는 공격에 취약하기 마련이다. 이와 같이 두 차례 전투에서 모두 승리한 고조선군은 사기가 충천한 반면 대패한 한나라 침공군은 체면에 손상을 입고 사기도 저하되었다.[25] 결국 한나라군은 초

---

25 『사기』 권115, 열전 제55 「조선」.

기 전투에서 입은 인적·물적 피해로 인해 작전을 중지하다시피 했다.

한편 산동반도에서 해상으로 이동한 수로군은 화북지역에서도 가장 뛰어난 이른바 산동병山東兵들로 편성되었다. 그러나 고조선군은 수도 왕검성 부근 해안에 상륙한 7000명의 한나라 수군과 접전하여 섬멸적 타격을 입혔다.[26]

수륙 양면에서 침공군을 격파하여 사기가 크게 고조된 고조선군과 달리 한나라 침공군은 당초 예상과 달리 초전에 막대한 손실을 입고 전의가 약화되었다. 한나라 무제는 새로운 협상으로 시간을 끌면서 전력을 보강하려고 했다. 기원전 109년 12월 한 무제의 특명을 받은 위산衛山은 증원부대를 인솔하여 육로군사령관에게 인계하면서 무제의 명령도 전달했다.

당시 우거왕은 위산이 한 무제의 강화 의사를 고조선 측에 전달하는 한편으로 침공부대의 병력을 증강하자 상황판단에 혼선을 겪었다. 이로 인해 새로운 대응전략을 모색할 시간을 확보하기 위해 일단 무제의 화의 제의를 받아들이기로 했다.

남북의 수륙군에 도성이 넘어가고

고조선의 우거왕은 화의성립에 대한 답례의 표시로 태자를 위산과 함께 한나라에 파견한다는 계획을 세웠다. 사절단은 한군에게 제공할 군마 5000필과 막대한 군량을 예물로 가지고 출발했는데, 1만 명의 고조선군이 동행하면서 이들을 호위했다. 단순히 화의성립의 답례로 보기에는 지

---

26 윤명철, 『한민족의 해양활동과 동아지중해』, 48쪽 ; 『한서』 권95, 열전 제65 「조선」.

나치게 많은 예물이었다. 이들은 패수에 이르러 도하를 준비하면서 한나라 육로군 지휘부에 사자를 보내 연락을 취하려 했다.[27]

그러나 당시 육로군사령관은 그동안 위산이 고조선 우거왕과 추진한 화의교섭의 내막을 전혀 알지 못했기 때문에 고조선 태자가 예물을 수송하자 항복 절차의 일부로 판단했다. 고조선이 항복하는 것으로 오판한 순체는 태자 일행을 호위하는 1만여 명의 군사를 무장해제한 후에 패수를 건너라고 요구했다.

이 같은 요구에 대해 한군 측이 음모를 꾸미고 있다고 의심한 고조선의 태자는 무장해제를 거부한 채 사태를 관망하다가 왕검성으로 철수해버렸다. 결국 화의교섭은 결렬되고 양군의 대치상황도 지속되었다.[28] 교섭을 추진하던 한나라의 위산은 화의가 결렬되자 무제에게 사실의 전말을 보고했으나, 화의를 결렬시킨 죄로 처형되었다.[29]

화의 결렬 후 한 무제는 적극 공세로 방침을 선회했다. 이미 중원군을 지원받아 전력을 강화한 육로군은 패수 상류로 우회하여 도하를 시도하고 있었다. 사료의 제약으로 이 도하전투의 상황을 정확히 파악하기는 어려우나, 상류지역의 고조선군이 중과부적으로 퇴각할 수밖에 없었던 것으로 보인다. 한군도 많은 사상자를 내기는 했으나, 일단 도하에 성공함으로써 고조선 영내로 진출할 수 있는 교두보를 확보했다.

한나라 육로군이 패수를 건너 고조선 내륙지역으로 남하할 무렵 수로군사령관인 양복은 군사를 수습하여 재편성하고, 육로군과 함께 고조선

---

27 삼군대학三軍大學 편저, 「한무제개서남이급멸남월漢武帝開西南夷及滅南越 · 조선지전朝鮮之戰」, 『중국역대전쟁사中國歷代戰爭史』 제3책(대만 : 여명문화사업공사, 1980), 213-214쪽.

28 사회과학원 역사연구소 편, 『조선전사2-고대편』, 109쪽.

29 『한서』 권95, 열전 제65 「조선」.

고조선과 한의 전쟁상황(기원전 108년)

의 수도 왕검성 남쪽 외곽으로 진출할 태세를 갖추고 있었다. 순체의 육로군이 남하하자 고조선군은 수차례 공격을 시도했다. 그러나 남진을 저지하지 못했기 때문에 왕검성의 서북지역까지 퇴각할 수밖에 없었다. 결국 수도 왕검성은 남과 북에서 진격한 한나라 수륙군에 의해 포위당하고 말았다.

수도 왕검성에서 한나라 수륙군과 대치한 고조선 우거왕은 주로 쇠뇌와 궁시 사격으로 한군에 타격을 입혔다. 특히 고조선의 쇠뇌는 궁시의 원리를 발전시켜 원거리 사격에 용이하도록 개발한 무기로, 공성전을 전개하는 한군에게는 가장 위협적이었다.[30]

당시 한군은 고조선의 쇠뇌와 같이 사거리가 긴 우수한 쇠뇌를 보유하시 못한 것으로 보인다. 『삼국사기』에 보면 7세기 후반 신라와 동맹관계

---

[30] 윤내현, 『고조선연구』, 771-772쪽.

에 있던 당나라 태종
이 신라의 쇠뇌 명장
으로 이름을 날리던
구진천仇珍川을 직접 불
러 쇠뇌를 제작하도록
압박했으나 구진천이
갖은 핑계로 쇠뇌 제
작기술을 유출하지 않
았던 사례가 있다.[31]

초기 철기시대의 쇠뇌 쇠뇌는 활보다 멀리 쏠 수 있는 장거리 공격용 무기로 사진의 것은 청동으로 만들어졌다. 쇠뇌의 촉은 청동으로 만들어져 살상력이 강했다. (육군박물관 제공)

쇠뇌는 왕검성에서 수성전을 전개하는 고조선군이 수차례 계속되는 한군의 공격을 물리치는 데 결정적인 역할을 했을 것이다. 더구나 육로군사령관과 수로군사령관은 왕검성을 선점하여 전공을 독점하려는 야심 때문에 협조체제를 유지하지 못한 채 경쟁적으로 공격작전을 전개하기에 급급했다.[32] 이들의 무모한 공격 시도는 고조선군에게 유리한 상황을 만들어주었고, 서 · 남 · 북 3면으로 포위된 상황에도 고조선군의 방어전은 대체로 효과적으로 전개되고 있었다.

고조선군은 수개월 동안 한군과 대치하면서, 전공을 다투는 육로군과 수로군사령관의 경쟁심을 이용하여 갈등을 조장했다. 육로군사령관은 앞서 패수를 건너는 과정에서 고전하기는 했으나 결과적으로 왕검성을 포위하는 데 성공하자 고조선군의 전력을 얕잡아 보고 있었다. 뿐만 아니라

---

31 『삼국사기』 권6, 신라본기 제6, 문무왕 9년(669).
32 『한서』 권95, 열전 제65 「조선」.

동료장수인 수로군사령관 양복이 초기작전에 대패하여 10여 일 동안 산속을 헤매며 겨우 병력을 수습한 상황에 대해서는 노골적으로 경멸하고 있었다.

고조선은 한군 지휘계통상에 노출된 문제점을 적절히 이용하여 대응전략을 세웠다. 육로군과 수로군사령관의 상하관계가 분명치 않았기 때문에 지휘권 장악을 둘러싸고 암투를 벌이던 이들은 독자적으로 공성계획을 세우고 있었다. 수로군이 앞서 해안지역에서 대패한 이후로 접전을 회피한다는 사실을 눈치 챈 고조선 지휘부는, 지휘권 확보 경쟁에서도 열세일 수밖에 없는 수로군사령관을 이용하여 내분을 일으킬 계략을 꾸몄다.

고조선의 밀사는 수로군 지휘부에 접근하여 항복의사를 전달했다. 수로군사령관은 고조선의 항복을 받아낼 경우 모든 공로를 독점할 것으로 판단했으나, 거짓으로 항복의사를 밝힌 고조선은 별다른 조치를 취하지 않은 채 시간만 지연시키고 있었다. 한편 고조선이 수로군 수뇌부와 항복 문제를 논의하고 있다는 사실을 간파한 육로군은 자신들에게 항복하도록 권유하고 나섰다. 그러나 고조선은 육로군의 제의를 외면한 채 오로지 수로군과만 교섭한다는 의사를 표시함으로써 양측 진영 간 감정대립을 격화시켰다.

이런 상황이 계속되자 육로군의 의구심은 더욱 깊어졌다. 육로군사령관은 한 무제에게 수로군사령관이 역심을 품었다고 보고했다. 이에 한 무제는 앞서 위산이 고조선과의 화의를 주도적으로 추진하지도 못하고, 순체가 착오를 일으켜 화의가 깨져버린 사실을 상기하면서 모종의 조치를 취하지 않을 수 없다고 판단하게 되었다.

그래서 한 무제는 제남태수 공손수公孫遂를 현지에 급파하여 수륙 양군을 통괄 지휘하도록 조치했다. 한 무제의 특명을 받고 부임한 공손수는

먼저 육로군사령관 순체로부터 상세한 전황보고를 받았다. 이때 육로군
사령관은 고조선이 약속한 항복 시기가 이미 지났고, 수로군사령관이 약
속을 수차례 어긴 내용도 보고했다.

이와 같이 일방적 보고를 받은 공손수는 수로군사령관을 육로군 진영
으로 소환하여 구금하고 수로군도 육로군 휘하에 편입시켰다. 그러나 한
무제의 생각은 달랐다. 한 무제의 의도는 공손수가 수륙군의 주도권 다툼
을 신속히 해결하여 전선의 교착상태를 종결짓고 전황을 개선하는 것이
었다. 공손수의 행위가 월권이며 그로 인해 상황이 악화되었다고 판단한
무제는 그를 처형했다.[33]

고조선 수뇌부가 한나라 수륙군의 지휘권 다툼을 조장하여 갈등을 심
화시키고 내분을 일으켜 작전에 차질을 초래하기는 했으나, 그럼에도 포
위상황을 반전시키지는 못했다. 기원전 108년 늦은 봄부터 한군의 새로
운 공격이 시작되자 고조선군은 치열한 방어전을 벌였다. 한나라 침공군
이 육로군사령관 휘하로 재편성되어 공격력을 강화하자 고조선 내부의
위기의식이 고조되었다. 강화론자들이 우거왕에게 한나라와 강화할 것을
주장한 반면, 우거왕을 중심으로 하는 강경파들은 이에 반발했다.

강화론자들은 자신들의 강화 제의가 대세에 밀리자 우거왕을 주축으로
한 강경파의 보복이 두려웠다. 결국 일부 강화론자들은 야음을 틈타 왕검
성을 빠져나가 남쪽지방으로 도망치고 말았다. 그밖에 주요 인사들도 대
규모 공세가 전개되자 더욱 불안을 느끼게 되었다. 결국 이들은 항전을
포기하고 왕검성을 탈출하여 한군 진영에 투항했고, 뒤이어 우거왕의 왕

---

33 『한서』 권95, 열전 제65 「조선」 ; 삼군대학 편저, 「한무제개서남이급멸남월 · 조선지전」,
　『중국역대전쟁사』 제3책, 213-214쪽.

자를 포함한 지도층 인사들도 기원전 108년 4월 투항하고 말았다.

이러한 상황 변화로 인해 여론은 강화론으로 기울어지고, 강경론을 주도하던 우거왕은 그해 여름 자객에게 피살되었다. 무려 반년 동안 한군의 공격을 막아내며 버티던 왕검성은 어이없게도 지도부의 내부분열로 인해 붕괴 위기에 직면하게 되었다. 이때 대신 성기成己가 강화론자들을 제거하고 내부의 단결을 공고히 하여 민·군들의 항전역량을 재결집하자 기세를 회복한 고조선군이 한때 출성공격을 시도하고 나섰다.

그러나 왕검성에서 탈출한 강화론자들에 의해 고조선 지도부가 내분을 일으킨 사실이 자세히 알려지자, 왕검성의 투항은 시간문제로 인식되었다. 그런데 우거왕의 피살 후에도 사기가 꺾이지 않자, 한군은 내분을 조장하고 대신 성기를 제거하여 왕검성의 항전세력을 와해시키기로 했다.[34] 내분을 조장하는 데는 왕검성에서 투항해온 고조선 지도층 인사들이 이용되었다. 이들이 왕검성에 잔류하고 있던 심복 부하들과 비밀리에 접촉하여 성기를 제거하는 모의를 추진한 것이다. 이렇게 성기가 동료들에게 피살되면서 왕검성도 결국 실함失陷되고 말았다.[35]

요동의 주도권을 건 힘겨루기

고조선은 위만이 집권한 이래로 추진되어오던 한나라에 대한 입조를 우거왕 대에 이르러 중단하고 주변국들이 한나라와 교류하는 것마저 봉쇄

---

34 사회과학원 역사연구소 편, 『조선전사2-고대편』, 109-110쪽.
35 『한서』 권95, 열전 제65 「조선」 ; 삼군대학 편저, 「한무제개서남이급멸남월·조선지전」, 『중국역대전쟁사』 제3책, 213-215쪽.

해버렸다. 고조선이 이처럼 강경하게 행동한 이유를 알 수는 없으나, 신흥강국으로 성장한 고조선과 중국대륙을 통일한 한나라의 요동지역 주도권을 장악하기 위한 힘겨루기는 불가피한 면이 있었을 것이다.

한나라의 고조선 침공은 흉노족에 대한 작전을 종료한 직후인 기원전 109년 가을에 시작되었다. 이에 관한 상세한 기록은 없으나, 고조선군은 수로군과의 접전에서 한군 상륙부대가 선박보호에 급급할 정도로 일방적 공격을 가했던 것으로 보인다. 한나라가 외교사절을 고조선에 파견한 것은 초전에 참패한 후 전투력을 보강할 시간적인 여유를 확보하기 위한 속셈이었다.

이 같은 지연전술에 대해 고조선군도 한나라 육로군과 수로군 지휘관의 공명심을 이용하여 갈등을 조장함으로써 전투력을 약화시키는 이간전술로 대응했다. 육로군과 수로군을 통괄 지휘할 최고사령관이 임명되지 않아 지휘계통에 혼란이 일어날 수 있다는 사실에 주목한 것이다. 또한 고조선 지도부는 지휘권 확보 경쟁에서도 열세일 수밖에 없는 수로군 지휘부를 회유해낼 만큼 당시 수로군 지휘부의 심리상태를 정확히 파악하고 있었다.

고조선 지도부의 작전은 한나라 육로군과 수로군 지휘관이 불화로 인해 수개월간 혼란에 빠질 정도로 성공적이었다. 그러나 자국 지도층의 내부분열을 봉합하지 못한 점은 큰 실책이었다. 사료 부족으로 당시 상황을 자세히 알 수는 없으나, 대신과 왕족들이 한군에 투항한 사태는 우거왕의 지도력과 조직 장악력에 문제가 있었기 때문인 것으로 짐작된다. 이렇게 되면서 결국 일반주민들의 항전의식도 약화되어 수도 왕검성이 와해되고 만 것이다.

만약 고조선의 지도층이 국왕을 중심으로 단결하여 적극적이고 부단한 항전의지를 견지했더라면 전쟁은 장기화되었을 것이며, 그 도중에 자연재해 등의 발생으로 인해 상황이 반전되는 것도 기대해볼 수 있었을 것이다. 폭설이나 혹한, 폭우와 같은 재해가 침공군 진영을 덮친다면 수세에 몰린 고조선이 국면전환의 기회를 맞이할 수도 있는 일이기 때문이다.

위만의 정체성, 그는 어디서 왔나?

위만은 이른바 '기자조선' 혹은 '기씨조선'의 마지막 국왕이 된 준왕을 몰아내고 즉위한 '위만조선'의 초대 국왕이다.

기원전 206년 중국대륙에서는 진秦이 망하고 한漢이 통일제국을 세웠으나 흉노족과의 관계에서는 여전히 열세에 놓여 있었다. 이런 상황에서 한나라에서 연왕燕王에 책봉한 노관盧綰이 흉노족에게 망명하는 사건이 발생했다. 이 혼란 와중에 유민들이 대거 생겨나자 위만이 1000여 명의 무리를 인솔하여 고조선 지역으로 이주한 것이다.

중국의 역사서인 『사기』와 『한서漢書』는 기원전 194년 한나라 혜제惠帝 1년 무렵 위만이 세력을 확장하는 과정을 비교적 상세하게 기술해놓고 있다.

조선왕 위만은 본래 연나라 사람으로, 연왕 노관이 흉노로 도망치자 1000여 명의 무리를 모아 상투를 틀고 오랑캐 복장을 한 채 동쪽으로 도망했다. 차츰 진번과 조선 오랑캐 및 옛 연나라와 제나라 지역의 망명자를 인솔하고 왕위에 올라 왕검성에 도읍하였다.

… 이 무렵 중국대륙이 안정되자 요동태수가 위만을 외신外臣으로 삼기로 했는데, 변경지역 이민족들이 한나라를 침략하지 못하게 막아주고 이민족 군장들이 한나라에 입조하는 것을 저지하지 않기로 했다. 따라서 위만은 한나라의 군사적·경제적 지원을 받으면서 주변지역을 침략하였고, 진번과 임둔도 모두 항복하니 그 영역이 사방으로 수천 리가 되었다.

이러한 역사서의 내용으로 볼 때 위만은 연나라 세력권에 있던 조선인으로 혼란기를 틈타 귀국한 인물로 보인다. 상투를 틀었고 복장도 한족과는 달랐으며, 준왕으로부터 '박사博士'의 직함을 받고 신하로 행세하다가 쿠데타를 일으켜 준왕을 몰아내고 집권한 후에도 국호를 '조선'으로 사용한 것 등이 조선 계통의 유민으로 판단하는 주요 근거다. 그러나 이것은 위만이 준왕을 기만하기 위해 의도적으로 위장한 것일 수도 있다는 의문을 던져주기도 한다.

위만의 출신과 국적에 대한 의문은 한국사의 역사성과 자율성을 훼손하는 데 목적을 둔 일제의 식민사학자들에 의해 새롭게 관심을 끌게 되었다. 식민사학자들은 한민족 최초의 국가인 고조선이 이민족인 위만의 지배를 받았다고 주장했는데, 이처럼 이미 식민지로 전락했던 경험이 있는 민족으로 비하함으로써 일제 식민지배의 당위성을 부각하고 한민족의 독립의지를 약화시키자는 것이 그들의 의도였다. 악의적 왜곡은 한국사의 범위를 한반도로 축소시켜 점점 더 왜소한 역사로 만들어가고 있었다.

고조선의 영역은 결코 한반도에 국한되지 않았다. 그들의 무대는 요서와 요동을 아울렀고 국력의 성쇠에 따라 확대되기도 하고 축소되기도 했다. 현대적 개념의 국경이 존재하지 않았기 때문에 자국과 주변국의 상황 및 정세의 변화에 따라 생존을 위한 인구이동은 자연스럽게 이루어졌다. 지역사회가 정치적 혼란을 겪거나 자연재해가 빈발하여 생존여건이 열악해지면 보다 나은 생활환경을 찾아 이동하는 것은 예나 지금이나 다를 것이 없다. 한때 연나라 지방에까지 영향력을 가졌던 고조선은 점차 세력이 축소되어갔고, 고조선이 다시 안정을 되찾는 동안 이번에는 연나라 지방이 혼란에 빠지게 되었다. 따라서 위만 집단은 이 혼란을 벗어나 고조선의 영향권으로 이주하게 된 것으로 보인다.

오늘날과 같은 한민족의 개념은 적어도 신라의 삼국통일 이후로 백제·고구려 유민을 포용하는 과정에서 발생하였을 것이다. '삼한일통三韓一統'을 강조함으로써 삼국민의 융화와 정권의 안정을 추구하는 상황에서, 통일신라의 영역이 한반도를 벗어나지 못하고 북방으로부터의 인종적·문화적 교류도 폐쇄되어 점차 '단일민족' 개념으로 고착되어갔다. 이 단일민족 개념과 함께 서쪽 대동강과 동해 원산만을 연하는 선 이남의 지리적·지형적 한계가 오늘날 우리 역사의식의 범주를 한반도에 가두어버리는 결과를 초래한 것은 아닌지 되돌아볼 필요가 있다. 만주대륙이 비좁던 그때의 고대인을 다시 생각한다.

제3장

요동의 새로운 주인공으로

- 172년 고구려와 한나라의 전쟁

• '하구려'

• 옥저를 확보하여 후방을 안정시키다

• 합종과 연횡

• 고구려를 키운 전사계급

• 극단의 방어 청야전술

• 형의 왕위와 아내를 물려받다

❖ 형과 아우의 왕비가 되었던 우씨

'하구려'

고구려는 부여족夫餘族 계통의 지배세력이 수립한 연맹왕국으로, 오늘날의 요녕성 환인桓仁지방을 중심으로 성장한 국가다. 압록강 중류지역의 성읍 국가들을 통합하여 주도권을 장악한 고구려는 서기 1세기 초부터 영토확 장정책을 강력히 추진해나갔다. 당시 고구려를 중심으로 한 주변지역에 는 서쪽으로 요하 유역, 동쪽으로 대동강 유역, 북쪽으로 송화강松花江 유 역, 동남쪽으로 동해안의 옥저·동예東濊 등이 자리 잡고 있었다. 그러나 대부분 지역이 중국대륙 국가들의 영향력 아래에 있었기 때문에 고구려 가 세력을 확장할 경우 중국대륙 국가들과의 무력충돌이 불가피했다.

한편 중국의 통일국가 한나라는 고조선을 멸망시킨 후 자국의 행정조 직인 군현郡縣을 고조선 영역에 설치하여 통치했다. 그러나 한나라는 서기

8년 외척세력인 왕망王莽에게 멸망하고 말았다. 한나라를 멸망시키고 신新

이라는 왕조를 건국한 왕망은 그동안 한나라가 주변국에 제공하던 정치

적·경제적 이익을 박탈해버렸다. 그러자 이러한 왕망의 대이민족 정책

에 주변 민족들이 반발하고 나섰다. 특히 북방의 흉노족이 군사를 일으켜

신나라를 압박했다. 신나라가 흉노 정벌군에 지원을 요청하자 고구려는 군대를 파견하기도 했다.

고구려는 신나라의 요청에 따라 흉노 정벌에 파병하기는 했으나, 만리장성을 통과할 무렵 갑자기 기수를 돌려 현도군玄菟郡의 변경지역을 공격했다. 이때 후미를 추격해오던 신나라의 요서대윤遼西大尹 전담田譚의 군대와 접전하여 대승을 거두었으나, 고구려군도 장수 연비延丕가 전사하는 타격을 입었다. 이후로 양국관계는 악화되었고, 왕망은 고구려를 '하구려下句麗'로 비하하면서 강렬한 적개심을 표출했다.[1]

왕망의 신나라는 1대 16년 만인 서기 25년에 멸망하고 말았다. 중국의 새로운 패자로 등장한 광무제光武帝는 하남河南 남양南陽지방의 호족출신으로 한나라 경제景帝의 후손이라 주장하면서 정통성을 계승한다는 의미로 국호를 다시 한漢이라 했다. 광무제에 의해 재건된 한나라는 이른바 '후한後漢'으로, 건국 후 13년여 만에 전국을 평정하여 37년 중국을 재통일하고 그 과정에서 양성된 강력한 군사력도 보유하게 되었다.

그러나 광무제 치하의 한나라는 그동안 신나라 왕망의 집권으로 인해 극도로 피폐해진 국력을 회복하기 위해 흉노 등 주변 여러 민족과의 무력충돌을 자제할 수밖에 없었다. 따라서 20여 년 동안은 평화시대가 지속되었다. 그 후 제4대 화제和帝 대에 이르러 비로소 경제력을 회복하고 국가 재정도 확충하여 적극적인 대외정책을 추진할 수 있게 된 한나라는 마침내 북흉노에 대한 공격을 개시했다. 당시 흉노는 남북으로 양분되어 있었으나 여전히 한나라에 강력한 저항세력이었다. 이 정벌전쟁에서 한군은 북흉노를 굴복시키고 서역지방의 여러 도시국기들을 정복해 도호부都護府

---

1 이기동, 「고구려의 등장과 동옥저 및 동예 복속」, 『한국사강좌 : 고대편』, 85-86쪽.

를 설치하여 서아시아 지방과의 무역을 적극적으로 전개하기 시작했다. 그 결과 화제 시대의 한나라는 비교적 풍요로운 생활을 영위할 수 있었다.

그러나 화제가 사망하자 곧 국정 혼란이 시작되었다. 생후 100여 일 지난 상제殤帝가 제5대 황제로 즉위했으나 불과 1년 만에 세상을 떠나고 106년 그의 사촌이 안제安帝로 즉위했다. 안제의 외척세력이 정권을 잡고 득세하면서 한나라는 다시 혼돈의 시대로 빠져들었다.[2]

옥저를 확보하여 후방을 안정시키다

고구려는 1세기 중엽인 6대 태조왕太祖王(53~145) 대에 이르러 중앙집권체제를 강화하면서 국력을 신장시킬 수 있는 기회를 맞이했다. 먼저 태조왕은 서기 56년 동남쪽으로 옥저沃沮를 점령하여 넓고 기름진 평야지대를 확보했다. 옥저가 위치한 동해안의 평야지대는 한나라가 설치한 임둔군臨屯郡－현도군玄菟郡－낙랑군에 편입되어 그 지배를 받다가 서기 30년 비로소 낙랑군의 지배에서 벗어났다. 그로부터 불과 30여 년 만에 또다시 고구려가 옥저를 점령한 것이다.

옥저를 점령함으로써 그동안 애로를 겪고 있던 농수산물 부족 현상을 극복하게 된 고구려는 비교적 빠른 시간에 경제력을 확보할 수 있었다. 옥저가 고구려 후방의 농수산물 공급기지 역할을 하면서 이전보다 훨씬 수월하게 경제력을 축적하여 대이민족 투쟁에 주력할 수 있게 된 것이다.

---

2 부락성傅樂成, 『중국통사』, 신승하辛勝夏 옮김(우종사, 1976), 252쪽 ; 미야자키 이치사다宮崎市定, 『중국사』, 조병한曹秉漢 편역(역민사, 1984), 142-145쪽.

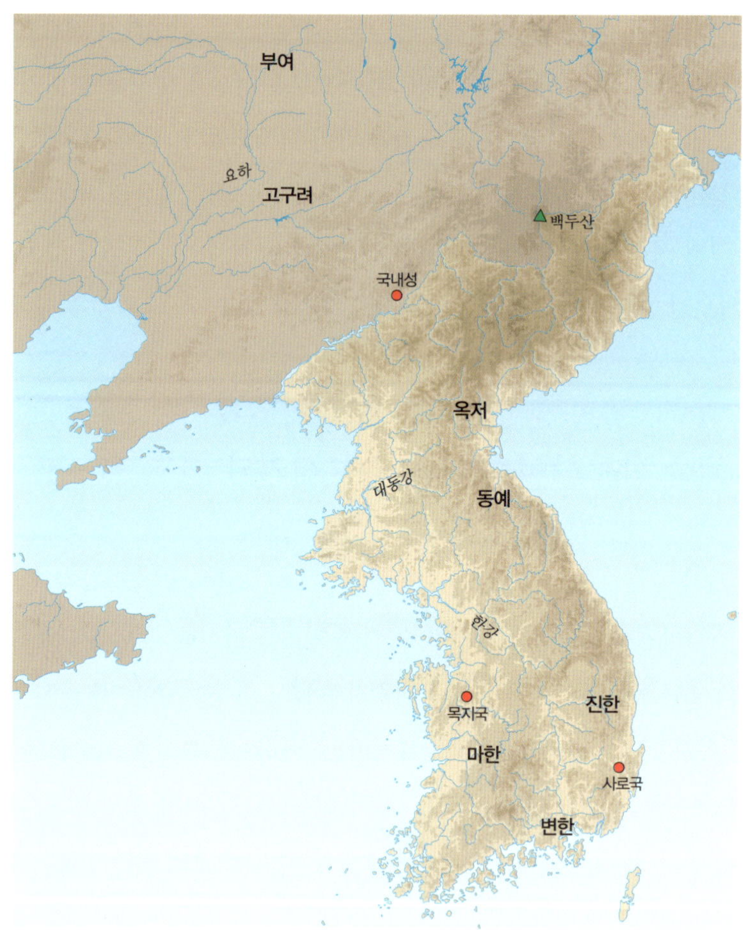

고구려 초기 주변국 상황

이러한 주변 환경의 변화가 고구려에게는 대외 팽창을 추진할 수 있는 절호의 기회가 되었다.

고구려는 2세기 전반기까지 이르는 태조왕의 재위 동안 국가체제를 안정시키고, 옥저지역을 장악한 후로 대외 팽창의 기반을 구축해가고 있었다. 특히 고구려의 팽창은 과거 고조선이 멸망한 후 한나라^{前漢}가 설치했던 이른바 '한군현'을 축출하는 것과 연계되어 있었으므로 이들과의 무력충돌이 끊이지 않았다.

　한편 광무제에 의해 '후한'으로 재건된 한나라도 60여 년이 경과한 1세기 후반에 이르러서는 외척과 환관에 의한 왕실 내부의 정치적 갈등으로 혼란에 휩싸였다. 정치적 혼란과 국력의 쇠퇴는 대외정책도 위축시키고 있었다. 이는 주변민족들이 세력을 확장할 수 있는 절호의 기회였다. 특히 고구려는 동북아의 강국으로 성장하여, 앞서 고조선이 멸망한 후 기원전 108년과 기원전 107년에 설치되었던 한군현 세력을 압박하면서 한나라와 대립각을 세웠다.

　그 후 고구려는 75년 압록강 중류와 그 지류인 동가강佟佳江 유역 일대에 자리 잡고 있던 한나라의 현도군을 홍경興京·노성老城(지금의 요녕성 영릉) 지방으로 축출했다. 그리고 강력한 왕권강화 정책을 추진하면서 적극적인 대외정책으로 대륙 세력과 대립했다. 2세기에 들어서자 특히 요동과 현도 지역에서 충돌이 잦아지기 시작했다. 그 결과 고구려는 앞서 압록강 중류 및 동가강 유역에서 홍경·노성 지방으로 축출한 '제2현도군'을 105년에 다시 공격했다. 그 이듬해 제2현도군은 오늘날 요녕성 무순撫順 방면으로 이동했는데, 이 현도군이 이른바 '제3현도군'이다.[3]

　고구려는 현도군에 대한 공세를 강화하면서 동시에 요동군을 공격했다. 태조왕은 105년 요동군에 정예부대를 투입하여 6개 현을 동시에 기습 공격했다. 그러나 요동태수 경기耿夔가 신속히 군대를 출동시켜 대대적으로 반격해왔으므로 이들과 치열한 접전을 벌여야 했다. 상황이 불리하게 전개되자 고구려군은 일단 기수를 돌려 퇴각했다.[4]

---

3 이기동, 「고구려의 등장과 동옥저 및 동예 복속」, 『한국사강좌 : 고대편』, 85-87쪽.
4 『삼국사기』 권15, 고구려본기 제3, 태조왕 53년(105).

황해로 흘러들어가는 압록강 (동북아역사재단 제공)

합종과 연횡

고구려는 무순 방면으로 이동한 현도군에 계속 공세를 퍼부었으나 현도성을 점령하지는 못했다. 111년에는 부여 왕이 기병과 보병 7000여 명을 직접 이끌고 현도성을 공격했으나 역시 함락시키지 못하고 돌아갔다. 그러나 부여 왕의 현도성 공격으로 그동안 우호적이던 한나라와 부여의 관계는 급격히 냉각되었다. 부여는 한나라와의 관계를 다시 개선시켜야 할 필요성을 절감하고 120년 왕자 위구태尉仇台를 수도 낙양洛陽에 파견하여 예물을 진상하면서 현도성 공격에 대해 사과했다. 부여가 한나라와의 관계를 서둘러 개선하지 않을 수 없었던 것은 고구려가 쳐들어올지 모른다는 위기감이 고조되고 있었기 때문이었다.

당시 부여는 고구려의 북부지역에 위치하면서 목축과 농경을 겸하고 있었으나 고구려에 비해 군사력이 미약했기 때문에 적수가 되지 못했다. 인접 강국인 고구려의 침공위협에 항상 불안을 느끼고 있던 부여는 고구려를 견제하기 위해 한나라와 긴밀한 관계를 유지하지 않을 수 없었다. 즉 고구려가 침공할 경우 한의 군사를 끌어들여 배후를 위협하게 하여 고구려를 압박한다는 복안에 따라 양국관계는 긴밀하게 유지되고 있었다. 한나라의 입장에서도 부여를 고구려의 후방 견제세력으로 이용할 필요가 있었다.

이처럼 한과 부여가 '동서세력東西勢力'으로 관계를 강화하는 새로운 전략환경 변화에 대처하기 위해 고구려도 흉노족과 제휴를 시작했다. 당시 흉노족은 중국대륙의 군사강국인 한나라를 배후에서 위협할 수 있는 강력한 세력이었다. 이렇게 고구려가 흉노족과 제휴하여 '남북세력南北勢力'을 형성한 것은 세력균형을 유지할 수 있는 가장 효과적인 대안이었다.

이러한 국제정세 아래서 1세기 말 이후로 한나라의 정치적 혼란이 심화되자 고구려는 이를 절호의 기회로 판단했다. 고구려군은 118년 현도성과 아울러 낙랑군 소속의 화려성華麗城을 공격했다. 한나라의 유주자사幽州刺史 풍환馮煥과 그 휘하의 현도태수 요광姚光, 요동태수 채풍蔡諷이 지휘하는 한군이 121년 봄에 고구려를 침공한 것은 그에 대한 보복이었다.

이때 고구려는 태조왕의 아우 수성遂成에게 2000명의 군사를 주고 반격을 가하여 한군을 물리치도록 했다. 고구려는 항복을 제의하여 위장전술로 한군 진영을 안심시키고, 수성의 군사로 기동로를 차단한 가운데 3000명의 정예군으로 한군의 배후를 우회하여 요동군과 현도군의 주요 거점지역을 공격했다. 고구려군은 화공火攻으로 적을 혼란에 빠뜨려 2000여 명을 사살하거나 포로로 잡는 전과를 올렸다.

그해(121) 4월 고구려는 선비족鮮卑族 군사 8000여 명을 동원하여 요동의 요대현遼隊縣(요녕성 해성 부근)을 선제공격했다. 고구려군은 이때 요동태수 채풍 등이 이끄는 한군과 신창新昌(요녕성 요양 부근)에서 격돌하여, 채풍이 그 부장 및 군사 100여 명과 함께 전사하는 심대한 타격을 입혔다. 그리고 태조왕은 10월에 환인지방 졸본부여卒本扶餘의 태후모太后廟에 나아가 승전을 고하는 제사를 올리고 가난한 백성들에게 생필품을 하사하여 위로했다. 북방의 숙신肅愼[5]에서도 축하사절을 파견하여 예물을 진상했다.

이와 같이 여러 가지 의식을 주관한 후 11월에 졸본부여에서 돌아온 태조왕은 아우 수성에게 국정을 위임하는 조치를 단행한 후 자신은 전쟁준비에 주력했다. 1개월 정도의 준비기간을 거친 태조왕은 12월 혹한기에 1만여 명의 군사를 직접 지휘하여 제3현도군의 치소인 무순으로 쳐들어

---

[5] 만주 북동쪽에서 수렵생활을 하던 민족. 광개토왕 때 고구려에 병합되었다.

갔다. 고구려군은 현도성 외곽에 군대를 배치하여 외부와의 연결을 차단하고 포위태세를 강화했다. 고구려군의 포위공격으로 고립될 위기에 처한 현도성의 군사들은 점점 위축되어 사기가 떨어져갔다.

그런데 양군 사이에 공방전이 전개될 무렵, 현도성을 지원하는 증원부대가 갑자기 고구려군 후방에 출현하면서 전세가 고구려군에 불리하게 급변했다. 부여국 왕자 위구태가 현도성을 지원하기 위해 2만여 명의 군사를 이끌고 직접 후방지역에 나타난 것이었다. 고구려군은 후방지역에 출현한 부여군으로 인해 오히려 한군과의 사이에서 협공을 당할 위기에 처했다. 태조왕이 이끄는 고구려군은 현도성의 한군과 후방에서 접근하는 부여군 사이에서 포위망을 벗어나려 분전했다. 가까스로 양군의 포위망에서 빠져나온 고구려군은 그러나 심대한 손실을 입었다.[6] 이 전투는 한나라가 부여를 고구려의 견제세력으로 끌어들여 성공한 대표적인 사례다.

고구려를 키운 전사계급

고구려는 주변민족과의 전쟁을 통해 내부적 단결을 공고히 하는 한편 중앙집권적 국가체제를 정비해나감으로써 동북아의 강대국으로 발전할 수 있는 기반을 구축하기 시작했다. 특히 강력한 군사력을 육성하기 위해 주력했는데, 지배층인 대가大加(일명 상가相加)의 군사조직을 강화하여 이들로

---

[6] 『삼국사기』 권15, 고구려본기 제3, 태조왕 69년(121) ; 임홍빈 · 유재호 · 성백효 역주, 『동국병감東國兵鑑』(국방부전사편찬위원회, 1984), 18쪽.

쌍영총의 기사도 활과 화살로 무장한 무사가 말갖춤을 한 말을 타고 달리는 모습 (국립중앙박물관 소장)

하여금 전사계급의 역할을 담당하도록 했다.

각 성읍집단 내지 각 부의 지배자인 대가는 본래는 왕이나 다름없이 휘하에 여러 가신家臣들을 거느리고 독자적으로 세력을 형성하고 있었다. 따라서 이들은 강력한 정치적·군사적 힘을 보유하고 있을 뿐 아니라 경제적으로도 막강한 부를 축적하고 있었다. 그러다가 점차 국왕의 권위가 신장되고 중앙집권체제가 강화되면서 중앙의 귀족 정치세력으로 편입되어 갔다.

이들 대가는 사냥과 같은 전투적 유희를 통하여 체력을 단련하고 전기戰技를 연마하며, 유사시에는 정예부대로 고구려군의 주요 작전을 이끌어 갔다. 이와 같은 전사계급의 성장은 고구려군이 강한 전력을 유지하는 원

위 삼실총의 문지기 벽화 중무장 갑옷에 장창, 환두대도를 찬 모습이 고구려 중장기병의 전형적인 모습이다.
오른쪽 둥근고리큰칼(환두대도) (조선중앙역사박물관 소장)

동력이 되었고, 나아가 고구려가 국력을 키울 수 있는 직접적인 배경이 되기도 했다.[7]

2세기 후반 당시 고구려가 어느 정도 규모의 군사를 동원하여 한나라와 싸웠는지는 정확히 알 수 없다. 앞서 121년 한나라 침공군에 반격을 가하거나 후방을 기습하는 경우에는 2000~3000명의 정예군을 투입했다. 그리고 선비족 8000명을 동원하여 요동의 요대현을 선제공격한 경우가 있고 보면, 정예군사로 신속히 공격해야 할 경우에는 주로 고구려 정예 기병이 단독으로 공격작전을 전개한 것으로 보인다. 그러나 상대적으로 규모가 큰 작전에서는 고구려 정예군이 주력이 되고 선비족과 같은 주변 이민족을 조공助攻부대로 동원하여 위세를 과시함으로써 더 큰 성과를 거둘 수 있었을 것이다.

한편 성곽을 중심으로 방어작전을 전개하는 경우에는 들판의 곡식을

---

7 이기동, 「고구려의 등장과 동옥저 및 동예 복속」·「연맹왕국의 정치와 사회」, 『한국사강좌 : 고대편』, 90 · 100 · 106 · 108-109쪽.

성으로 가져가고 남은 것들을 불태우는 이른 바 '청야전술淸野戰術'로 방어역량을 배가시킬 수 있었다. 한나라 침공군은 장거리를 이동하여 쳐들어오기 때문에 군수품 조달이 불리할 뿐만 아니라

삼실총 공성도 중국 길림성 집안현 여산 남쪽에 있는 고구려 고분 삼실총의 벽화 중 '공성도攻城圖'. 철제 투구와 갑옷으로 중무장한 병사들이 기마전을 벌이고 있다. 고구려는 뛰어난 전투력으로 영토를 넓혀 갔다.

기후와 지형의 영향을 많이 받을 수밖에 없었다. 이러한 취약점을 이용하여 고구려군은 지연작전으로 침공군의 식량부족을 심화시켰다. 전장 환경의 악화로 인해 스스로 작전을 포기하고 퇴각하는 침공군을 후미에서 기습하여 전과를 확대하는 작전 형태도 고구려군의 중요한 대적 전술이며 전략이었다.

극단의 방어 청야전술

121년 부여 왕자 위구태가 지휘하는 2만 군사의 출전으로 현도성 공략에 실패한 고구려 태조왕은, 20여 년이 지난 146년 8월 정예부대를 요동군의 서안평西安平 지역에 진출시켜 보복에 나섰다. 대방현령과 낙랑태수의 가족 일행이 이 지역을 통과한다는 사실을 탐지하고 보복작전을 전개한 것이다. 고구려군은 일행이 통과하는 길목에 매복하고 있다가 기습하여 대방현령을 살해하고 낙랑태수의 가족들을 생포했다. 낙랑군과 본국과의

육로 교통을 차단하여 낙랑군을 고립시키기 위한 의도로 감행된 이 공격은 결과적으로 대성공이었다.

이후 고구려의 팽창정책은 태조왕을 계승한 차대왕次大王 대에는 내부 혼란으로 인해 잠시 소강상태였다. 그러나 신대왕新大王 대에 이르러 한군의 침략에 대응하면서부터 무력충돌이 끊이지 않았다. 태조왕의 아우인 수성은 76세에 양위를 받아 차대왕으로 즉위하였는데, 20여 년 재위기간 동안 폭정으로 민심을 잃더니 결국 165년 10월 연나부 출신의 명림답부明臨答夫에게 살해되고 말았다.

앞서 아우에게 양위한 후 별궁에 거처하던 태조왕도 정권이 교체되기 직전인 그해 3월 별궁에서 119세로 세상을 떠났다. 쿠데타에 성공한 명림답부는 차대왕의 막내아우인 백고伯固를 신대왕으로 옹립한 후 스스로 국상國相에 취임하여 고구려의 국정을 장악했다. 당시 신대왕의 나이도 77세의 고령이었다.[8] 이와 같이 고구려의 실권을 장악한 명림답부가 중국대륙에 대한 강경정책을 더욱 강화했기 때문에 수년 동안 양국 사이에는 군사적 마찰이 빈발했다. 결국 172년 11월 한나라가 고구려에 대한 대규모 침공을 단행하게 되면서 고구려와 한나라의 대립관계는 새로운 국면으로 접어들게 되었다.

고구려 내부에서는 한나라 대군의 침입에 대해 적극적으로 대항할 것인가, 아니면 소극적 방어로 대응하면서 스스로 퇴각하도록 압박하는 전술을 채택할 것인가를 두고 고심했다. 중신들의 의견은 대부분 정면대응 쪽으로 모아지고 있었다. 한나라가 병력수가 많은 것만 믿고 고구려를 멸

---

8 『삼국사기』 권15, 고구려본기 제3, 차대왕 20년(165) 3월 · 10월 ; 『삼국사기』 권16, 고구려 본기 제4, 신대왕 즉위년(165).

시하는 경향이 있으므로 정면대응하지 않으면 겁 많은 민족이라 얕보고 더욱 빈번하게 쳐들어올 것이라는 이유에서였다. 그리고 산악이 험준하고 도로가 협소하기 때문에 한 명의 군사가 요지를 경계하면 수만 대군도 막아낼 수 있는 지형상의 이점도 고구려의 승리를 보장할 수 있다고 판단했다.

그러나 당시 실권을 장악하고 있던 국상 명림답부의 생각은 달랐다. 한나라는 나라가 크고 인구가 많을 뿐만 아니라 정예병을 동원하여 쳐들어왔으므로 사기충천한 침공군을 맞아 정면대응하는 것은 결코 상책이 아니라는 것이 그의 판단이었다. 그보다 명림답부는 한나라 군사들이 군량을 원거리에서 운반해야 하므로 장기간 작전을 전개할 수 없다는 데 착안했다. 그는 성곽 주위에 해자垓子를 깊게 파서 수심을 높게 하고 성루를 높이는 한편 청야전술로 대항하면 반드시 적이 수개월 내에 철군할 것이며, 이때 정예군으로 공격하면 승리할 수 있다고 주장했다. 신대왕은 명림답부의 건의에 따라 소극적 대항 쪽으로 결정했다. 고구려군은 성문을 굳게 닫고 대치하다가 성벽 가까이 접근하는 부대만 공격하여 많은 전과를 올렸다.[9]

한편 한나라 침공군은 성곽을 포위한 후에도 이렇다 할 성과를 거두지 못한 채로 시간만 허비할 수밖에 없었다. 더구나 한군은 보급품의 지원이 원활하지 못한 상황에서 기온이 강하하는 등 일기마저 악화되었으므로 사기가 급격히 저하되었다. 그리하여 마침내 한군 수뇌부는 철군을 결정했는데, 고구려군의 소극적인 수성작전으로 미루어 철군하는 한군의 후미를 공격하지는 않을 것으로 낙관하고 있었다.

---

[9] 『삼국사기』 권16, 고구려본기 제4, 신대왕 8년(172) 11월.

그러나 고구려군 수뇌부는 정예 기병부대를 대기시키는 등 공격태세를 완비하고 있었다. 국상 명림답부는 정예 기병부대를 직접 지휘하여 퇴각하는 한나라군의 후미부대를 따라 은밀히 이동하다가 공격에 유리한 좌원坐原(위치 미상)에 이르자 기습을 감행했다. 퇴각하던 후미부대는 삽시간에 혼란에 빠졌다.

고구려군은 후미부대와 치열한 접전을 벌였으나 유리한 지형에서 기습공격을 감행했기 때문에 초전부터 주도권을 장악할 수 있었다. 공격에 유리한 지형에서 기병의 우세한 기동력과 충격력으로 한군 후미부대에 섬멸적 타격을 입히면서 고구려군은 대승을 거두었다. 명림답부의 건의에 따라 대응한 결과로 승리하자 신대왕은 좌원과 질산質山(위치 미상)을 명림답부에게 식읍食邑으로 하사했다. 179년(신대왕 15)에 죽은 명림답부의 나이는 113세였으며, 국왕이 7일 동안 조회를 중지하여 애도하는가 하면 20가家를 하사하여 묘소를 관리하도록 하는 등 그는 죽은 후에도 극진한 예우를 받았다.[10]

형의 왕위와 아내를 물려받다

이와 같이 큰 타격을 입고 철군한 한나라는 국내정세가 악화되어 더 이상 고구려와 전쟁을 지속할 수 없었다. 요동지역에서 영향력을 강화하려던 한의 야욕이 좌절되면서 이제 고구려가 영향력을 확산시킬 수 있는 기회

---

10 『후한서後漢書』 권85, 열전 제75, 「동이」 ; 『삼국사기』 권16, 고구려본기 제4, 신대왕 8년 (172) 11월 · 15년(179) 9월.

를 맞이하게 되었다. 그러나 고국천왕故國川王이 즉위한 지 5년 정도밖에 되지 않아 아직은 정치적으로 안정되지 못한 상황이었다. 이러한 때에 184년 요동태수 공손도公孫度가 정예군사를 이끌고 고구려로 쳐들어왔다. 명분은 172년 한군이 좌원전투에서 참패한 것을 보복한다는 것이었으나, 실상은 한나라와 고구려의 중간에서 요동지역의 패권을 장악해보려는 야심에서 비롯된 침공이었다.

공손도의 침공을 받은 고구려는 왕자에게 군사를 주어 물리치게 했으나 초전에 기선을 제압하지 못하여 한동안 고전했다. 그러나 직접 정예군사를 이끌고 나온 고국천왕이 좌원에서 공손도군과 접전하여 대승을 거두고 침공군을 물리쳤다. 참수한 적군의 수급이 산처럼 쌓였다는 기록이 남아 있다.[11]

고구려군이 한나라와의 크고 작은 전투에서 승리하자 국왕의 출신부족인 계루부桂婁部의 위상은 한껏 강화되었다. 이에 따라 고국천왕 대에는 각 부족의 족제적族制的 성격을 크게 약화시키고 국왕을 정점으로 한 중앙집권체제를 강화할 수 있었다. 5부족인 계루부·절노부絶奴部·순노부順奴部·관노부灌奴部·소노부消奴部(또는 연노부涓奴部)가 내부黃部·북부後部·동부左部·남부前部·서부右部로 각각 개편된 것이다.[12] 그리고 이때부터 절노부에서 왕비를 맞이하여 계루부와 절로부 두 부족집단의 유대를 강화함으로써 나머지 부족의 세력 확장을 억제하고 왕권의 확립을 도모했다.

이어서 191년 고국천왕은 신분이 미천하다는 이유로 반대하는 귀족집단의 반발을 무릅쓰고 무명의 신진 인사인 을파소乙巴素를 국상國相으로 기

---

11 『삼국사기』 권16, 고구려본기 제4, 고국천왕 6년(184) ; 사회과학원 역사연구소 편, 『조선전사3-중세편』(북한 : 과학·백과사전출판사, 1979), 87쪽.

12 이기동, 「고구려의 등장과 동옥저 및 동예 복속」, 『한국사강좌 : 고대편』, 87-88쪽.

용하는 혁신적인 인사를 단행했다.[13] 그리고 을파소의 건의를 받아들여 춘궁기에 곡식을 대여했다가 추수기에 환수하는 진대법賑貸法을 시행함으로써 일반 백성들의 복지를 크게 향상시켜 대중적 지지기반을 더욱 공고히 했다.

그러나 이 과정에서 왕실 내부의 갈등도 표출되었다. 197년 고국천왕이 후계자 없이 사망하자 아우인 연우延優는 고국천왕의 왕비이며 형수인 우씨于氏와 제휴하여 산상왕山上王으로 즉위했다. 연우의 형인 발기拔奇, 發岐가 왕위계승절차에 이의를 제기하여 내분이 발생했으나, 연우의 승리로 막을 내렸다. 그런데 왕위계승다툼에서 밀려난 발기가 요동지역으로 망명하여 요동태수 공손도에게 고구려 왕위계승의 불법성을 지적하고 연우를 축출하기 위해 병력지원을 요청하면서 문제가 확대되었다.

발기는 요동태수 공손도에게 빌린 군사 3만을 이끌고 고구려 침공에 나섰으나 자신의 아우인 계수罽須가 지휘하는 고구려군의 선전 앞에 참패하고 말았다. 이 패배로 발기가 자결하면서 외세가 개입된 왕위세습 분쟁도 수습되었다. 한편 고국천왕비 우씨는 형이 죽은 후 그 형수를 아내로 맞이하는 '형사취수兄死娶嫂'의 전통에 따라 다시 산상왕의 왕비가 되었다.[14]

이와 같은 과정을 거치면서 고구려는 내부적으로 왕권을 강화하고 중앙집권적 정치체제를 정착시켜나갔다. 국정이 안정되고 국력이 신장되어

---

[13] 『삼국사기』 권16, 고구려본기 제4, 고국천왕 13년(191).
[14] 연우와 발기를 고국천왕의 아들로 보는 견해도 있으나, 『삼국사기』에 따라 고국천왕의 아우로 보고 형제상속의 경우로 파악했다 ; 『삼국사기』 권16, 고구려본기 제4, 고국천왕 원년(179) · 산상왕 원년(197) ; 이기동, 「고구려의 등장과 동옥저 및 동예 복속」, 『한국사강좌 : 고대편』, 89쪽.

요동 전역으로 영향력이 확대되자, 한족 세력의 영향력은 점점 위축되어
갔다. 고구려는 요동지역의 명실상부한 새로운 주인공으로 발전할 수 있
는 기회를 맞이하게 되었다.

형과 아우의 왕비가 되었던 우씨

고구려 제9대 왕인 고국천왕은 신대왕의 둘째 아들로 즉위 직후인 180년에 부인 우씨를 왕후로 삼았다. 그는 귀족세력의 반대를 무릅쓰고 무명의 을파소를 국상으로 전격 발탁한 후, 그의 건의를 받아들여 진대법을 실시했다. 생활이 곤궁한 백성들의 복지를 향상시킨 이 정책은 그의 가장 돋보이는 업적으로 꼽힌다. 이런 고국천왕이 197년 5월에 후계자가 결정되지 않은 상황에서 서거하자 왕비 우씨는 국왕의 동생을 선택하여 즉위시키고 그의 왕비가 되었다. 형이 죽은 후에 동생이 형수를 맞이하여 혼인하는 이른바 '형사취수'제도를 왕실에서 실천한 대표적 사례라고 할 수 있다.

우씨는 고국천왕이 서거하자 이 사실을 외부에 알리지 않은 채 야음을 이용해 국왕의 큰 아우인 발기를 찾아가 왕위계승 문제를 거론하면서 눈치를 살폈다. 그러나 발기는 경솔한 왕위계승 논의와 왕비의 야간 행차에 대해 힐책했고, 뜻밖에 모욕을 당한 우씨는 둘째 아우인 연우의 집으로 발길을 돌렸다. 연우는 앞서 발기가 냉대한 것과는 달리 크게 환대하여 우씨를 흡족하게 해주었다. 왕비 우씨를 맞이한 연우가 의관을 정제하고 주안상을 준비하는 등으로 예우하자 우씨는 국왕이 서거한 사실과 발기 에게 모욕당한 사실을 털어놓고 왕위계승 문제를 논의했다. 마침 고기를 직접 잘라 대접하던 연우가 칼에 손을 베자 우씨는 자신의 치마끈을 풀어 연우의 손가락에 감아주었다. 이로써 두 사람은 연우가 왕위를 계승하는 데 합의한 것으로 보인다. 이어 우씨의 제의에 따라 연우가 우씨를 호위 하여 함께 입궐했다.

연우를 대동하고 입궐한 우씨는 날이 밝자 고국천왕이 서거한 사실과 선왕의 유명에 따라 후계자가 결정된 사실을 공포했다. 그러나 왕위계승 서열이 연우보다 위인 발기는 이에 반발하여 군사를 동원하여 궁성을 포 위하고 연우의 퇴진을 요구했다. 사흘이 지나도록 궁성에서는 아무런 반 응이 없는 가운데 백성들의 정서도 연우에게 기울어 발기를 지지하는 세 력이 나타나지 않았다.

발기는 가족들을 이끌고 요동으로 이동하여 요동태수 공손도에게 의탁 하고, 고구려를 침공해 복수하기 위해 공손도의 3만 대군을 빌렸다. 그러 나 이마저 용이하지 않아, 그는 곧 다른 아우 계수가 지휘하는 고구려군 에 패하여 추격당하는 신세로 전락하고 말았다. 발기는 형을 뒤쫓는 계수 를 비난했으나, 계수는 오히려 "연우가 왕위를 양보하지 않은 것은 의로 운 일이 아니나 발기가 한때의 분노를 참지 못하여 나라를 망하게 하려는 행위는 더욱 옳지 못하다. 장차 죽어서 무슨 낯으로 선왕을 뵙겠는가"라 고 힐책했다.

결국 고구려 침공에 실패한 발기는 퇴각하던 중 강가에서 자결하고 말

았다. 계수가 발기의 시신을 매장한 후 개선하자 국왕 연우가 이를 나무랐다. 그러나 계수가 형제간의 우의를 내세워 국왕을 설득하고, 국왕도 아우 계수의 뜻에 동의하면서 사태는 곧 수습되었다. 국왕 연우는 발기의 장례를 국왕의 예와 동일하게 후하게 지내주었다.

이런 혼란과 위기를 초래한 장본인 우씨는 질투 또한 심해, 산상왕 연우가 주통촌酒桶村의 젊은 여인과 동침하고 임신 시킨 사실을 알고 몰래 군사를 보내 그녀를 죽이려 했다. 주통촌의 여인은 "나를 죽이려는 것이 왕명이냐 왕후의 명령이냐, 지금 내 배 속에는 아이가 들어 있으니 이는 왕의 유체遺體다. 내 몸을 죽이는 것은 가하나 왕자마저 죽이려 하느냐"라고 일갈하여 군사들을 물리쳤다. 왕후가 집요하게 죽이려 했으나 임신 사실을 확인한 국왕이 이 여인을 특별히 후대하며 보호했고, 이후 태어난 사내아이는 교체郊彘라는 이름을 얻었다. 그는 227년 산상왕이 서거한 후 동천왕으로 즉위했다.

두 국왕의 왕비로 살았던 우씨는 죽기 직전 동천왕에게 "내가 절개를 잃었으니 무슨 면목으로 고국천왕을 뵙겠는가. 그대들이 나를 구렁텅이에 내버리지 않으려거든 산상왕릉 곁에 묻어주오"라고 유언했고, 234년 9월에 운명하자 동천왕은 그녀의 뜻대로 장사지내주었다.

제4장

요동의 육상 교통로를 확보하라

– 244년 고구려와 위나라의 전쟁

• 어지러운 혁신의 시대

• 동북아의 독자세력으로 성장하다

• 완충지대가 사라지다

• 초토화되는 국내성

• 항복 소찬 속에 단검을 숨기고

• 낙랑과 대방을 압박하며 다시 세를 키우다

❖ 목숨으로 주군을 구한 밀우와 유유

어지러운 혁신의 시대

고구려는 이민족과의 전투에서 수차례 승리하는 등 대외여건이 호전되자 고국천왕故國川王(재위기간 179~196) 대에는 그동안 왕권강화에 걸림돌이 되어온 5개 부족을 개편하고 국왕을 정점으로 한 중앙집권체제를 강화했다. 특히 191년 고국천왕이 을파소를 국상으로 기용하고 그의 정책을 통해 복지를 향상시켜가면서 대중적 지지기반은 한층 공고해졌다. 그리고 산상왕의 아들 동천왕東川王이 부자상속父子相續의 전통에 따라 왕위를 계승하고 절노부 출신의 왕비를 맞이하여 이들과 정치적 제휴를 추진하면서 정권은 더욱 안정되었다.

한편 중국대륙의 통일왕조인 한나라는 184년 황건적黃巾賊의 반란이 일어나자 지방호족들에게 황건적 토벌작전에 적극 참여토록 요구했다. 호

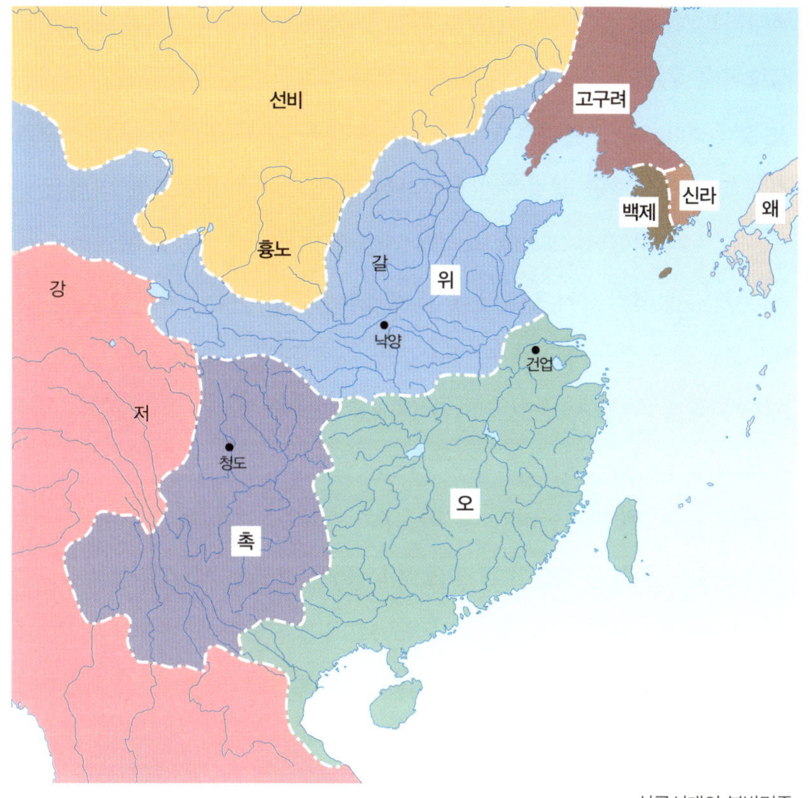

삼국시대의 북방민족

족들이 토벌에 참가하자 황건적의 기세는 단기간에 꺾였지만 지방에 산재해 있던 잔당들까지 완전히 소탕하지는 못했다. 189년 영제靈帝가 죽고 14세의 소제少帝가 즉위하여 태후의 섭정이 실시되는 등 정치적 불안이 계속되자 사회적 혼란도 가라앉지 않았다. 오히려 지방관리와 호족들이 황건적 토벌을 계기로 권한과 세력을 확대하면서 영향력을 키워 지방의 할거세력으로 성장해갔다.

이 시기에 두각을 나타내기 시작하여 장차 중국대륙을 삼등분하여 지배하게 되는 대표적인 군웅이 조조曹操와 손권孫權과 유비劉備였다. 조조는 한나라의 관리 출신으로 황건적 잔당들을 소탕하는 과정에서 반정부적 성향이 농후한 농민세력들을 흡수하여 조직화함으로써 강력한 세력기반을 갖추었다. 그는 한나라를 재건한다는 명분을 내걸고 원교근공책으로 먼저 화북華北지방을 평정하기 시작하여 199년까지 황하 이남지역의 군웅들을 모두 제거했다. 그리고 최대의 위협세력이던 원소袁紹를 제거한 후에는 본거지를 하남지역으로 옮겼다. 조조는 213년 위공魏公의 작위를 받은 데 이어 216년에는 위왕魏王이 되어 명실상부한 최고실력자로 군림했다. 조조가 죽은 후 장자인 조비曹丕가 헌제를 폐하고 220년 위魏나라를 세워 문제文帝로 즉위하게 된다.

이와 같이 후한이 멸망한 후 위·오吳·촉蜀(촉한)으로 정립된 삼국은 다시 중국대륙을 통일하기 위해 60여 년 동안 전쟁을 벌였다. 삼국시대로 불리는 이 시기에는 정치적·군사적으로 대립과 항쟁이 계속되는 가운데서도 여러 가지 실용적인 제도가 창안되고 혁신적인 개혁들이 이루어지기도 했다. 그러나 각국이 경쟁적으로 부국강병정책을 추구했기 때문에 무엇보다도 큰 성과는 군사적 측면에 있었다.

동북아의 독자세력으로 성장하다

2세기 후반 요동지역에서는 184년 요동태수로 부임한 공손도가 독립적인 세력을 확장시키면서 현도·낙랑군까지 장악하여 요동의 실력자로 군림하고 있었다. 204년 공손도를 계승한 아들 공손강公孫康은 낙랑 이남지역의 일부를 분할하여 대방군帶方郡을 설치했다.

이 무렵 207년 공손강이 한나라 장수인 원상袁尚을 참수하여 조조에게 돌려보낸 사건을 계기로 조조 정권과는 더욱 긴밀한 관계가 되었다. 221년 공손강이 죽은 후에는 아우 공손공公孫恭이 요동태수가 되었다. 공손공은 위나라 문제로부터 거기장군 평곽후車騎將軍平郭侯의 관작을 받았다. 그 후 공손강의 아들인 공손연이 장성하여 228년 숙부 공손공을 축출하고 태수가 되었으며, 230년 위나라 명제로부터 요동태수의 지위를 인정받았다.

요동태수 공손연은 오나라의 손권孫權으로부터 연왕燕王에 책봉되기도 했다. 그러나 요동지역과는 너무 멀리 떨어져 있는 오나라와 통교하는 것이 자신에게 유리하지 않으리라 판단하고, 233년 오나라 책봉사절을 참수하여 그 수급을 위나라 명제에게 보냄으로써 환심을 사려 했다. 그해 12월 공손연은 위나라로부터 대사마의 벼슬을 받고 낙랑공樂浪公에 책봉되었다.[1]

한편 오나라 손권이 요동의 공손연과 제휴를 시도한 사건에 충격을 받은 위나라 명제는 공손연이 위나라 후방을 위협하는 만약의 사태에 대비하기 위해 고구려와 손을 잡아야 할 필요성을 절감했다. 234년 고구려 동천왕은 위나라 명제가 파견한 강화사절을 접견했는데, 이를 계기로 양국 간 관계가 더 한층 강화되기 시작했다.

이런 상황 속에서 236년 2월 오나라 손권이 파견한 사신 호위胡衛가 고구려에 입국하자 동천왕은 고민에 빠졌다. 위나라와의 관계를 고려한 나머지 오나라의 관계개선 제의를 쉽사리 수락할 수가 없었던 것이다. 고구려는 오나라 사신이 도착한 후로 무려 반년 동안 위나라와 오나라의 정세

---

1 니시지마 사다오西嶋定生, 「친위왜왕책봉에 이르는 동아시아의 정세親魏倭王冊封に至る東アジアの情勢」, 『중국고대국가와 동아시아세계中國古代國家と東アジア世界』(동경대학출판회, 1983), 471 · 480쪽.

변화를 관망하면서 고심했다. 결국 지리적으로 가까운 위나라와 관계를 강화하는 것이 국익에 도움이 된다는 판단을 내린 고구려는, 과거 요동의 공손연과 마찬가지로 236년 7월 오나라 사신을 참수하여 그 수급을 위나라에 보냈다. 그리고 이듬해에 위나라 명제가 연호를 경초景初로 바꾸자 이를 축하하는 사절단을 위나라에 파견하는 등 적극적인 대위외교를 전개하기 시작했다.

이와 같이 고구려가 위나라와 친선을 유지하기 위해 노력한 것은 서진정책에 장애가 되고 있는 공손씨 세력을 위나라를 통해 배후에서 견제하기 위한 전략이었다. 이 무렵 요동지역의 공손씨 세력은 위나라와 관계가 악화되면서 적대적인 태도를 보이기 시작했다. 당시 고구려 서진정책의 가장 큰 걸림돌은 공손씨 정권이었다. 고구려는 238년 봄 사마의司馬懿가 지휘하는 위나라 4만 대군이 공손씨 세력을 공격할 때 수천 명을 파병하여 위군을 지원하기도 했다.[2]

요동지역을 장악한 세력은 전통적으로 중원세력의 중화질서를 실현시키는 변방 군현으로 기능했다. 그러나 요동의 공손씨 정권은 중원세력과 분리된 독자정권으로서 부여 · 고구려 및 한반도 제세력 등 주변세력의 중심적 역할을 하면서 요동중심 세력권의 재편성 가능성을 보여주었다.[3] 고구려 동천왕도 이러한 공손씨 정권의 대외정책에 영향을 받아 중원과는 별도로 동북아의 독자세력으로 팽창정책을 추진했으나, 공손씨 세력

---

2 『삼국사기』 권17, 고구려본기 제5, 동천왕 12년(238) ; 『삼국지』 권8, 위서8 「이공손도사장二公孫陶四張」 제8 ; 니시지마 사다오, 「친위왜왕책봉에 이르는 동아사아의 정세」, 『중국고대국가와 동아시아세계』, 487-489쪽.
3 임기환, 「3~4세기 초 위 · 진의 동방정책」, 『역사와 현실』36(한국역사연구회, 2000), 12-13쪽.

과는 달리 위나라와 친선관계를 유지하는 외교적 유연성을 유지하고 있었다.

위나라 4만 대군이 공손씨 세력을 공격하여 멸망시킬 때 고구려가 군사를 파견하여 위군을 지원한 것은, 당시 고구려의 서진정책에 걸림돌이 되고 있던 공손씨 세력을 위나라가 배후에서 견제해주기를 기대하고 있었기 때문이었다. 공손씨 세력이 멸망한 후로 한동안 위나라가 고구려를 적대시하지 않고 우호적인 관계를 유지했던 것은 고구려가 대주변국 정책을 성공적으로 추진한 성과일 것이다.

위나라는 요동의 공손씨 세력을 멸망시킨 후 지리적으로 고구려와 인접하게 되었음에도 불구하고 고구려를 적대시하지 않고 우방으로 간주했다. 따라서 고구려는 비교적 안정된 분위기 속에서 왕권을 강화하고 군사력을 증강할 수 있었다.

완충지대가 사라지다

중국대륙의 위나라는 후한대의 13개 주州 중에서 9개 주를 차지하고 66만여 호戸에 443만여 명의 인구를 거느림으로써 삼국 중에서도 가장 광대한 영역과 인적자원을 확보하고 있었다.[4] 그럼에도 불구하고 수차례나 양자강 남안으로 진격하여 오나라를 공격한 것은 실패로 끝나고 말았다. 오와 촉은 위나라에 비해 군사력이 열세에 놓여 있었으므로 위나라의 침공에 대비하여 공수동맹攻守同盟을 체결하는 등 적극적인 태세로 대응했다. 이

---

4 미야자키 이치사다, 『중국사』, 조병한 편역, 170쪽.

때문에 위나라는 오·촉과의 무력 대결에서 실패를 거듭하고 있었다.

그러나 위나라의 북방민족에 대한 팽창정책은 비교적 성공적이었다. 당시 북방민족으로는 흉노·오환烏桓·선비鮮卑 등이 국경을 접하고 있었는데, 남흉노는 후한 초기 이래 한나라 국경 내부로 이동하여 한족漢族과 함께 살고 있었으므로 분쟁을 일으킬 소지가 없었다.

오환은 3세기 초 한나라 토벌군에 대패한 이후로 한나라에 복속되었으나, 선비는 유주지역과 그 서북지역의 광범위한 영역에 거주하면서 배반과 복속을 반복하여 위나라 변경지역을 압박했다. 이에 위나라는 문제·명제 양대에 걸쳐 대대적인 토벌을 단행하여, 결국 233년 이후로는 이들을 완전히 복속시키게 되었다.

한편 촉나라는 234년 제갈량諸葛亮이 죽은 후로 위나라와의 긴장상태가 크게 완화되었다. 이 틈에 위나라는 238년 사마의가 이끄는 4만 군사로 요동의 공손씨 세력을 멸망시키면서 고구려와 부여를 지원세력으로 끌어들였다. 이 무렵 부여는 공손씨 세력을 고구려 견제세력으로 이용하려다가 위나라가 공손씨 세력을 멸망시키자 이때부터는 위나라와 제휴하여 고구려를 견제하려고 했다. 따라서 위나라는 고구려 북쪽에 사방 2000여 리의 광대한 영역과 8만여 호의 인구를 가진 부여를 대고구려 견제세력으로 확보하게 되었다. 이러한 상황변화로 인해 고구려는 점차 위나라의 침공 위협에 직면하게 되었다.[5]

위나라의 침공 위협이 약화되자 왕권을 강화하고 군사력을 확충하는데 박차를 가하고 있던 고구려는, 동천왕 즉위 후 10여 년 동안 국력이 신장되면서 강력한 군사력을 보유하게 되자 적극적으로 영토확장정책을 추

---

5 이기동, 「부여왕국의 흥망」, 『한국사강좌 : 고대편』, 78쪽.

진하게 되었다.

238년 6월 위군의 공격을 받고 몰락하기 전까지 공손씨 세력은 위나라와 고구려의 완충지대로 존재해왔다. 그러나 공손씨 세력의 몰락으로 고구려의 대륙지향적 팽창주의정책은 위나라 군사력과 직접 충돌할 수밖에 없게 되었다. 당시 삼국 가운데 최강국이던 위나라는 공손씨 세력을 멸망시킨 후 고구려를 지향한 팽창정책을 추진하기 시작했다. 이렇게 되자 앞서 고구려가 수천 군사를 파병하여 위나라와 친선관계를 유지하려 했던 조치는 위나라의 대이민족 지배정책을 예측하지 못한 판단착오였다는 비판을 받게 되었다.[6]

위나라는 고구려 공격에 앞서 부여를 후방 지원세력으로 끌어들여 동맹체제를 구축했다. 부여는 요동의 공손씨 세력이 멸망한 직후 위나라와 제휴하여 고구려를 견제하려고 했다. 이제 고구려는 부여가 배후 위협세력으로 침공기회를 노리는 상황에서 위나라 침공군과 싸우지 않을 수 없게 되었다.[7]

초토화되는 국내성

238년 요동지역에서 위나라와의 완충지대 역할을 하던 공손씨 세력이 붕괴된 후로 한동안 지속되던 평화관계가 깨질 조짐을 보이자 고구려는 서둘러 대응책을 마련했다. 고구려 동천왕은 선제공격으로 기선을 잡기 위

---

6 임기환, 「3~4세기 초 위·진의 동방정책」, 『역사와 현실』36, 15쪽.
7 사회과학원 역사연구소 편, 『조선전사2-고대편』, 148-149쪽.

해 242년 정예부대로 요동의 서안평西安平(지금의 압록강 하구 구련성 부근 추정) 지역을 기습했다.

당시 육상교통로를 고구려가 장악하고 있었기 때문에 과거 공손씨 세력이 지배하던 낙랑·대방군과 통교하는 데 막대한 지장을 받고 있던 위나라는 고구려의 서안평 공격을 핑계로 244년 가을 관구검毌丘儉이 지휘하는 정예군사 1만여 명을 동원하여 고구려로 쳐들어왔다. 유주자사 관구검은 238년 사마의가 공손연을 공격할 때 전공을 세워 안읍후安邑侯에 책봉된 인물로, 이 참전 경력 때문에 다른 장수들보다 작전지역의 지리적 환경을 잘 알고 있어 고구려 침공작전을 지휘하게 되었다.

관구검의 침공군 1만여 명은 현도에서 동북진하여 혼하渾河 상류지역으로 쳐들어왔다. 고구려 동천왕은 정예 보병과 기병 2만여 명을 출동시켜 압록강 지류인 비류수沸流水[8] 상류지역에서 적을 저지하도록 했다. 고구려군은 이 전투에서 지형의 이점을 최대한 이용하여 위나라 침공군을 격파하고 수급 3000여를 베는 대승을 거두었다.[9] 고구려군은 이어서 양맥梁貊(양구)의 계곡에서 위군을 추격하여 또다시 승리했다.[10] 이처럼 연전연승에 고무된 동천왕은 위군의 전력이 소규모의 고구려군보다 못하며, 관구검이 명장으로 이름을 날리고 있어도 그 목숨이 고구려군의 손 안에 있다고 호언장담했다. 이어 고구려군은 5000명의 정예 기병으로 관구검의 진영을 급습했으나 이번에는 위군의 방진方陣[11]에 말려들어 큰 타격을 입었다. 동천왕은 불과 1000여 기병의 호위를 받으며 압록강 쪽으로 탈출했다.

---

8 지금의 혼강渾江.

9 『삼국지』 권28, 위서28 「왕무구제갈등종王毌丘諸葛鄧鍾」.

10 이병도 역주譯註, 『국역 삼국사기』(을유문화사, 1977), 263쪽.

11 병사들을 사각형으로 배치하여 친 진.

고구려와 위의 전쟁 상황(244~245)

관구검의 위군은 양맥 계곡을 벗어나자 통구通溝(지금의 길림성 집안시) 북쪽의 소판차령小板岔嶺(판석령板石嶺)을 넘어 환도산성丸都山城(길림성 집안시 외곽)으로 진출할 태세를 갖추었다.[12] 중국대륙에서 고구려로 쳐들어오는 군사들이 이용하는 기동로는 요동의 신성新城(요녕성 무순시 고이산성高爾山城)으로 진출한 후 남로와 북로로 나누어지는 두 개의 통로가 있었다.

남로는 신성에서 동남진하여 환인을 통과한 후 압록강 상류쪽으로 북동진하여 수도 국내성國內城(길림성 집안시)에 이르는 길이며, 북로는 신성에서 동진하다가 통화通化(길림성 통화시)에서 남하하여 대판차령을 넘어 국내성으로 연결되는 길이다. 이와 함께 또 다른 북로의 지선도로로 통화

---

[12] 압록강 북쪽 평지에 축조된 방형의 국내성 방위력을 보완하기 위한 것이 그 북쪽 교외의 환도산성, 평지성인 남원 읍성과 교룡산성의 보완적 역할에 비견된다.

국내성 서벽의 서쪽 부분 오늘날의 모습 고구려의 두 번째 수도인 국내성의 성벽 일부가 여전히 남아 그 안에 아파트 단지가 들어섰다. (동북아역사재단 제공)

국내성 내부(현 길림성 집안시내)

근교에서 남하하여 양맥과 양맥 계곡을 경유한 후 소판차령을 넘어 국내성에 이르는 길이 있었다.[13]

관구검의 위군은 북로의 우회도로인 소판차령을 넘어 수도 국내성 외곽의 환도산성으로 쳐들어왔다. 고구려군은 위군의 주요 통로를 봉쇄하고 포위태세를 갖추었다. 따라서 이를 돌파하려는 위군과 국내성 및 그 외곽 환도산성을 중심으로 하여 치열한 공방전이 벌어지게 되었다.

그러나 고구려군은 동천왕이 이미 남쪽으로 탈출한 상황에서 고군분투하다가 국내성과 환도산성을 빼앗기고 말았다. 위군은 수도권 일대를 유린한 후 주둔하면서 별다른 대안 없이 시일만 보내게 되었다. 결국 위군은 수개월 동안 국내성과 환도산성 일대에서 지체하다가 이듬해(245) 5월 철군했는데, 소판차령에서 총사령관 관구검의 전공기념비를 세우고 유주로 철수했다.[14] 이른바 '관구검기공비毌丘儉紀功碑'로 불리는 이 기념비의 일부가 1906년 판석령에서 발견되면서 생생한 역사적 사실로 입증되었는데, 현재는 심양시瀋陽市의 요녕성박물관에 전시되어 있다.

항복 소찬 속에 단검을 숨기고

고구려 동천왕은 압록강을 넘어 내륙지역으로 탈출했으나, 관구검이 245년 5월 유주로 철군하면서 현도태수 왕기王頎에게 추격 임무를 부여했

---

13 이케우치 히로시池內宏, 「조위의 동방경략曹魏の東方經略」, 『만주지리역사연구보고』 제12(동경제국대학문학부, 1930), 통화 · 회인 · 통구지방약도.
14 이병도 역주, 『국역 삼국사기』, 263쪽 ; 이케우치 히로시, 「조위의 동방경략」, 『만주지리역사연구보고』 제12, 7-8쪽.

기 때문에 쫓고 쫓기는 상황은 계속되고 있었다. 동천왕은 왕기의 추격을 피하여 강계江界에서 낭림산맥을 넘어 옥저沃沮지역의 관문인 황초령黃草嶺으로 남하했다.[15]

동천왕의 정예부대는 많은 병력손실을 입고 전력이 크게 약화되었는데, 동부東部지역 출신의 무장인 밀우密友가 결사대를 이끌고 죽령竹嶺(또는 중령中嶺)에서 왕기의 추격부대를 기습하여 큰 타격을 입혔다. 왕기 추격대의 추격속도가 둔화되자 일단 위험지역에서 벗어난 동천왕은 흩어진 군사들을 수습하면서 옥저 남부지역으로 이동했다.

동천왕이 피난처로 선택한 옥저지역은 앞서 56년 고구려 태조왕이 중국대륙으로 진출할 무렵 고구려 영토로 복속시킨 곳이었다. 옥저지역은 비교적 넓은 평야지대에 동해를 접하고 있어 풍부한 농수산물을 생산하고 있었다. 그동안 경제적으로 이 지역의 농수산물에 크게 의존해온 고구려에게 옥저는 활발한 영토확장정책을 추진하는 데 있어 중요한 후방기지가 되었다.

동천왕 일행이 지나간 통구→강계→장진→함흥으로 연결되는 통로는 압록강 하류의 안동安東→의주義州 통로와 함께 이미 기원전 108년 한나라 임둔군臨屯郡이 설치되기 이전부터 이용되고 있었다.[16] 한편 추격부대를 지휘하던 현도태수 왕기가 옥저지역에서 되돌아갔으나 휘하 부장에게 별동대를 편성하여 추격을 계속하도록 지시함에 따라 동천왕은 또다시 위

---

15 이케우치 히로시, 「한위진의 현도군과 고구려漢魏晉の玄菟郡と高句麗」, 『만선사연구滿鮮史研究』 상세上世 제1책(일본 : 길천홍문관, 1951), 195쪽.
16 박경철, 「고구려군사전략고찰을 위한 일시론」, 『사학연구』 제40호(한국사학회, 1989), 8쪽 ; 이케우치 히로시, 「조위의 동방경략」, 『만주지리역사연구보고』 제12, 통화 · 회인 · 통구지방약도.

군의 추격을 받게 되었다.[17]

동천왕은 위군 별동대의 추격이 옥저의 남단지역까지 계속되자 다시 위기상황에 직면했다. 그러나 동부지역 출신인 유유紐由가 위군 장수에게 항복을 핑계로 접근하여 살해한 후 혼란한 틈을 이용하여 기습, 공세로 전환했다. 유유는 동천왕의 항복의사를 전달하기 위해 왔으며 소찬을 준비했다고 속이고 접근하여 그릇 속에 숨겨 온 단검으로 추격부대 지휘관을 살해한 후 그 자리에서 자결했다. 그리고 대기 중이던 동천왕이 3면에서 위군 진영을 급습하자 혼란에 빠진 추격부대가 오히려 추격을 당하는 처지가 된 것이었다. 추격부대는 마식령馬息嶺과 아호비령阿虎飛嶺을 넘어 양덕陽德 · 성천成川을 경유하여 낙랑군의 치소인 평양으로 퇴각했다.[18]

위군 추격부대를 낙랑방면으로 축출한 동천왕은 옥저 남쪽지역에 머물면서 전열을 정비하려고 했다. 그러나 고구려군은 미처 전열을 강화하지 못한 상황에서 또다시 옥저지역으로 쳐들어온 일단의 위군과 맞닥뜨리게 되었다. 앞서 패주한 위군 추격대가 그간의 상황을 낙랑태수 유무劉茂에게 보고하자, 동천왕이 전력을 회복할 시간적 여유를 주지 않기 위해 낙랑태수가 대방태수 궁준弓遵과 합동으로 추격부대를 재편성하여 이곳으로 진출시켰던 것이다. 이들 위군 추격부대가 성천→양덕을 경유하여 아호비령과 마식령을 넘어 일행이 머물고 있는 옥저 남쪽지방으로 쳐들어오자[19] 동천왕은 다시 옥저 북부지역으로 북상했다. 따라서 위군 추격대와 무력충돌이 일어나지는 않았다.

---

17 이병도 역주, 『국역 삼국사기』, 264쪽 ; 『삼국지』 권30, 위서30 「동이」.
18 이병도 역주, 『국역 삼국사기』, 265쪽.
19 이케우치 히로시, 「조위의 동방경략」, 『만주지리역사연구보고』 제12, 21-26쪽.

낙랑과 대방을 압박하며 다시 세를 키우다

고구려는 관구검군에게 수도 국내성과 그 외곽의 환도산성을 점령당했으
나 동천왕이 압록강을 넘어 내륙 깊숙이 피신함으로써 일단 위기를 모면
했다. 그러나 위군에게 함락된 고구려의 도성인 국내성 일대는 약탈 방화
로 초토화되고 말았다.

옥저 북부지방으로 피신한 동천왕은 국내성에서 그리 멀지 않은 압록
강 너머 강계(지금의 평안도 강계시) 지역에 임시수도를 정하여 동황성東黃城
이라 명명하고, 247년 2월 종묘사직을 옮기고 흩어졌던 백성들을 모아 재
기를 도모하기 시작했다.[20]

동황성이 위치한 강계지역은 압록강 이동지역으로 한반도 내륙지역과
연결되는 통로의 요지였다. 수도인 황성黃城, 즉 국내성과는 비교적 가까
운 거리에 위치하고 있으면서도 압록강을 천연장애물로 이용할 수 있는
지리적 이점이 있어 위군의 기습적인 침공에도 대비할 수가 있었다. 따라
서 고구려는 새로운 임시수도를 중심으로 안정된 분위기 속에서 군사력
재건에 전력을 기울일 수 있게 되었다.

이와 같이 위군의 대규모 침공으로 수도와 그 일대를 유린당한 고구려
는 임시로 도읍을 옮겨야 하는 등 타격을 입었으나 이는 오히려 전화위복
의 계기가 되었다. 국가적 어려움을 극복하려는 노력은 248년 9월 동천왕
이 죽고 그 아들 중천왕中川王이 즉위한 이후로도 계속되었다. 그해 11월
중천왕이 아우들의 도전을 받아 왕실 내부가 위기상황에 직면하기도 했
으나, 사건을 수습한 이후로 왕권은 더욱 강화되고 국력도 빠르게 회복되

---

[20] 이병도 역주, 『국역 삼국사기』, 266쪽.

었다. 그 후 250년 2월 중천왕은 국상인 명림어수明臨於漱에게 군사권을 위임하여 군사력 증강에 박차를 가하도록 했다.

그로부터 10여 년 후에는 고구려의 국력이 급격히 신장되어 동천왕 때와 다름없는 군사력을 회복하게 되었다. 그리하여 고구려군은 259년 12월 위나라 장수 위지해尉遲楷가 군사를 이끌고 쳐들어오자, 15년 전인 244년 가을에 관구검군과 접전을 벌였던 바로 그 양맥 계곡에서 위군을 맞아 정예 기병 5000여 명으로 적 8000여 명을 참살하는 대승을 거두었다.

안악 3호분 행렬도 중 궁사 모사도 활을 목에 걸었고 화살을 담은 화살통이 출토되는 성시구盛矢具의 모양과 같다. 고구려는 탄탄한 병기체제를 바탕으로 한 강력한 군사력을 가지고 있었다. (육군박물관 제공)

한편 위나라는 239년 명제가 죽고 나이 어린 제왕이 즉위하자 앞서 요동의 공손씨 정권을 멸망시킨 사마의司馬懿가 정권을 장악하는 정치적 변화를 겪었다. 그의 아들 사마소司馬昭는 263년 촉한을 멸망시키고 진왕에 책봉되었으며, 사마소의 아들 사마염司馬炎은 원제를 폐하고 위나라를 멸망시켰다. 그는 265년 12월 진晉왕조를 새로이 개창하여 무제로 즉위했다.

274년에 행정상의 편의를 위해 유주幽州의 관할구역을 이등분한 진은,

유주의 동북지역에 양평을 치소로 하는 평주平州를 설치하고 창려·현도·요동군과 낙랑·대방군을 편입시키는 등 동방진출의 태세를 갖추기 시작했다.[21]

그러나 중국 통일이 지상과제였던 진왕조는 우선 국내 통일전쟁에 주력하여, 280년 20만 대군으로 오나라를 멸망시킴으로써 대륙을 통일하는 데 성공했다. 이로부터 낙랑·대방군은 진나라에 예속되었다. 그러나 중국대륙의 진나라가 내분과 북방 이민족의 침입으로 동북지역에 대한 영향력을 행사할 수 없게 되자 낙랑·대방군의 세력도 위축될 수밖에 없었다. 이 무렵 고구려는 전란 직후에 국민적 자각을 바탕으로 이미 국력을 회복해가고 있었으므로 이들에 대한 압박을 강화할 수 있게 되었다.

고구려는 낙랑·대방군의 북쪽에 위치하면서 세력을 확장해나감에 따라 해안을 제외한 육지 통로를 모두 포위했다. 더욱이 고구려 세력이 서진하면서 평주의 치소인 양평과 연결되는 압록강 하류의 통로를 위협하여 이들 양군의 고립상황을 더욱 심화시켰다. 그 결과 최고 전성기에는 25개 현縣 6만여 호의 인구를 보유했던 낙랑군을 6개 현 3700호의 규모로 압박해갔다. 대방군도 7개 현 4900호 규모로 축소시켰다.[22] 뿐만 아니라 고구려는 중국대륙의 진나라가 내우외환에 휘말려 관심을 돌릴 수 없는 상황을 이용해 3세기 후반에는 양군이 겨우 명맥을 유지할 정도로 군사적 압박을 강화했다.

---

21 담기양譚其驤 주편主編, 『중국역사지도집』제3책 삼국·서진시기西晉時期(대만 : 지도출판, 1982), 41-42쪽.
22 이기동, 「대외관계의 전개」, 『한국사강좌 : 고대편』, 190쪽.

목숨으로 주군을 구한 밀우와 유유

밀우와 유유는 244년 위나라 관구검 1만 군사의 침공을 당한 고구려 제 11대 국왕 동천왕이 수도를 빠져나와 탈출하는 절체절명의 위기에서 결정적 도움을 준 인물이었다. 역대 전쟁사에서 유래를 찾기 어려울 만큼 동천왕은 장기간에 걸쳐 끈질기게 관구검군의 추격을 당했으나, 밀우와 유유의 지혜롭고 과감한 행동으로 위기를 모면할 수 있었다.

동천왕이 도성에서 탈출했으나, 245년 5월에 철수하던 관구검이 현도 태수 왕기王頎에게 추격임무를 부여하면서 추격전은 시작되었다. 강계에서 옥저지역으로 탈출하던 중 추격대와의 거리가 좁혀지자 동부 출신의 밀우는 소수의 결사대를 편성하여 적과 싸웠다. 동천왕은 밀우의 결사대가 시간을 벌어주는 동안 일단 위험지역을 벗어날 수 있었다. 위험지역을 빠져나와 한숨 돌린 동천왕은 자신을 위해 적진으로 달려가 싸운 밀우를 찾았으나 행방을 알 수가 없었다. 동천왕이 밀우를 찾아오는 자에게 후한

상을 주겠다고 하자 하부下部(서부의 별칭) 출신의 유옥구劉屋句가 자원하고
나섰다.

유옥구는 밀우가 싸운 지역을 수색하여 부상을 입고 쓰러진 밀우를 구
출해 돌아왔다. 밀우를 극진히 간호한 후 동천왕은 다시 남옥저로 이동했
다. 현도태수 왕기는 옥저에서 추격을 중지하고 되돌아갔으나 별동대를
편성하여 동천왕을 추격하게 했으므로 남옥저로 이동하지 않을 수 없는
상황이었다. 이 과정에서 또다시 위기를 맞게 되자 동부 출신의 유유가
위기를 타개할 수 있는 방안을 제시했다. 유유의 계책은 밀우가 적진으로
달려가 무력으로 추격대를 지연시킨 것과는 달리 위계로 적장에게 접근

하여 순식간에 암살한다는 계획이었다.

유유는 동천왕에게 "형세가 매우 위급하나 그냥 죽을 수는 없습니다. 신의 어리석은 계책은 음식을 장만하여 추격대를 위문하다가 틈을 보아 추격대장을 살해하려는 것입니다. 신의 계책대로 성공하면 왕께서는 속히 공격하여 승리를 쟁취하십시오"라고 건의한 후 음식을 가지고 적진을 찾아갔다. 그리고 적진에 도착하자 추격대장에게 항복의사를 표시하면서 "우리 국왕이 대국에 죄를 짓고 도망하여 바닷가에 이르렀으니 이제 더 이상 도망갈 곳이 없다. 이에 곧 항복하고 처벌을 받고자 하여 먼저 소신을 보내 소찬을 대접하고자 한다"라고 하여 적장의 환심을 샀다.

위군 추격대장이 유유의 감언이설에 속아 항복을 받아들이려 하였고, 유유는 음식 속에 비수를 감추어 적장에게 접근했다. 유유는 비수로 적장의 가슴을 찔러 살해하고 자신도 그 칼로 목을 찔러 자결했다. 순식간에 지휘관을 잃은 추격대 진영은 혼란에 빠졌고, 이 틈을 노리고 있던 동천왕은 기습공격으로 추격대를 물리쳤다. 추격대는 평양으로 되돌아갔으나 낙랑·대방의 연합 추격대가 옥저 남쪽으로 다시 쳐들어왔다. 그러나 동천왕 일행이 북부지역으로 이동했기 때문에 이전과 같은 위기상황은 재현되지 않았다.

위기를 극복한 동천왕은 논공행상을 하며 밀우와 유유의 공로를 1등으로 하였다. 밀우에게는 거곡巨谷·청목곡靑木谷을, 유옥구에게는 밀우를 구출해온 공로로 압록강의 두눌하원豆訥河原을 식읍食邑으로 하사했다. 유유는 벼슬을 추증하여 구사자九使者로 삼고 그 아들 다우多優를 대사자大使者로 삼았으니, 제 목숨을 던져 국왕을 위기에서 구하고 국체를 보존할 수 있게 한 충정에 대한 작은 보답이었다.

제5장

왕조의 안녕을 보장받기 위한 정치적 선택

- 4세기 후반 백제와 고구려의 전쟁

◆ 백제는 과연 요서지역을 지배했을까?

• 기지개 펴는 백제

• 백제의 기회, 고구려의 위기

• 근초고왕, 사상 최고의 지략가

• 장차 누가 다시 이곳까지 올 수 있을까

• 평양성을 공격하여 고구려의 남진을 견제하다

• 팽창정책의 성과와 후유증

❖ 백제는 과연 요서지역을 지배했을까?

기지개 펴는 백제

백제는 마한^{馬韓}을 구성했던 성읍국가 중 하나가 성장 발전한 나라다. 백제를 세운 세력집단은 북쪽에서 남하한 부여 계통의 유이민^{流移民}으로, 철기문화를 가지고 한강 유역의 한성^{漢城}에 도읍을 정해 정착한 것으로 알려져 있다. 당시 한강 하류는 중국대륙의 군현세력인 낙랑·대방과 인접한 관계로 그 영향을 받고 있었다. 특히 낙랑에서 도입한 선진 제철기술을 가지고 한강 하류의 기름진 충적 평야지대에 정착하면서 빠르게 성장할 수 있었다.

토착세력인 마한을 정복한 백제는 정치·경제·군사적 기반을 확보하게 되면서 3세기에는 연맹왕국으로 성장했다. 이런 가운데 주변국의 상황 변화도 백제의 발전에 큰 자극제가 되었다. 예컨대 요동지역을 장악한

석촌동 백제 초기(한성시대) 적석총(송파구)

운주 · 행엽 나주 복암리 3호분에서 발견된 것으로 말을 장식하는 데 썼다. 나주 복암리 3호분은 마한 문화가 백제문화로 편입되어가는 과정을 잘 보여주는 귀중한 흔적이다. (국립문화재연구소 제공)

공손씨 지배하에 있던 낙랑·대방이 공손씨 세력이 멸망하자 238년 위魏나라의 세력권에 편입되고, 244년에는 고구려가 위나라 유주자사 관구검毌丘儉의 공격을 받고 수도 국내성을 빼앗긴 채 동천왕이 동해안 쪽으로 피신하는 등의 상황에 자극을 받지 않을 수 없었다.

백제 고이왕古爾王(234~285)은 이런 한반도 중부 이북지역의 전쟁과 그 후유증이 지속되는 혼란상황을 놓치지 않고 246년 낙랑 남부지역을 공격했다. 그리고 낙랑과 대방이 위나라 관구검 부대와 연합하여 고구려와 싸우는 혼란기를 틈타 낙랑 남부의 주민들을 백제로 강제 이주시켰다. 낙랑의 선진문화에 영향을 받은 우수한 인적자원을 확보하는 데 목적이 있었을 것이다. 그러나 낙랑태수가 강력히 항의하면서 무력으로 침공하겠다고 위협하자 고이왕이 이들을 모두 돌려보냄으로써 강제이주 문제는 일단락되었다.[1]

이에 앞서 240년 봄 백제군은 신라를 침공했다. 신라 침공의 결과에 대해서는 자세히 알 수 없으나, 그 직후에 진충眞忠이 좌장군으로 자리를 옮겨 군무를 전담하게 되는 것과 어떤 관련이 있을 것으로 보인다. 246년에 직접 군사를 이끌고 낙랑 남부지역을 침공한 것은 진충이 군무를 전담한 후로 수년이 지난 시점이므로 그가 추진해온 군사력 증강사업의 성과를 확인하는 계기가 되었을 것이다. 그리고 이듬해(247) 2월에 주요 군사지휘관들이 교체된 것은[2] 군사력 운용체계가 개편되는 등의 새로운 변화의 단서일 것이다. 그럼에도 불구하고 낙랑지역으로의 진출이 여의치 않자 백제의 팽창정책 방향이 신라로 전환된 것으로 보인다.

---

1 『삼국사기』 권24, 백제본기 제2, 고이왕 13년(246).
2 『삼국사기』 권24, 백제본기 제2, 고이왕 7년(240)·14년(247).

　고이왕 22년(255) 9월에 추진된 신라 침공전은 새로운 지휘부가 출범한 이후에 전개된 최초의 대규모 작전이었다. 병력동원 규모는 정확히 알 수 없으나 당시 백제군은 신라 서북쪽 변경을 침공하여 괴곡槐谷(지금의 충북 괴산) 서쪽지역에서 신라군을 격파했다. 백제군은 신라군의 현지 최고지휘관이 전사할 정도로 타격을 가했지만 괴곡성을 점령하지는 못했다. 10월에도 백제군은 봉산성烽山城(지금의 경북 영주로 추정)을 공격했으나 역시 실패하고 퇴각했다.[3] 낙랑지역으로의 진출과 마찬가지로 신라로의 진출마저도 백제의 계획대로 추진되지 않았던 것이다. 이 때문에 백제는 신라 침공을 중지하고 통치체제 전반을 개혁하여 국가체질을 개선함으로써 내부역량을 강화하려 한 것으로 보인다.

　260년 1월 백제가 좌평제도佐平制度를 신설하고 1품관의 좌평 6명을 임명하여 국무를 분장토록 한 조치는 고이왕 대에 추진할 체제개혁의 출발점이었다. 특히 군무는 위사좌평衛士佐平이 국왕의 친위부대를 전담 지휘하고, 병관좌평兵官佐平이 기타 군사업무를 총괄하게 함으로써 전문성이 한층 강화될 수 있었다.

　그리고 좌평을 최고품계인 1품관으로 설정하면서 총 16개 관등으로 세분했다. 이어서 2월에는 1~6관등, 7~11관등, 12~16관등으로 구별하여 자색紫色·비색緋色·청색의 복장을 착용하게 했다.[4] 이는 중앙집권적 통치체제를 정비하면서 동시에 국왕의 전제권을 강화하려는 고이왕식 관제개혁의 일환으로, 백제가 고대국가로 발전하는 계기가 되었다.

---

3 『삼국사기』 권24, 백제본기 제2, 고이왕 22년(255).

4 『삼국사기』 권24, 백제본기 제2, 고이왕 27년(260) ; 고이왕 27-29년의 기사 내용이 3세기 중엽의 사실로 볼 수 없다고 하여 신빙성에 의문을 제기하기도 한다〔이도학, 『한국 고대국가의 형성』(민음사, 1990), 136쪽〕.

이듬해인 261년 백제는 새로운 제도개혁에 따른 인사를 단행하여 1품 관의 좌평들을 임명했다. 3월에 내신좌평內臣佐平을 임명한 후 1년이 지난 262년 2월에 나머지 다섯 좌평들을 모두 임명함으로써 통치체제 정비는 일단락되었다. 군사와 관련된 업무를 관장하는, 오늘날의 국방부장관에 해당하는 병관좌평에는 유기惟己가 임명되었다.[5] 이로써 내부체제는 안정적으로 정비된 것으로 보인다.

백제의 기회, 고구려의 위기

고이왕은 261년 3월 신라에 사절을 파견하여 양국관계의 강화를 시도했다. 아직 백제 내부의 안정체제가 정착되지 못한 시점에서 신라에 화의를 제의하고 나온 데는 중요한 목적이 있었다. 단순히 주도권을 장악하기 위한 전략일 수도 있으나 보다 근본적인 원인은 고구려의 심상치 않은 움직임에 있었던 것으로 보인다. 즉 동천왕 대에 관구검의 침입으로 인한 국가위기를 극복한 고구려가 다시 군사력을 재건하여 259년 12월 위군의 침공을 물리치며 대승을 거두자[6] 장차 예상되는 고구려의 남진에 대비하기 위해 신라와의 제휴를 추진할 필요를 느꼈기 때문이었다.

그러나 백제 고이왕의 화해 제의는 신라 첨해왕沾解王에게 거절당하고 말았다. 당시 고이왕이 신라에 요청한 내용이 무엇인지는 알 수 없으나, 신라의 거부는 255년에 두 차례나 백제군의 공격을 받은 데 대한 적대감

---

5 『삼국사기』 권24, 백제본기 제2, 고이왕 28년(261).
6 『삼국사기』 권17, 고구려본기 제5, 중천왕 12년(259).

이 해소되지 않았기 때문인 것으로 보인다. 신라가 제의를 거절하자 백제는 여러 차례 신라의 국경지역을 침공했는데, 266년(고이왕 33) 8월 봉산성을 공격했으나 성공하지는 못했다. 6년 후인 272년 11월에 다시 신라를 침공하고, 2년 후에는 신라 괴곡성을 포위했으나 역시 점령하지 못했다. 283년 9월 신라 변경을 다시 공격했으나 이 또한 실패했다.

고이왕은 세상을 떠나기 직전인 286년 1월 다시 신라에 사신을 보내 화의를 요청했다. 그러나 신라 유례왕儒禮王이 화의를 수용했다는 기록은 보이지 않는다. 왜군의 빈번한 침입에 시달리던 유례왕이 295년 초에 왜군의 근거지 공격을 논의하면서 백제와 연합을 거론한 적은 있다. 당시 신라의 국가기무를 담당하는 대신의 강력한 반대로 실현되지 않았는데,[7] 백제의 화친 요청을 끝까지 수용하지 않았던 단서로 보인다.

고이왕을 계승한 백제의 책계왕責稽王은 재위기간 동안 아차성阿且城(지금의 서울 광진구 아차산)을 수축하는 등 고구려 침공에 대비했으나, 낙랑과 동예 연합세력의 공격을 받고 298년 9월에 전사하고 말았다.[8] 책계왕의 장자로 즉위한 분서왕汾西王은 304년 2월에 낙랑군 서쪽지역을 선제공격하여 점령하는 등 오히려 공세적 방위로 남진세력을 위협했다. 그러나 그해 10월 낙랑태수가 밀파한 자객에 의해 살해당하는 비운의 왕이 되고 말았다. 책계왕과 분서왕의 연이은 불상사로 인해 백제는 국가적 위기상황에 직면하기도 했다.

그리하여 제6대 구수왕仇首王의 둘째 아들인 제11대 비류왕比流王(304~343)은 즉위하면서부터 국정안정을 위한 정책을 추진하지 않을 수 없었

---

7 『삼국사기』 권2, 신라본기 제2, 유리이사금 12년(295).
8 『삼국사기』 권24, 백제본기 제2, 책계왕 원년(286) · 13년(298).

몽촌토성에서 발견된 뼈로 만든 갑옷 (서울대학교박물관 소장품)

다. 한성으로 통칭되는 하북위례성河北慰禮城(서울 중랑천 일대로 추정)에서 하남위례성(몽촌토성)으로 도읍을 옮겨 이를 위기 극복의 전기로 삼았을 것이라는 주장은 이같은 배경에서 나온 것이다.[9] 그러나 비류왕의 국정안정책과 관련된 조치는 즉위 9년째인 312년 4월에 병관좌평을 새로 임명한 것이 기록상 처음 나타난다. 321년 1월에

---

9 김병남, 「백제 영토변천사 연구」, 전북대학교 박사논문(2001), 97-99쪽 ; 이기동, 「백제의 건국과 발전」, 『한국사강좌 : 고대편』, 137쪽.

내신좌평으로 임명된 국왕의 이복동생이 반란을 일으켰다는 것으로 미루어, 비류왕의 재위기간 동안 국정운영이 순탄하지는 않았을 것으로 보인다. 40여 년 장기집권에도 불구하고 『삼국사기』의 기록이 매우 빈약한 것도 복잡다단했던 백제 내부의 사정을 짐작할 수 있게 하는 단서다.

비류왕의 둘째 아들인 근초고왕近肖古王(346~374)이 즉위한 후 백제는 비약적인 발전을 시작했다.[10] 이 발전은 이른바 '백제사의 획기적 시대'라 불리는 고이왕 대에 추진된 제도와 문물의 정비가 발판이 되었다. 근초고왕은 고구려가 국가존망의 위기상황에 처해 있던 4세기 중반에 등장했다.[11] 『삼국사기』에 '체격이 크고 용모가 기이했으며 원대한 식견이 있었다'고 기록되어 있는 것으로 보아 지략을 겸비한 인물이었을 것으로 짐작된다. 근초고왕은 고구려가 연왕 모용황慕容皝의 침입으로 위기에 처해 있는 상황을 백제의 국력을 신장시키는 절호의 기회로 삼았다.

이 무렵 고구려는 338년 12월 연나라가 후조後趙를 제압하고 그 여세를 몰아 이듬해(339) 9월 신성으로 쳐들어오자 화의를 요청하여 일단 예봉을 피하고 있었다. 341년 10월 이후로 고구려군은 천산산맥千山山脈 이서의 평곽平郭(지금의 웅악성)에 거점을 구축한 연군을 몰아내기 위해 선제공격을 감행했으나 실패하고 말았다. 342년 10월에는 연나라의 공격을 받고 고국원왕故國原王이 탈출한 가운데 수도가 함락되자, 부왕 미천왕美川王의 시신과 함께 국왕의 생모와 주민 5만여 명이 포로로 끌려가는 위기를 맞이했다.[12] 연군이 철군한 후 오래지 않아 미천왕의 유해는 돌아왔으나 국왕의

---

10 이기동, 『백제사연구』(일조각, 1996), 117쪽.

11 본래 왕명은 초고왕이다. 동명의 5대 왕 초고왕과 구분하기 위해 13대 초고왕에게 후대의 사가들이 '근近' 자를 붙인 것이다. 14대 근구수왕도 6대 구수왕과 구분하기 위해 '근' 자를 붙여 사용했다.

생모는 10여 년간 억류생활을 계속했다. 이로 인해 고구려는 연나라와의 관계를 개선할 수밖에 없었고, 남쪽의 백제에 관심을 기울일 여력은 더더욱 없었다.[13]

한편 백제 근초고왕이 팽창정책을 추진하던 이 무렵 신라는 내물왕奈勿王(356~401) 시대를 맞이하여 오늘날 경상북도 일대를 아우르는 연맹왕국을 형성하고 있었다. 따라서 아직 백제에 위협적인 세력은 아니었고, 가야와 마한도 신라와 비슷한 발전단계를 벗어나지 못하고 있었다.

근초고왕, 사상 최고의 지략가

백제 근초고왕은 왕권을 강화하여 중앙집권적 귀족국가 체제를 확립함으로써 국가의 모든 역량을 팽창정책에 집중할 수 있도록 개편했다. 그는 즉위 직후부터 정치개혁을 최우선 과제로 삼았다. 사법기관의 1품 장관인 조정좌평朝廷佐平에 진정眞淨을 임명한 것은 개혁의 신호탄이었다. 진정은 근초고왕 왕비의 인척으로 중앙권력의 실세였다. 근초고왕은 해씨解氏와 함께 유력한 세력집단으로 군림하고 있던 진씨를 왕비로 맞이하여 진씨 씨족집단의 적극적 지원을 끌어냄으로써 왕권강화정책을 강력하게 추진할 수 있게 되었다.[14]

『삼국사기』에는 즉위 3년부터 20년까지 20년 가까운 시간의 기록이 누

---

12 『자치통감資治通鑑』 권96, 진기晋紀 18, 성제成帝 함강咸康 4년(338) ; 『자치통감』 권97, 진기 19, 성제 함강 8년(342).

13 이희진, 『전쟁의 발견』(동아시아, 2004), 60-61쪽.

14 이기백, 「백제왕위계승고」, 『한국사논문선집 : 고대편 II』(1978), 중판 119-128쪽.

락되어 있는데, 아마도 근초고왕 즉위 직후 왕권강화를 위해 강력히 추진한 권력재편의 문제와 어떤 연관이 있을 것으로 짐작된다. 그 시기에는 군사력을 증강하는 노력도 수반되었을 것이다.

이와 같이 백제 근초고왕이 팽창정책을 추진하기 위해 왕권을 강화하고 내부조직 정비작업을 추진하는 데는 약 20여 년이 걸렸다. 『삼국사기』에 의하면 그는 366년 3월이 되어서야 비로소 신라에 사신을 파견하며 각별한 관심을 나타낸다. 이는 근초고왕이 벌인 최초의 외교활동에 관한 기록인데, 백제의 내부체제 정비가 일단락되면서 비로소 외부로 관심을 돌릴 수 있는 여건이 조성되었음을 의미한다. 또한 신라와 군사적으로 제휴하지 않을 수 없는 상황을 인지했기 때문일 것으로도 보인다. 368년 근초고왕이 신라에 보낸 준마 두 필은[15] 양국 간 군사제휴가 성사된 데 대한 예물로 짐작된다.

근초고왕이 신라에 관심을 보인 것은 신라가 비록 군사력이 미약한 국가이기는 하나 백제의 측후방 세력으로서 그 향배가 대고구려 전략에 중요한 변수로 작용할 수 있다고 판단했기 때문일 것이다. 고구려와의 전쟁에 군사력을 집중하기 위해서는 측면세력인 신라와 관계를 개선하는 문제가 전략적으로 중요하지 않을 수 없었다. 또한 유사시에는 신라의 지원을 받아 고구려의 남진에 공동전선을 형성해야 하는 상황도 배제할 수 없었다.

근초고왕의 화친 요청을 신라가 수용한 것은 백제와 마찬가지로 신라역시 고구려의 군사적 위협을 직감하고 있었기 때문이었다. 『삼국사기』의 표현대로 '원대한 식견이 있었던' 근초고왕은 삼국 중에서 가장 약소

---

15 『삼국사기』 권24, 백제본기 제2, 근초고왕 21(366)·23년(368).

근초고왕 대 백제의 대외 활동(4세기)

국인 신라가 고구려의 남진에 대항하기 위해서는 백제와 제휴하지 않을 수 없음을 인지하고 있었을 것이다.

그러나 근초고왕은 내부적으로 안정체제를 구축하고 신라와 관계를 개선한 후에도 곧바로 고구려를 겨냥한 팽창정책을 추진하지는 않았다. 시

벽골제 수문 우리나라에서 처음으로 쌓아 만든 옛 저수지의 중수비와 둑이다.

작은 369년 3월, 오늘날의 충청·전라지역에 위치한 마한을 공략하여 호남지방 일대를 점령한 것이었다. 이어 왜국과 연합군을 편성하여 낙동강 중하류지역 양안의 가야 7국마저 평정하는 성과를 거두었다.[16]

이미 백제는 4세기에 접어들면서부터 충청도지역의 마한 세력을 축출한 후 전라도 김제金堤지역으로 진출하고 있었다. 4세기 전반에 이르러서는 금강·만경강 지역으로 본격적인 남하를 추진했다. 김제에 축조된 벽골제碧骨堤 같은 저수지 유적은 백제가 경제적 기반을 확대하려고 적극적으로 노력한 흔적일 것이다.[17]

당시 마한과 가야의 저항이 어느 정도 강력했는지는 알 수 없으나, 백

---

16 김병남(「백제 영토변천사 연구」, 71쪽)은 왜국이 침공작전에 참가한 이유를 백제와의교역으로 발생하는 이익이 컸기 때문이라고 분석했다. ; 이희진,『전쟁의 발견』, 73쪽.
17 김병남, 「백제 영토변천사 연구」, 41-43·71-72쪽.

제는 마한의 나머지 지역 대부분을 점령했던 것으로 보인다. 백제는 이처럼 두 방면에서 동시에 작전을 전개할 수 있을 만큼 강력한 군사력을 보유하고 있었다.[18]

근초고왕의 대외 팽창정책 첫 단계인 국력 신장과 후방지역 안정화작업은 일단 성공적으로 마무리된 셈이다. 신라가 중립을 지키며 개입하지 않도록 양국관계를 개선하고 철저한 내부 준비단계를 거쳤기 때문에 마한·가야 침공작전도 비교적 순조롭게 전개되었다. 마한·가야 침공은 백제가 대외 침공작전에 자신감을 가지는 중요한 계기가 되었다는 점에서도 의미가 있다. 이 같은 성과와 자신감은 제2단계 팽창정책 추진의 발판이 되었고,[19] 백제 역사상 최고의 정복 군주이자 지략가로 손꼽히는 근초고왕의 면모를 엿볼 수 있게 했다.

장차 누가 다시 이곳까지 올 수 있을까

신라와의 관계를 극적으로 개선한 후 이어서 마한지역을 점령한 근초고왕의 팽창정책은, 우선 첫 단계부터 고구려를 자극하기에 충분한 대사건이었다. 고구려가 연燕나라와 힘겨운 전쟁을 벌이고 있는 동안 한반도 남부에서 백제가 신라와 제휴한 가운데 나날이 세력을 확장하고 있는 듯한 조짐은 고구려로서도 더 이상 묵과할 수 없는 위협이기 때문이었다. 따라서 369년 9월 보·기병 2만으로 편성된 고구려군의 침공이 근초고왕의 팽

---

18 이병도 역주, 『국역 삼국사기』, 375쪽.
19 이기동, 『백제사연구』, 119쪽.

창정책을 견제하기 위한 교란작전攪亂作戰이라는 주장도[20] 설득력이 있다.

당시 고구려 보·기병 2만 명은 고국원왕의 지휘 아래 치양雉壤(지금의 황해도 배천)에 주둔하면서 몇 개 부대로 분산하여 백제 침공작전을 전개하고 있었다. 고구려가 먼저 싸움을 걸어온 것이었다. 근초고왕이 곧바로 군사를 출동시켜 기습작전을 전개한 것으로 보아 이 같은 상황을 사전에 예측하고 있었던 것으로 보이는데, 고구려군이 인근 민가들을 공격하고 있다는 정보를 신속하게 입수한 것도 이를 뒷받침해준다. 『삼국사기』 백제본기의 기록에 의하면 고구려군의 작전은 주민들을 대상으로 약탈을 자행하는 수준에 지나지 않았다. 특별한 전략거점을 점령하기 위한 침공작전은 아니었던 것으로 보인다.

근초고왕은 태자 근구수近仇首에게 군사를 주어 치양의 고구려군을 공격하도록 했다. 이때 동원된 백제군의 규모는 알 수 없으나 지름길을 이용하여 기습공격을 감행한 것을 보면 비교적 소수의 정예부대였을 것이다. 백제군은 기습의 효과로 고구려군 5000여 명을 살상하는 전과를 올렸다.[21] 이 때문에 고구려군이 비록 2만이라고는 하나 정예군사는 소수에 불과하며 대부분은 오합지졸의 잡병들을 동원한 것이라는 주장이 타당해 보인다.[22] "저들 군사가 비록 많기는 하나 모두 수만 채운 가짜 군사일 뿐이다. 날쌔고 용감한 군사는 오직 붉은 깃발을 달고 있는 군사이니 만약 이들을 먼저 격파하면 나머지는 공격하지 않아도 저절로 무너질 것이다"[23]라고 한 내용이 당시 신뢰할 만한 첩보 중에 들어 있었던 것이다.

----

20 이희진, 『전쟁의 발견』, 83쪽.
21 『삼국사기』 권24, 백제본기 제2, 근초고왕 24년(369).
22 이희진, 『전쟁의 발견』, 83-84쪽.
23 『삼국사기』 권24, 백제본기 제2, 근구수왕.

백제군의 이러한 성과는 고구려군에 비해 상대적으로 우세한 전력을 갖추고 있었거나 아니면 고구려군이 유난히 약체였기 때문일 것으로 짐작해볼 수 있다. 만약 고구려군이 백제의 전략거점을 탈취하기 위해 작전을 전개한 것이 아니고 단순히 비무장 민간인들을 대상으로 약탈이나 할 목적이었다면 휴대 장비나 전투력도 굳이 강력하게 갖출 필요가 없었을 것이다. 그렇다면 병력 수는 절대적으로 열세였지만 정예 백제군이 기습공격으로 고구려군을 제압하는 것은 비교적 용이한 일이었을 것이다.

고구려군의 변경지역 약탈전으로 촉발된 이 작전에서 부왕으로부터 어떤 임무를 부여받았는지는 알 수 없으나 태자 근구수는 일단 대방帶方지역에 이르자 추격을 중지했다. 수곡성水谷城(지금의 황해도 신계) 서북지역에서 멈춘 근구수는 석축을 쌓아 표석을 만들고, 그 위에 올라서서 사방을 돌아보며 '장차 누가 다시 이곳까지 올 수 있겠는가'[24]라며 대방지역을 장악한 감회를 표했다.

백제군은 고구려군을 일방적으로 격파할 정도의 군사력을 갖추고 있었으나 더 이상 고구려 영역으로 진입하지는 않았다. 대방지역을 장악한 시점에서 작전을 종료한 백제는 369년 9월에 점령하여 375년 7월 고구려에 빼앗길 때[25]까지 6년 정도 이 지역을 지배했다.

철저한 대비태세에 신속하게 기동할 수 있는 능력을 갖춘 백제군의 정예부대는 장거리를 이동하여 성공적으로 기습작전을 전개했다. 이 작전은 백제군으로 하여금 고구려군과 싸워도 승리할 수 있다는 자신감을 갖게 해주었을 뿐 아니라 근초고왕의 새로운 대고구려 전략 수립에도 결정

---

24 『삼국사기』 권24, 백제본기 제2, 근구수왕.

25 『삼국사기』 권24, 백제본기 제2, 근초고왕 30년(375) ; 『삼국사기』 권18, 고구려본기 제6, 소수림왕 5년.

적인 영향을 미쳤다.
또한 근초고왕의 팽
창정책에 중요한 전
환점이 된 이 전투는
고구려에 대한 막연
한 두려움을 떨치고
자신감을 회복하는
전기를 마련해주었
으며, 따라서 백제가
지향할 팽창정책의
방향을 확인하는 계
기가 되기에도 충분했다.

백제군의 수곡성 공격로(추정)

그해(369) 11월 백제는 한강 이남지역에 군사들을 집결시켜 대대적으로 군사훈련을 실시하면서, 고구려를 겨냥한 팽창정책의 의지를 대내외에 과시하는 성격의 대규모 군사 퍼레이드를 펼쳐 보였다. 훈련에 동원된 모든 부대의 깃발을 중앙을 상징하는 황색[26] 으로 제작한 것은 군사들의 일체감을 강조하려는 의도인 동시에 한반도의 중앙을 차지하고 있다는 강한 자신감의 표현이기도 했다.

---

[26] 전통적으로 중국 황제가 사용하는 황색을 쓴 것은 대고구려전에서 승리한 후 전체 마한의 황제가 되었음을 알리는 의미로 해석되기도 한다(이기동, 『백제사연구』, 118쪽).

평양성을 공격하여 고구려의 남진을 견제하다

고구려군을 기습공격하여 오늘날의 황해도 대방지역까지 압박하는 타격을 가했던 백제는 371년 고구려로부터 보복 침공을 받았다. 그러나 백제는 고구려군의 남진에 신속히 대응할 수 있도록 정보수집체계를 효과적으로 가동하고 있었던 것으로 보인다. 백제군이 패하淇河(예성강)[27] 강변의 요지에 매복하고 있다가 고구려군의 남진에 타격을 가한 것은 정보시스템 운용의 대표적인 성공사례로 볼 수 있다. 이 같은 매복작전으로 백제는 고구려의 남진을 조기에 차단할 수 있었다.[28]

매복작전에서 승리한 근초고왕은 그 여세를 몰아 그해(371) 10월 정예 군사를 이끌고 고구려 침공을 단행했다. 이미 고구려의 보복침공이 예견되는 상황에서 정예군사 3만을 이끌고 평양성으로 쳐들어간 것이었다. 당시 고구려의 수도는 압록강 북안의 국내성으로, 따라서 평양성은 남진 정책 추진을 위한 전략거점이었다. 근초고왕이 태자 근구수와 함께 친정親征에 나선 것은 앞서 두 차례의 접전에서 백제군이 크게 승리한 사실에 고무되었기 때문일 것이다. 사기가 저하된 고구려군이 미처 전열을 정비하기 전에 기습공격을 감행함으로써 전과를 확대하려는 선제 기습공격이었다.

당시 고구려 고국원왕은 군사를 이끌고 남진하여 평양성에 체류하고 있었는데, 백제 변경지역에 대한 교란작전을 직접 지휘한 것으로 보인다.

---

27 이때의 '패하'는 오늘날의 예성강이 아니며, 그 북쪽의 대동강 본류에 유입되는 재령강 수계의 하천으로 보는 것이 타당하다는 주장이 주목된다(김병남, 「백제 영토변천사 연구」, 84쪽).

28 『삼국사기』권24, 백제본기 제2, 근초고왕 26년(371).

근초고왕이 이 사실을 사전에 탐지하고 출전했는지는 알 수 없으나, 국왕이 자신의 후계자인 태자와 함께 출전하지 않는 일반적인 관례를 깨고 동시에 출전한 것은 승리할 수 있다는 확고한 자신감이 있었기 때문일 것이다. 즉 고구려의 남진정책에 결정적 타격을 가할 절호의 기회로 판단하고 총력을 기울여 작전을 추진한 것으로 보인다.

백제 근초고왕과 태자 근구수가 정예 3만 군사를 이끌고 개성→평산→서흥→황주를 경유하여[29] 평양성을 공격하면서 시작된 이 전투는 371년 10월 23일 고구려 고국원왕이 혼전의 와중에 전사하고, 곧이어 고구려군이 퇴각함으로써 끝이 났다.[30] 사료의 부족으로 인해 전투상황을 자세히 알 수는 없으나, 고국원왕은 백제군의 선제공격으로 평양성 공방전이 전개되는 과정에서 백제군의 화살에 맞아 전사한 것으로 보인다. 근초고왕은 퇴각하는 고구려군을 추격하지 않고 평양성에서 기수를 돌려 개선했다. 이로써 백제는 고구려의 남진정책에 쐐기를 박고 오늘날 황해도 황주 이남 일대를 영향권에 편입시키는 성과를 거두었다.

백제로서는 고구려 국왕이 전사하는 상황 정도까지의 전과는 예측하지 못했겠지만, 이는 근초고왕이 즉위한 후로 26년 동안 여러 단계를 거치면서 대외 팽창정책을 꾸준히 추진한 결과로 얻어진 성과라 할 수 있다. 그러나 백제는 이 같은 돌발 상황과 관련하여 주변국의 이해와 협조를 구하지 않을 수 없었을 것이다. 근초고왕이 372년 정월과 이듬해 2월에 연이어 중국대륙의 동진東晉에 사신을 파견한 데는 이런 사연이 있었다. 동진과 공식적으로 수교함으로써 동아시아 국제질서 속에 이른바 '조공朝貢과

---

29 이도학, 『새로 쓰는 백제사』(푸른역사, 1997), 128쪽.
30 『삼국사기』 권24, 백제본기 제2, 근초고왕 26년(371) ; 『삼국사기』 권18, 고구려본기 제6, 고국원왕 41년.

백제군의 평양성 공격로(추정)

책봉^{冊封}’ 의 관계로 백제의 위상을 정립하고, 동시에 군사대국 고구려를 견제하기 위한 측면지원 세력을 확보하려는 전략이었을 것이다.

근초고왕 이래로 백제의 대중외교는 중국대륙의 남부지역 국가에 치우친 경향이 있다. 선진문화를 수용하여 국력을 향상시키고 이를 고구려와의 전쟁에 투입할 계획이었다면 해상교통이 비교적 편리한 남부지역의 국가와 교류하는 것도 중요하다. 그러나 이들 남부 국가들은 지리적으로 고구려와 멀리 떨어져 있기 때문에 고구려에 압력을 행사하는 등의 군사적 측면에서는 많은 한계가 있었다.

한편 내부적으로는 373년 독산성^{禿山城}(경기도 수원으로 추정)의 성주가 300명의 수하를 인솔하여 신라로 탈출하는 사건이 발생했는데, 근초고왕의 과중한 방위력 증강작업에 반발하여 일부 주민들과 함께 도주한 것으로 짐작된다. 근초고왕은 신라 내물왕에게 이들을 송환해줄 것을 요구했으나 거절당했다. 그러나 더 이상 문제 삼지는 않았다.[31] 강적 고구려와 싸워야 하는 더 절박한 위기상황과 비교해보면 주민 300여 명의 월경 사

---

[31] 『삼국사기』권24, 백제본기 제2, 근초고왕 27(372)~28년.

건은 어쩌면 사소한 것일 수 있다. 근초고왕은 이런 문제로 신라를 자극하는 것이 국익에 전혀 도움이 되지 않는다는 사실을 알고 있었을 것이다.[32] 자칫 신라와의 친선관계를 훼손하여 적대국으로 돌아설 경우에는 대외전략을 전면 재수정하지 않을 수 없게 될 것이라는 사실 또한 근초고왕이 인식하지 못했을 리 없다.

백제는 근초고왕 말년인 375년 7월에 수곡성(황해도 신계)을 고구려에 빼앗겼다. 이를 탈환하기 위해 백제군이 출동했으나 실패하고 돌아왔다. 그러나 팽창정책의 전략기지인 수곡성을 포기할 수 없었던 근초고왕은 재탈환을 목표로 또다시 대규모 출병계획을 세웠다.

그런데 이 무렵 백제의 국내사정이 결정적인 걸림돌이 되었다. 흉년으로 백성들의 생계가 위협받고 군수조달마저 차질이 예상되자 근초고왕은 출병계획을 일시 중단할 수밖에 없었다. 빈번한 전쟁과 인력동원은 흉년의 국민경제를 더욱 악화시키고 있었다. 강력한 팽창정책을 주도했던 근초고왕 말기에는 이미 권력누수현상이 나타나고 있었는지도 모른다. 이해(375) 11월 근초고왕이 세상을 떠나자 백제의 대고구려 전략도 재정비되지 않을 수 없게 되었다.[33]

근초고왕을 계승한 근구수왕近仇首王은 즉위 이듬해(376)부터 본격적인 권력 재편작업을 추진하여 친위세력을 확보하고자 했다. 부왕 근초고왕과 마찬가지로 진씨 왕비와 결혼함으로써 외가와 처가로 포진해 있는 진씨 세력과의 제휴로 강력한 지지기반을 확보한 것이다. 그러나 역설적으로 이들 세력에 의해 오히려 왕권이 제약을 받을 수도 있는 상황이었다.

---

32 이희진, 『전쟁의 발견』, 74쪽.
33 『삼국사기』 권24, 백제본기 제2, 근초고왕 30년(375).

실제로 근구수왕 이후 백제의 정국은 이로 인해 내분에 휩싸이게 되었다.

376년 11월에 고구려군이 백제 북방 변경지역을 침공하자 백제는 이에 대한 보복으로 이듬해 10월에 고구려 침공군을 대대적으로 편성했다. 근구수왕은 정예 3만 군사를 직접 지휘하여 고구려 평양성을 공격했다. 이 작전은 앞서 근초고왕이 포기한 고구려 침공계획을 근구수왕이 계승하여 추진한다는 점에서 의미가 있었을 뿐만 아니라, 근구수왕이 즉위한 후로도 고구려에 대한 공세를 지속하려는 강력한 의지를 대내외에 과시하는 전략적 효과도 있었다. 그러나 작전 결과에 대해서는 기록의 부족으로 자세한 내용을 알 수가 없다. 다만 3만 병력을 동원하고도 별다른 성과가 없었던 것으로 보이는데, 그렇다면 이는 곧 백제 지도부에 정치적·경제적 부담으로 전가될 수밖에 없었다.

이로부터 근구수왕이 세상을 떠난 384년까지 백제는 자연재해로 인해 많은 어려움을 겪었다. 379년 3월 중국 동진에 파견한 사신이 해상에서 폭풍을 만나 되돌아온 것을 비롯하여 4월에 하루 종일 흙비가 내렸다는 등의 기록에서 짐작할 수 있듯 농작물에 많은 피해가 있었을 것이며, 이듬해(380) 봄에 전국적으로 전염병이 퍼진 것도 이와 무관하지 않을 것이다. 설상가상으로 5월에는 사흘 동안 지진이 계속되었다. 더구나 382년에는 봄 가뭄이 6월까지 계속되어 국민경제가 극도로 악화되었다. 부모가 자식을 팔아먹는 엽기적인 사건이 알려지자 국왕이 관곡官穀을 하사하여 자식을 되찾아 오게 하는 일이 발생할 정도로 열악한 실정이었다. 따라서 근구수왕은 즉위 3년째 들던 377년 10월에 3만 군사를 이끌고 평양성을 공격한 이래로 새로운 작전에 대비하여 더 이상 군사력을 축적할 수 없었고, 고구려를 침공하기 위해 군사들을 동원할 여건도 되지 못했다.[34]

근구수왕이 세상을 떠난 384년까지 계속된 자연재해는 백제 발전에 큰 걸림돌이 되었다. 자연재해가 끊이지 않는 가운데 과중한 병역의 부담은 국민적 단결을 약화시키는 요인이 되었고, 고구려 침공을 준비하는 과정에서의 빈번한 인적·물적 동원은 민심의 이반을 가속화시켰다. 신라지역으로 도주하는 주민이 증가하면서 국경지역의 인구가 감소할 정도였다는 사실이 당시 백제의 실정을 그대로 대변해주고 있다.

팽창정책의 성과와 후유증

백제가 국가전략으로 취했던 팽창정책은 왕조의 안정을 보장받기 위한 정치적 선택이었다. 백제의 정치적 고려는 우선 주변국과의 외교적 관계를 유연하면서도 동맹적 관계로 발전시킨다는 하나의 축과, 직접적인 위협의 대상인 고구려에 대해서는 군사적 무력대응을 한다는 다른 한 축이 양립하고 있었다. 즉 정치·외교적인 차원에서의 대외전략과 군사적인 수단을 동시에 구사한 것이 특징이었다.

먼저 백제는 고구려의 남진에 대응하기 위해 주변국과 연합관계 또는 동맹관계를 형성하고자 했다. 한반도의 중심부인 한강 유역을 장악하고 한성을 중심으로 발전하는 과정에서 백제에게 가장 핵심적인 외교적 과제는 동북쪽에 위치한 말갈靺鞨, 북쪽의 낙랑·대방, 그리고 남쪽 마한세력을 어떻게 극복하느냐 하는 것이었다. 이들 세력을 극복하고 한반도 서남부의 대표적 세력으로 성장하여 중국의 동진과 공식적으로 외교관계를 맺기 시작한 것이 근초고왕 때부터였다. 백제로서는 대외팽창을 위한 기

---

34 『삼국사기』 권24, 백제본기 제2, 근구수왕 5(379)-6·8년(382).

반구축과 아울러 고구려의 남진을 저지할 주변국과의 연합전선 구축이 매우 절실한 시기였다.

이는 비단 군사적 안정뿐만 아니라 문화 발전의 차원에서도 중요한 문제가 아닐 수 없었다. 따라서 백제는 중국과의 관계를 지속하면서 그들 중심의 지배질서를 구현하기 위한 방편으로서 대백제 관계를 강화하려는 중국의 외교정책 방침을 적극 수용했고, 이를 통해 상호관계를 발전시켜 나갔다.[35] 강력한 왕권 중심의 정치체제를 기반으로 한 근초고왕은, 내부적으로는 마한 세력을 통합하고 호남의 곡창지대를 확보한 후 중국대륙의 정세변화를 이용하여 주로 남부지역 국가와 교류하면서 강력한 팽창 노선을 전개할 수 있었던 것이다.

근초고왕이 이른바 '조공과 책봉'의 차원에서 대중국 관계를 정립한 데에는 대외적으로 신뢰관계를 구축하는 동시에 군사대국 고구려를 견제하기 위한 지원세력을 확보하고자 하는 목적도 있었다. 백제는 또 고구려의 위협에 대응하면서 국가의 안정을 꾀하기 위해 군사적으로도 적극적인 공세를 유지했다.

이러한 상황에서 369년 고구려군이 고국원왕의 지휘 아래 치양에 주둔하면서 위협을 가하자 백제는 곧바로 기습작전을 전개했고, 정확한 정보의 입수와 최단거리를 통한 신속한 기동 및 공격, 그리고 소수 정예부대의 정밀한 타격 등으로 이 기습은 성공을 거두었다. 치양전투 후 백제는 고구려군의 남진을 사전에 예측하고 탐지하여 신속히 대응할 수 있었다.

근초고왕의 적극적 공세전략이 주도면밀한 기습 및 매복작전, 그리고 동계작전을 통한 평양성 공략으로 연결되었다는 점은 높이 평가할 만한

---

[35] 유원재, 「중국왕조와의 관계」, 『한국사』6(국사편찬위원회, 1995), 118쪽.

데, 고구려군의 사기가 저하된 틈을 타서 미처 전열을 정비하기도 전에 감행한 선제 기습공격의 연속이었다는 측면이 더욱 그렇다. 그런 의미에서 백제 근초고왕 부자가 평양성을 공격하여 고구려 고국원왕을 전사시킨 전과는 결코 우연이 아닌 팽창정책의 성공적 결과라 할 수 있다.

백제는 과연 요서지역을 지배했을까?

서기 660년에 멸망하기까지 백제는 678년 동안 31왕이 지배한 왕조였다. 이 백제가 어느 시기에 오늘날 요동반도의 요서지역 어딘가를 지배했다는 것이 이른바 '요서 경략설'이다. 요서는 요동반도의 서쪽지역을 흐르는 요하의 이서지역을 일컫는다. 요하는 요녕성을 북에서 남으로 양분하며 심양과 요양을 끼고 흐르는데, 이 요하를 기준으로 이동지역을 '요동'이라 하고 이서지역을 '요서'라고 구분하고 있다. 그리고 우리 역사에서 통상 '만주'라고 부르는 지역에 포함된다.

따라서 '요서 경략설'의 주요 무대는 오늘날의 북경 동쪽 어느 지점부터 요하 서쪽지역 어딘가로 추정된다. 백제가 활동하던 삼국시대에 이 지역의 동쪽에는 고구려가 존재했고, 중국대륙에서는 수많은 국가들이 명멸했다. 백제가 군사적으로 가장 강성했던 근초고왕과 그 아들 근구수왕 시대인 4세기 중반부터 4세기 말까지 중국대륙에는 동진東晋 · 전진前秦 ·

4세기 백제의 발전 백제는 근초고왕 시대(4세기)에 최대의 영토를 확보했다. 369년 경 마한 지역을 병합하고 371년에는 고구려 평양성을 함락하며 북쪽으로 영토를 넓혔다. 당시 백제 영토는 현재의 경기도·충청도·전라도 지역을 차지하고 강원도·황해도 지역 일부까지 뻗어 있었다.

전양前涼·전연前燕 등의 흥망이 교차하고 있었다.

그러나 요서 경략설의 근거가 되는 역사적 기록은 오직 중국 문헌에만

아주 엉성하게 기록되어 있고 우리 기록에는 전혀 나타나지 않는다는 데 문제가 있다. 이 같은 중국 문헌을 근거로 했는지는 알 수 없으나, 고려시대 저술인 『삼국사기』의 최치원 열전에 "고구려·백제가 전성하였을 때는 강병이 100만이어서 남으로는 오월을 침공하고 북으로는 유·연·제·노 지역을 흔들어서 중국의 큰 고통거리였다"라고 한 것이 가장 오래된 기록이다. 민족주의 사학자인 단재 신채호도 이를 사실로 인식하고 있다.

근구수가 375년에 즉위하여 재위 10년 동안에 고구려에 대해서는 겨우 한 차례 평양에 침입하였으나 바다 건너 지나대륙을 경략하여 모용씨의 연과 부씨의 진을 정벌, 지금의 요서·산동·강소·절강 등지의 광대한 영토를 식민지로 만들었다. … 대개 근초고왕의 아들 근구수가 태자로서 군국 대권을 대리하여 이미 침입하는 고구려를 격퇴하고 나아가 지금의 대동강 이남을 병탄하고 이에 해군을 확장하여 바다를 건너 지나대륙을 침입하여 모용씨를 쳐서 요서와 북경을 빼앗아 요서·진편 2군을 멸하고, … 남으로 지금의 강소·절강 등지를 가진 진晉을 쳐서 또한 다소의 주군을 빼앗았다는 중국의 여러 역사서의 기록이 대략 이와 같다.

이러한 주장의 근거가 되는 중국 사서는 『송서宋書』 열전의 백제전으로, "백제는 본래 고구려와 더불어 모두 요동의 동쪽 1000여 리 지점에 있었는데, 그 후 고구려가 요동을 점거하자 백제는 요서를 점거하였다. 백제가 다스리는 곳은 진평현과 진평군이다"라고 하였다. 그리고 『양서梁書』 열전의 백제전에는 "백제는 본래 고구려와 더불어 요동의 동쪽에 있었는데, 진나라 때 고구려가 요동을 점거하자 백제도 요서·진평 2군을 점거하였다"라고 하여 대동소이하다.

　백제 역사상 가장 강력한 대외팽창 정책을 추진하여 성과를 올렸던 시기는 4세기 후반의 근초고왕 시대다. 371년 태자와 함께 고구려의 평양성을 기습하여 고국원왕을 전사하게 할 때 동원 병력은 3만 명이었다. 그 후 근구수왕이 고구려와의 전쟁에 동원한 군사도 3만 명이었다. 따라서 군사적으로 전성기라고 할 수 있는 4세기 후반에 백제가 동원할 수 있는 정예병력은 3만 명을 넘지 않았을 것으로 짐작된다. 이 무렵 백제가 고구려를 압박하면서 공세를 유지한 시기도 근초고왕 30여 년과 근구수왕 재위 10여 년을 합쳐 40여 년에 불과하다. 그리고 근구수왕 집권말기에는 빈번한 자연재해로 백제의 국민경제가 극도로 피폐해졌다는 『삼국사기』의 기록이 사실이라면, 백제가 요서지역을 군사적으로 지배한 시기를 언제로 보아야 할까?

　근구수왕이 서거한 후 불과 수년 만인 391년부터는 고구려 광개토왕廣開土王의 시대가 열리고 있었다. 백제의 침공으로 평양성 전투에서 전사한 고국원왕의 손자 광개토왕이 즉위하여 전방위적으로 영토를 확장했고, 이후 장수왕의 남진정책으로 개로왕이 전사하여 수도를 남쪽으로 옮긴 백제는 국력이 크게 위축되어 있었다.

　따라서 이와 같은 상황의 백제가 바다 건너 요서지역을 지배했다는 주장이 설득력을 얻기 위해서는 문헌적인 뒷받침이 있거나 학술적으로 인정되는 고고학적 발굴 성과가 나오기를 기다릴 수밖에 없다 하겠다.

제6장

사상 최대의 영토를 지배하다

– 4세기 말 고구려와 백제의 전쟁

• 연의 침략에 고구려가 휘청거리다
• 위대한 정복군주의 등장을 준비하다
• 척박하고 메마른 땅은 강인한 전사를 길러내고
• 한민족 역사상 최대의 영토국가로
• 고구려의 최고전성기를 이끌다
• 등거리외교

❖ 장수왕의 공작원 도림

연의 침략에 고구려가 휘청거리다

고구려 미천왕(300~330)은 4세기 초에 즉위하여 이민족 세력인 낙랑·대방군을 한반도에서 몰아낸 후 그 여세를 몰아 요하 일대의 모용씨慕容氏 세력도 축출할 계획을 세웠다. 중국대륙에는 330년 수립된 후조後趙가 황하 유역을 중심으로 세력을 확장하고 있었으며, 그 북쪽에 위치한 모용씨 세력과는 유주 북방에서 대치하는 형세였다. 미천왕은 이 같은 양대 세력의 대립상황을 전략적으로 이용하여, 후조가 모용씨 세력을 견제하는 가운데 요동지역으로 세력을 확산시키려 하고 있었다.

요동군을 비롯한 창려·현도·낙랑·대방군은 중국대륙의 동북방 지역에 위치한 평주平州에 소속되어 있었고, 평주의 치소는 요동군의 양평襄平(요녕성 요양)이었다. 이런 지리적 여건 때문에 중국 한족과 북방민족과의 접촉은 빈번할 수밖에 없었다. 단부段部·우문부宇文部 등 여러 부족이 혼재하는 지역도 있었으며, 모용부慕容部는 남쪽의 바다를 제외한 삼면에서 포위된 형세에 놓여 있었다.[1] 즉 서북부 지역에는 우문부, 서부에는 단부, 그리고 동부 및 동북부에는 평주와 고구려가 자리를 잡고 있었다.

이 무렵 동진東晉의 평주자사 관할 하에 있던 요동군 주민들이 요서지역 모용외慕容廆의 치하로 이주하는 일이 빈번히 일어났다. 평주는 진나라가 멸망한 후로 동진의 치하에 들어가 있었으나 동진의 정권이 불안정한 상황이었으므로 실질적으로는 거의 독자적인 세력권을 형성하고 있었다. 따라서 평주자사 최비崔毖는 이주민이 대량으로 발생하는 사태에 대하여 적절한 대책을 강구하지 않을 수 없었다. 최비는 모용외에게 출두하여 해명하라고 명령했다가 묵살 당하자 모용씨 세력을 무력으로 응징할 계획을 세웠다. 그동안 모용씨의 세력 확장을 우려하고 있던 고구려와 단부·우문부 등은 함께 군사를 내 모용외의 영토를 분할 점령하자는 제의를 받았다. 고구려는 최비의 제안에 따라 319년 12월 단부·우문부 군대와 함께 출병했다.

그러나 공동 출병 직후에 세력집단 간 내분이 발생하면서 애초의 계획은 실패로 끝이 났다. 단부 군사와 함께 포위를 풀고 철군한 고구려군은 그 직후에 최비가 고구려로 망명하기를 요청하자 이를 수락했다. 그 후 모용외가 요동지역을 장악하여 양평에 군사를 주둔시키고, 고구려 미천왕도 하성河城(위치 미상)에 군사를 배치함으로써 대립각을 세웠다. 그런데 고구려가 모용씨의 선제공격을 받고 하성을 빼앗기게 되자 요동 침공계획에 차질을 빚게 되었다. 이후 고구려는 모용씨 세력을 요동지역에서 축

---

1 담기양 주편, 『중국역사지도집』 제3책 삼국·서진시기, 41-42쪽.

신성(고이산성) 동성 동벽 구간 (동북아역사재단 제공)

출하기 위한 군사활동을 계속했다.[2]

고구려는 요동의 신성을 새로운 군사거점으로 삼아 군사력 확충에 주력했다. 당시의 신성지역으로 추정되는 고이산성은 특히 지리적으로 압록강 중류 일대에서 요동 평원으로 진출할 때 반드시 통과해야 하는 전략 요충지였다.[3] 반대로 요동 평원을 통과하여 압록강 지역으로 쳐들어오는 중국대륙의 한족이나 북방민족들도 먼저 점령하여 교두보로 삼지 않을 수 없는 곳이었다.

그동안 고구려의 영토확장정책에는 모용씨 세력이 큰 걸림돌로 작용하고 있었다. 설상가상으로 333년 6월 대외 강경정책을 추구하는 모용황이 아우 모용인의 반란을 제압하고 334년 11월 모용인의 주요 거점이었던

---

2 『자치통감』 권91, 진기 晉紀 13, 원제 元帝 태흥 太興 2년(319) 12월 ; 『진서』 권108, 대기 戴記 제8, 모용외.

3 여호규, 『고구려성 Ⅱ : 요하유역편』(국방군사연구소, 1999), 135 · 165-168쪽.

양평을 점령해버렸다. 이때부터 강력한 통치자의 위상을 확보한 모용황은 4세기 중엽에는 중국 동진으로부터 '연왕燕王'의 칭호를 부여받았다.[4] 동진으로서도 모용외에 이어서 모용황이 구축한 군사적·외교적 역량을 인정하지 않을 수 없었던 것이다.

338년 5월 이후 연왕 모용황이 반란세력에 대한 토벌작전을 단행하자 반反모용황 세력의 일부가 고구려 지역으로 탈출하는 사태가 발생했는데, 고구려가 이들을 받아들인 사건이 모용씨의 연나라와의 관계를 악화시킬 소지가 있었다. 더구나 고구려와 후조의 동맹관계는 연나라를 자극하는 결정적 요인이었다. 연나라는 338년 12월 후조를 제압한 그 이듬해 9월에 고구려의 신성으로 쳐들어왔다. 고구려는 침공군의 예봉을 피하기 위해 먼저 화의를 제기하여 철군의 명분을 제공했다.

당시 고구려의 고국원왕은 연군의 재침에 대비한 전쟁을 준비하면서 이듬해(340) 태자를 연나라에 파견하여 양국 간 관계개선을 도모하는 유화정책을 병행하고 있었다. 342년 2월부터는 국내성 외곽의 환도산성을 개축하여, 8월에는 과거 244년 위나라 관구검의 침입 당시 동천왕이 임시 수도로 정했던 동황성에서 환도산성으로 이전했다.[5]

한편 연나라는 341년 1월부터 2년여에 걸쳐 유성柳城(조양 남쪽 근교) 북방의 용산龍山 서쪽에 새 수도를 건설하고 천도했다. 그리고 고구려와 우문부 중에서 고구려를 먼저 공격해야 한다는 주장이 제기됨에 따라 연왕 모용황의 4만 정예부대가 남로로 침공하고, 별동대 1만 5000명이 북로로 침공을 개시했다.[6]

---

4 지배선, 「모용연의 중국화정책과 대외관계」, 연세대학교 박사논문(1986), 88-89쪽.
5 『삼국사기』 권18, 고구려본기 제6, 고국원왕 12년(342) ; 여호규, 『고구려성 I : 압록강 중 상류편』(국방군사연구소, 1998), 74-82쪽.

이에 고구려는 국왕의 아우가 정예병 5만 명을 이끌고 연나라 주공부대主攻部隊 공격이 예상되는 북로를 차단하기로 하고, 국왕은 남로에서 방어하기로 했다. 그러나 고구려의 예상이 빗나가 연나라의 침공이 정반대로 전개되자 주공부대의 공격을 받은 고국원왕이 필마단기로 전장을 빠져나갈 정도로 큰 타격을 입고 말았다. 고구려군은 최후 저지선이 무너지면서 환도산성을 빼앗기고 다수의 왕족들이 연군의 포로가 되었다. 고국원왕의 부왕인 미천왕의 시신과 생포된 왕모도 주민 5만여 명과 함께 포로로 끌려갔다. 성곽과 궁궐이 불타고 환도산성은 초토화되었다.[7]

고국원왕은 연군이 철군한 후 군사들을 수습하고 수도 재건에 착수하는 한편, 343년 2월 자신의 아우를 사절로 파견하여 부왕의 시신과 포로의 송환 문제를 논의했다. 이후 미천왕의 유해는 곧바로 송환되었으나 국왕의 생모는 여전히 억류생활을 계속했다. 유해 송환을 계기로 양국관계가 다소 개선되기는 했으나, 타격을 입은 고구려는 그해 7월에 다시 동황성을 임시수도로 정하고 국력을 회복하는 데 주력할 수밖에 없었다. 고구려는 곧 연나라와의 국교정상화를 위한 교섭에 들어갔다. 연나라도 중원으로 진출하기 위해 배후세력인 고구려와의 관계를 개선하지 않을 수 없는 상황이었으므로 교섭은 어렵지 않게 타결되었다. 양국관계가 쉽사리 개선됨에 따라 국왕의 모후를 비롯한 포로 일행이 10여년 만에 돌아오게 되었다.[8]

---

6 『자치통감』 권97, 진기 19, 성제 함강 8년(342) ; 이마니시 하루아키今西春秋, 「고구려의 남북도와 남소·목저高句麗の南北道と南蘇·木底」, 『청구학총』 제22호(1935) ; 여호규, 「3세기 후반~4세기 전반 고구려의 교통로와 지방통치조직」, 『한국사연구』91(1995), 18쪽.

7 『자치통감』 권97, 진기 19, 성제 함강 8년(342).

8 임기환, 『고구려 정치사 연구』(한나래, 2004), 160-161쪽 ; 『삼국사기』 권18, 고구려본기 제6, 고국원왕 19년(349)·25년(355).

연나라의 침공을 받고 심대한 타격을 입은 후로 연나라의 경계심을 완화시키면서 비밀리에 군사력을 복원할 수 있는 방안을 모색하던 고구려는 남쪽으로 관심을 돌려 백제 북부지역을 침공하기 시작했다. 그러나 고구려의 남진정책은 백제의 강력한 저항에 부딪혀 순조롭게 추진되지 못했다. 그동안 대북방 정책에 주력해온 고구려는 남방의 백제가 꾸준히 힘을 축적하여 군사강국으로 성장해버린 것을 제대로 탐지하지 못하고 있었다.[9]

위대한 정복군주의 등장을 준비하다

백제의 국력이 한창 신장되고 있던 369년 9월 무렵 고구려 고국원왕은 보·기병 2만 명을 직접 지휘하여 백제 침공을 단행했다. 고구려군은 옛 대방군 지역인 치양에서 백제 근초고왕의 태자 근구수가 이끄는 정예부대의 반격을 받고 패전하여 5000여 명이 포로가 되는 타격을 입었다.[10]

그 후 2년이 경과한 371년 초에 또다시 백제 침공군을 일으켰으나 도중에 백제군 매복부대의 기습공격을 받고 패퇴했다. 10월에는 백제 근초고왕과 태자가 이끄는 정예 3만 대군의 기습공격을 당하기도 했다. 이때 고구려군은 미처 전열을 정비하지도 못한 상황에서 평양성 공방전을 전개

---

[9] 백제는 3세기 후반 고이왕대의 번영기를 거쳐 한때 침체기를 맞았으나, 4세기 초 비류왕대에 하북위례성에서 하남위례성으로 천도하여 안정기반을 구축하고 있었다. 369년 3월 마한을 멸망시키고 해안지역까지 세력을 확장했다.

[10] 『삼국사기』 권18, 고구려본기 제6, 고국원왕 39년(369) ; 『삼국사기』 권25, 백제본기 제2, 근초고왕 24년(369).

안악 3호분 주인공의 행차도 황해남도 안악군 오국리에 있는 고구려시대의 무덤으로 고국원왕이 주인으로 알려져 있다. 벽화는 돌벽 위에 직접 그렸는데 왕의 '백라관'을 쓰고 수레를 탄 주인공이 문무백관, 악대, 무사 등 250여 명에 달하는 인물들의 호위를 받으며 나아가는 대행렬도가 그려져 있다. (동북아역사재단 제공)

하다가 고국원왕이 전사하는 국난을 맞기도 했다.[11] 고국원왕의 예기치 못한 전사는 고구려 건국 이후 최대의 국가적 위기였다. 그러나 고국원왕을 계승한 소수림왕 小獸林王과 고국양왕 故國壤王은 국가 재건에 심혈을 기울

---

11 『삼국사기』 권25, 백제본기 제2, 근초고왕 26년(371).

여, 그 성과를 계승한 광개토왕이 전방위적인 대외 팽창정책을 성공적으로 추진할 수 있도록 기반을 닦아놓았다. 즉 소수림왕에서 고국양왕까지 이어진 고구려의 국력회복 노력은 광개토왕 대에 이르러 비로소 결실을 맺게 되는 것이다.

소수림왕은 국가적 위기를 극복하기 위한 대책을 수립하며 중국대륙의 세력판도 변화에 주목했다. 고구려를 압박하던 연나라가 전진前秦에 의해 멸망하는 등 이 무렵 중국대륙에서는 세력재편 작업이 한창 전개되고 있었다. 고구려로서는 중원의 강자로 부상한 전진과 선린관계를 유지함으로써 시간적 여유를 확보해놓고 군사력을 복구하는 것이 급선무였다. 고구려는 전진과 우호적인 관계를 유지하기 위해 연나라에서 망명해온 인사들을 전진에 넘겨주었고, 전진도 고구려의 화친정책에 화답하면서 이 시기에 불교가 고구려 땅에 전래되었다. 이를 계기로 양국관계는 한층 긴밀하게 유지될 수 있었다. 고구려의 남부지역을 위협하던 백제의 팽창정책이 375년 근초고왕이 서거한 이후로 약화된 것도 고구려가 안정적으로 발전하는 데 직접적으로 영향을 미쳤다.

고구려는 이처럼 외부로부터의 위협이 약화되는 국제정세의 변화기를 절호의 기회로 판단하고 내부 발전에 주력했다. 372년에는 우수한 인적 자원을 확보하기 위해 선진 교육기관인 태학太學을 설치하여 인재 양성에 주력했다. 그리고 373년에는 국가통치의 기본 법령인 율령律令을 제정, 반포하여 합법적 지배체제를 구축했다.[12] 4세기 후반의 고구려는 새로운 신앙체계인 불교를 수용함으로써 국민적 결속을 공고히 한 가운데 태학을 통해 교육을 활성화하여 국가발전에 필요한 인재를 확보할 수 있었다. 뿐만 아니라 율령체계를 정비하여 강력한 중앙집권국가로 발전하는 발판을 마련함으로써 국가발전 역량을 체계적으로 축적하게 되었다.

소수림왕을 계승한 아우 고국양왕이 385년 6월에 4만의 군사를 동원하여 요동지역을 공격한 것은 그동안 꾸준히 국력을 신장시킨 결과로 볼 수 있다. 당시 중국대륙의 정세 변화도 고구려의 팽창 욕구를 자극하는 요인

---

12 『삼국사기』 권18, 고구려본기 제6, 소수림왕 2(372)–3년 ; 이인철, 『고구려의 대외정복 연구』(백산자료원, 2000), 20쪽.

이 되었다. 전진이 멸망하고 모용씨의 후연後燕이 요동지역을 강점하려는 기도를 노출하기 시작했던 것이다. 이에 요동지역에서 지배체제를 강화하기 전에 후연을 축출할 계획을 세운 고구려는[13] 후연 지원부대의 공격마저 격파하고 요동지역을 점령하여 요동·현도지역의 주민 1만여 명을 포로로 확보하는 전과를 올렸다.

그해 11월 후연군의 공격을 받고 다시 빼앗기기는 했으나, 혼란의 와중에 주민들이 집단 이주하는 상황이 전개되면서 고구려는 다수의 인력을 확보하는 부수적인 성과를 거두었다.[14] 이로 인해 고구려는 386년(고국양왕 3) 이후로는 요동지역 일대에서 상당한 영향력을 행사할 수 있게 되었다.

고구려는 소수림왕과 고국양왕 시대를 거치는 동안 내부 역량을 강화하여 국가 모습을 일신하면서 서서히 정복군주 광개토왕의 팽창정책을 예고해가고 있었다. 이런 내부 역량의 강화는 또한 동북아에서 고구려의 국가적 위상을 드높이는 중요한 밑거름이 되기도 했다.

척박하고 메마른 땅은 강인한 전사를 길러버리고

고구려 건국 이후 생존의 터전이 된 지역은 농업 환경이 열악한 산악지역이 많았다. 고구려인들은 남방의 비옥한 토지에 비해 척박한 땅에서 농업과 수렵을 병행하면서 강인한 정신력과 체력으로 삶을 영위하지 않을 수 없었다. 고구려인에게 있어서 말타기와 활쏘기는 생활의 중요한 수단이

---

13 공석구, 「고구려의 요동지방 진출정책과 모용씨」, 『군사』 제54호(국방부군사편찬연구소, 2005), 62쪽.
14 『삼국사기』 권18, 고구려본기 제6, 고국양왕 2년(385).

고구려 무용총 수렵도 모사도 4~5세기 고구려 무사가 말을 타고 활을 쏘고 있다. 활은 5마디로 된 복합만궁이며 화살은 명적(소리나는 화살)이다. (육군박물관 제공)

위 가야화살 경남 양산군 부부총에서 출토된 명적, 도끼날형 촉 등을 복원한 길이 91~94cm의 화살. 유영기 복원 (육군박물관 제공)

왼쪽 명적 경남 김해시 김해패총에서 출토된 명적. 둥근 촉에 몇 개의 구멍이 있어 화살이 날아갈 때 소리를 낸다. 전투 시 제일 먼저 쏘는 명적을 효시嚆矢라고 한다. (고려대학교박물관 소장)

었으며, 수렵활동은 곧 전투행위와 다름이 없었다. 일상에서부터 강하게 단련된 고구려인은 유사시에 대오를 편성하면 쉽사리 강력한 군사집단으로 전환될 수 있었다.

이러한 고구려의 국민적 저력을 영토확장을 위한 군사력으로 결집시킨 인물이 광개토왕이었다. 그는 강력한 리더십과 뛰어난 지략을 갖춘 불세출의 정복군주였다. 역사적으로 볼 때 한 나라의 국력이나 잠재력이 정치지도자의 역량에 의해 좌우되는 경우가 적지 않은데, 광개토왕을 정점으로 했던 고구려의 강력했던 국력이 후대의 대내외적 실정으로 인해 내부 분열과 외침이 겹쳐지면서 쇠락해간 경우가 이와 상반되는 사례일 것이다.

광개토왕은 소수림왕과 고국양왕이 정비한 국가체제의 탄탄한 기반 위에서 남진정책에 주안을 두고 팽창정책을 추진하기 시작했다. 그가 팽창정책을 추진하던 4세기 말부터 5세기 초에 이르는 시기에는 남과 북 양쪽에 장애세력이 있었다. 이런 양면적인 위협을 서로 연계시켜 해소해나간 것도 광개토왕 팽창정책의 특징이었다.

고구려가 수도 국내성을 기점으로 한 서북방지역으로의 팽창정책을 추진하는 데는 후연이라는 최대 걸림돌이 있었다. 또 남진정책의 직접적인 대상은 백제였지만 백제와 손잡은 왜국의 활동도 상당한 장애요인으로 작용했다. 백제와 왜의 연합으로 신라와 고구려의 남부지역이 빈번하게 침공을 당한 것도 고구려의 서진정책을 제약하고 있었다.

고구려는 4세기 말부터 5세기 초에 걸친 광개토왕의 정복활동과 영토확장정책의 성공적 결과로 요동지역을 포함한 송화강 유역 일대에 이르는 광범위한 영토를 확보할 수 있었다. 이는 특히 북방계통의 우수한 기마騎馬와 강도 높은 철을 안정적으로 확보하여 군사력을 증강하고 국력을 크게 신장시켜온 결과였다. 광개토왕을 계승한 아들 장수왕^{長壽王} 대의 고구려 역시 남쪽의 임진강 이북으로부터 만주의 요하 이동지역 및 송화강 중상류지역 이남 일대를 지배하는 대제국의 위상을 확보하면서 동북아의 강국으로 군림하게 되었다.[15]

한민족 역사상 최대의 영토국가로

광개토왕은 '국강상광개토경^{國岡上廣開土境} 평안호태왕^{平安好太王}'의 약칭으로, 재위기간 동안 강력히 추진한 영토확장의 위업을 높이 평가하여 사후에 붙여진 시호다. 고국양왕의 아들인 그는 18세에 즉위하여 39세로 세상을 떠날 때까지 20여 년 동안 활발한 영토확장 사업을 전개했다. 이 같은 그의 업적은 거대한 자연석에 새겨져 오늘날 길림성 집안시에 '광개토왕릉비(일명 호태왕비)'로 남아 전하고 있다.

광개토왕이 즉위와 동시에 '영락^{永樂}'을 연호로 사용한 것은 중국대륙의 여러 국가들과 대등한 위상을 확보하려는 자신감의 표현이었다. 그는 즉위 직후인 영락 2년(392)부터 강력한 군사활동을 전개하기 시작했는데, 그해 1월 신라에 사신을 파견하자 신라는 고구려의 압력에 굴복하여 인질을 보내왔다.[16] 같은 시기 백제에도 사신을 파견하여 압력을 행사한 것으로 짐작되나 백제는 신라와는 달리 이를 거부한 것으로 보인다. 그해 7월 고구려의 백제 침공은 앞서 인질 파견을 거부한 데 대한 보복이었을

---

15 천관우, 「광개토왕의 정복활동」, 『한국사시민강좌』 제3집, 46-48쪽.
16 『삼국사기』 권3, 신라본기 제3, 내물왕 37년(392).

위 **광개토왕릉비의 현재 모습** 이전엔 목제 비각이었으나 1982년 콘크리트 비각을 세우고 최근에는 유리 방호벽을 설치했다. (동북아역사재단 제공)
오른쪽 **광개토왕릉비 1면** 고구려 제19대 왕인 광개토왕의 업적을 기리기 위해 414년 아들 장수왕이 세운 비석. 이 비석은 높이가 6.39m, 무게는 약 40t이며 중국의 길림성 집안시의 태왕릉 인근에 있다. (동북아역사재단 제공)

것이다. 이때 광개토왕은 군사 4만을 직접 이끌고 남진하여 백제의 북쪽 변경을 공격했다.

당시 백제 진사왕辰斯王은 광개토왕이 군사작전에 능통하다는 소문을 듣고 정면대결을 회피하여 아예 출전하지도 않았다.[17] 광개토왕의 고구려군이 392년 7월 한강 이북 일대의 광범위한 지역을 점령하는 전과를 어렵지 않게 올릴 수 있었던 것도 이 같은 분위기로 기선을 제압했기 때문일 것이다. 이어 10월에 다시 관미성關彌城(경기도 파주 오두산성)을 공격하여 20여 일 만에 점령했다.[18] 관미성은 임진강과 한강이 서해로 진입하는 하구

---

17 『삼국사기』 권25, 백제본기 제3, 진사왕 8년(392).

지역에 위치하여 해상교통과 육상교통을 통제할 수 있는 요충지였다. 이로써 고구려는 본격적으로 남진정책을 추진할 수 있는 중요한 전략거점을 확보하게 되었다.

393년 8월 백제 1만 군사가 관미성 등 5개 성을 탈환하기 위해 먼저 관미성을 포위 공격했으나 군량수송 문제가 발생하면서 도중에 자진 퇴각했다. 이듬해 7월 백제군이 다시 수곡성水谷城(황해도 신계)을 침공하자 광개토왕은 5000명의 정예 기병을 이끌고 나가 격파하고[19] 남쪽 변경에 성곽을 축조하여 접경지역의 방어력을 강화했다. 그 결과 395년 8월 백제군이 남쪽 변경으로 쳐들어왔을 때 광개토왕은 정예병 7000명을 이끌고 패하浿河(지금의 예성강) 상류지역에 진지를 구축하고 있다가 침공군 8000여 급을 노획하는 대승을 거두었다.

이후 백제에서는 몇 차례 더 고구려 침공군이 편성되기도 했으나 더 이상의 무력충돌은 발생하지 않았다. 이는 광개토왕 팽창전략의 새로운 전환점이 된 것으로 보인다. 영락 5년(395)을 기점으로 서쪽을 지향하여 이른바 서진정책을 전개하기 시작한 것은 남진정책의 성공으로 인해 백제의 침공 위협이 크게 감소되었기 때문이었다. 그리고 남진정책을 추진하는 과정에서 축적한 전쟁 경험과 대소규모 작전에 대한 자신감도 크게 작용한 것으로 보인다. 광개토왕은 직접 군사를 이끌고 빈번하게 장거리 원정을 추진한 야전지휘관형 군주였다. 남쪽으로 백제와의 전투 대부분이 광개토왕의 진두지휘로 전개되었고, 이런 성공 체험은 중국대륙을 지향한 서진정책 추진의 밑거름이 되었다.

---

18 『삼국사기』 권18, 고구려본기 제6, 광개토왕 2년(392).

19 『삼국사기』 권25, 백제본기 제3, 아신왕 2(393)-3년 ; 『삼국사기』 권18, 고구려본기 제6,
　광개토왕 4년(394).

　　광개토왕릉비의 비문 기록에 의하면 오늘날 시라무렌Shilamulen 강(西拉沐倫河 : 서요하 서쪽 지류) 유역을 근거지로 삼고 있던 거란契丹의 일족이 고구려 변경지역에서 노략질을 자행하자 이를 응징하기 위해 395년에 토벌군을 편성하여 직접 지휘한 것[20]이 영토확장을 위한 새로운 작전의 시작으로 보인다. 이때 광개토왕의 고구려군은 부산富山(의무려산 : 요하 하류 이서지역) 등을 경유하여 염수鹽水(서요하 중상류)지역[21]에서 3개 부락 700여 영營을 격파하고 가축 등의 전리품을 대거 노획했다. 서진정책의 성공적인 출발에 고무된 광개토왕은 동쪽으로 진로를 바꿔 양평도(요양)를 경유, 군사들을 이끌고 역성力城·북풍北豊(동가강 이서지역) 등지의 영토를 순

---

20 이형구·박노희, 『광개토대왕릉비 신연구』(동화출판사, 1987), 중판 67-68쪽 ; 천관우, 「광개토왕의 정복활동」, 『한국사시민강좌』 제3집, 48-49쪽 ; 이인철, 『고구려의 대외정복 연구』, 123쪽.
21 서길수, 「시라무렌강의 추억」, 『월간중앙』(2004년 2월호 부록), 17-20쪽.

행巡幸한 후에 개선했다. 이에 대해서는 광개토왕이 후연과 벌인 각축전을 양국 간의 외교관계를 고려하여 '순수巡狩[22]'라는 형태로 변형시켜서 마치 과거에 정복한 지역인 것처럼 기록한 것이라는 주장도 있다.[23]

이 순행은 이듬해인 396년에 다시 남쪽으로 기수를 돌려 대대적인 백제 침공을 단행함으로써 대백제 전략에 종지부를 찍는 계기가 된 것으로 보인다. 광개토왕은 수군을 이끌고 해로를 이용하여 임진강 하구지역으로 진출한 다음, 관미성 일대와 아차성 일대의 58개 성곽을 비롯하여 700여 개의 촌락을 점령하는 전과를 올렸다. 승기를 잡은 고구려군은 여세를 몰아 백제 수도 한성을 압박했다. 수도 한성을 포위한 광개토왕의 고구려군은 주민 1000명과 세포細布 1000필을 상납 받고 백제의 화의 요청을 받아들였다.

고구려군은 더 이상 남진하지 않았다. 장거리를 이동하여 백제를 공격한 고구려군은 일단 목표를 완수했기 때문에 적진 깊이 들어가는 위험을 자초할 필요가 없었다. 항복과 다름없는 백제의 화의 요청을 접수하고 국왕의 아우와 대신 10명을 인질로 잡아 개선함으로써 작전을 종료한 것이다. 이로써 고구려는 요하 유역으로 진출하려는 서진정책을 추진하면서 동시에 전개한 후방 정지작업을 성공적으로 마무리 짓고 본격적인 영토 확장전쟁에 주력할 수 있게 되었다. 이 내용은 광개토왕릉비에는 새겨져 있으나 『삼국사기』에는 누락되어 있는 부분이다.

398년에 정찰부대를 이끌고 북방지역을 순시한 광개토왕은 고구려에 강한 적대감을 노출한 지역의 주민 300여 명을 이끌고 복귀했다. 이를 계

---

22 임금이 나라 안을 두루 살피며 돌아다니던 것. 순공巡功 또는 순행이라고도 한다.
23 여호규, 「광개토왕릉비에 나타난 고구려의 대중인식對中認識과 대외정책」, 『역사와 현실』 55(2005), 38-43쪽.

기로 북방의 숙신지역으로까지 고구려의 영향력이 미치게 되면서 정기적으로 조공이 추진되는 등의 가시적 성과와 함께 고구려의 경제력도 향상시킬 수 있게 되었다.

그러나 후연과의 관계는 고구려의 의도와는 달리 용이하게 전개되지 않았다. 399년 1월 광개토왕이 후연에 사신을 파견했으나 이것이 오히려 관계를 악화시키는 요인이 되고 말았다. 후연의 감정을 자극한 구체적 내용이 무엇인지는 알 수 없으나 관계를 새롭게 정립하려는 고구려의 행동이 무례하게 인식되었기 때문으로 짐작된다. 다음 달인 2월 후연 3만 군사의 침공을 받은 고구려는 요동의 혼하 중류지역의 요충지 신성과 그 북쪽 요충지 남소성南蘇城(요녕성 무순시 철배산성)을 빼앗기고, 일대 700여 리의 광범위한 지역에 후연의 이주민 5000여 호가 정착하는 영토 상실의 사태에 직면했다.

한편 고구려 견제가 절실했던 백제는 바다 건너 왜국과 군사동맹을 체결했다. 그러나 이 같은 상황 변화에 위협을 느낀 것은 인접한 신라였다. 신라는 백제를 견제하기 위해 오히려 고구려에 지원을 요청했는데, 399년 말 신라 내물왕은 밀사를 급파하여 이런 사실을 알리고 있다. 이는 고구려가 다시 남진정책에 관심을 가지는 계기가 된 사건으로, 백제가 왜국과 동맹하여 신라를 공격하는 새로운 상황에 신속히 대처함으로써 백제의 세력 확산을 조기에 차단하려는 고구려와 신라의 이해관계가 일치하고 있었음을 알 수 있다.

고구려 광개토왕은 400년 초에 보·기병 5만의 지원군을 파견하여 신라를 침공한 백제·임라가라任那加羅(금관가야)·안라安羅(아라가야)·왜의 연합세력을 격파했다. 이 역시 『삼국사기』에는 누락되고 광개토왕릉비의 기록에 보이는 내용이다. 당시 고구려군은 신라를 위기에서 구출하고

철배산성의 북쪽 성벽에서 보이는 혼하 강력했던 고구려도 후연과의 관계는 잘 풀리지 않아 399년 후연에게 이 지역을 빼앗긴다. (동북아역사재단 제공)

낙동강 중하류 지역까지 추격전을 전개하여[24] 전과를 확대함으로써 백제 군에 섬멸적 타격을 입힌 것으로 보인다. 그러나 광개토왕릉비의 일부 훼손으로 인해 후대에 한·중·일 삼국 연구자의 주장이 엇갈리고 있는 부분이다.

고구려가 신라에 5만 대군을 파견하여 지원전을 성공적으로 전개한 것은 다시 요동으로 진출하기 위한 전초전의 의미가 컸다. 대규모 병력을 투입하여 일거에 섬멸적 타격을 가함으로써 백제-왜가 제휴한 후방지역에 후환을 없애는 한편으로 장차 후연과의 전쟁에 주력하기 위한 사전 정

---

24 이형구·박노희, 『광개토대왕릉비 신연구』, 85-93쪽.

지작업의 일환이기도 했던 것이다.

후연은 광개토왕의 서북방 팽창정책에 있어 최대 위협세력이었다. 백제와 왜가 연합하여 신라나 고구려 남부지역에서 약탈을 자행한다면 고구려의 서진정책은 상당한 제약을 받을 수밖에 없었다. 영토확장정책에 군사력을 집중할 수가 없기 때문이다. 후연의 요동성(요녕성 요양시) 공격을 물리친 그해 대방지역에 백제군과 왜군이 대규모로 침입하자 광개토왕은 직접 군사를 이끌고 출전했다. 진로를 차단하고 좌우로 협공하여 적을 궤멸시키는 전과를 올린[25] 이 전투의 내용은 광개토왕릉비의 기록으로만 전해오는데, 후방지역의 위협요소를 제거한 점을 광개토왕의 주요 업적으로 평가했기 때문일 것이다.

재위 20여 년 동안 전방위적인 팽창정책을 진두지휘한 정복군주 광개토왕은 강력한 영토확장정책을 몸소 추진해나갔다. 특히 남쪽의 신라를 지원하면서 백제와 왜국의 연합세력을 압박하여 배후세력의 위협을 약화시키고, 요하 유역의 후연을 겨냥한 서북쪽으로의 진출로 끈질기게 영토확장 과업을 수행한 것은 강력한 군사력으로 거두어낸 팽창전략의 성공적 사례라 할 수 있다.

광개토왕릉비에 의하면 재위 기간 동안 광개토왕은 64개의 성을 공파攻破하고 1400개의 촌락을 점령했다. 이는 410년에 광개토왕이 마지막으로 직접 군사를 이끌고 동부여지역을 공략하여 항복을 받아낸 결과이며, 실제로 그의 재위기간 동안 점령한 성과 촌락은 훨씬 더 많을 것이라는 주장도 있다. 어쨌든 4세기 말과 5세기 초에 걸친 광개토왕 대의 고구려는 한민족 역사상 최대의 영토국가로 발전할 수 있는 기반을 마련했다.

---

25 천관우, 「광개토왕의 정복활동」, 『한국사시민강좌』 제3집, 51-52쪽.

태왕릉 광개토왕릉으로 추정되는 태왕릉은 장군총의 4배에 달하는 규모로 고구려의 돌무지무덤 중 가장 크다. 무덤 벽돌에 '원태왕릉안여산고여악願太王陵安如山固如岳' 이라는 명문이 새겨져 있어 태왕릉으로 부르고 있다.

태왕릉 정상부 태왕릉은 윗부분이 심하게 훼손되어 원형이 남아 있지는 않으나 장군총과 같은 계단식 돌무지 무덤이다.

남진정책으로는 백제를 압박하여 한강 유역까지 진출하고, 서진정책으로는 요동을 장악하여 북경 일대까지 진출하기도 했다. 또한 북으로는 부여의 농안農安(길림성 장춘 북방 이통하 상류) 일대, 동으로는 오늘날의 길림과 연해주에 이르는 광대한 영토를 지배하게 되었다.

광개토왕은 내부체제를 정비하고 군사력을 증강한 후 이를 기반으로 이른바 5호 16국시대로 불리는 북중국의 혼란상황을 전략적으로 이용하면서[26] 국익을 극대화시켜 나갔다. 영토확장을 통한 고구려의 비약적 발전은 이 같은 강온 양면전략에 힘입은 바 크다.

고구려의 최고전성기를 이끌다

광개토왕의 장자였던 장수왕長壽王은 부왕의 팽창정책을 그대로 계승했다. 408년 태자로 책봉되었다가 4년 후 즉위한 그는, 413년부터 491년까지 79년간 한민족 역사상 최장기간 재위한 '장수' 국왕으로 고구려의 최전성기를 이끈 수성守成의 군주였다. 즉위 15년인 427년 장수왕은 평양 동북방 대성산大城山 일대에 새 도읍지를 건설하고 천도를 단행했다.[27] 남진정책을 추진하기 위해 새로운 교두보를 확보했다는 점에서 중요한 의미가 있는 천도였다.

고구려의 새로운 도읍지인 대동강 일대는 이미 1세기 전에 고구려의 영역으로 복속된 지역이며, 한때 고조선과 낙랑문화의 중심지로 일찍부터 선진문물이 발달한 곳이었다. 즉 과거의 수도가 산악에 근접한 열악한 환경이었던 데 비해 새 수도는 기후나 지형은 물론 문화적으로도 우수한 입지조건을 갖추고 있었다. 국내성을 떠나 대동강 일대로 도읍을 옮긴 것은,

---

26 이인철, 『고구려의 대외정복 연구』, 25쪽.
27 『삼국사기』 권18, 고구려본기 제6, 장수왕 15년(427) ; 이병도 역주, 『국역 삼국사기』, 287쪽.

대동강 유역의 경제적 기반과 고조선의 전통 및 선진문화를 수용하면서 백제와 신라의 북진을 차단하고 강대국으로서의 위상을 확보하려는 장수왕의 의지가 반영된 결과였다. 이를 통해 고구려는 왕권을 더욱 강화하여 국왕 중심의 새로운 중앙집권적 지배체제를 구축해나갈 수 있게 되었다.

371년 10월에 백제의 근초고왕이 3만 군사를 이끌고 평양성을 공격해왔을 때 고구려의 고국원왕이 유시流矢에 맞아 전사한 이후로 양국관계는 극도로 악화되어 있었다. 보복침공의 기회를 노리고 있던 고구려는 수도 이전을 계기로 백제 침공을 준비했다. 이에 백제 비유왕比有王은 433년 7월 신라에 사신을 급파하여 양국 간 군사동맹체제를 구축하려 했는데, 신라 눌지왕訥祗王도 고구려의 남진에 위협을 느끼고 있던 터라 공동전선은 쉽

고구려 수도 평양성

사리 형성되었다. 5세기 중반, 중국대륙에서 북위北魏가 군사강국으로 두각을 나타내자 장수왕은 관계를 개선하여 서북 국경지역을 안정시키려고 했다. 남쪽으로 영토를 확장하기 위해서는 북위와의 무력충돌을 억제하지 않을 수 없었기 때문이었다.[28] 고구려는 465년 이후로 매년 사신을 파견하여 북위와의 관계를 돈독히 하면서 남진정책에 주력했다.[29]

천도 이후의 고구려는 정치세력 재편과 같은 국내문제와[30] 함께 중국대륙의 정세변화를 주시하지 않을 수 없는 상황에 직면해 있었다. 대륙의

---

[28] 강선, 「4~6세기 동아시아 정세와 고구려의 대외정책」, 『군사』 제54호(국방부군사편찬연구소, 2005), 87쪽.

[29] 정재윤, 「475년 한성전투의 군사전략과 전쟁사적 의미」, 『군사』 제50호(국방부군사편찬연구소, 2003), 286쪽.

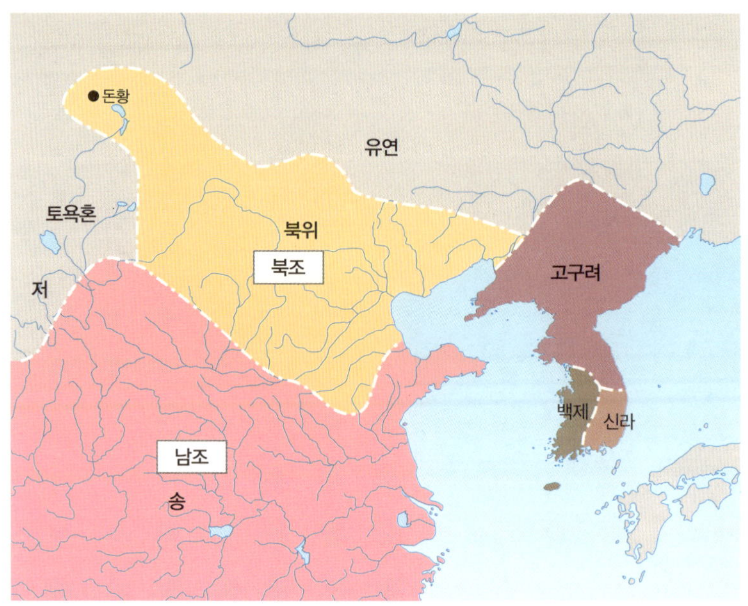

고구려 주변국 형세(5세기)

급변하는 정세를 이용하여 국가의 위상을 높이고 동북아에서 영향력을 강화할 새로운 국가 외교전략으로 남북조를 상대로 한 '등거리외교^{等距離外交}'를 전개한 것도 이와 같은 맥락이라고 할 수 있다.

장수왕의 등거리외교 전략은 북위와 송^宋나라의 대결구도에 말려들지 않으면서 고구려의 전략적 가치를 높이는 실리적 차원에 중점을 둔 것이었다. 고구려의 이런 과감한 전략은 중국의 어느 국가와도 일전을 불사할 수 있다는 투지와 함께 강력한 군사력을 보유하고 있다는 자신감, 더불어 상대도 고구려의 군사력을 인정하고 있다는 점 때문에 가능한 것이었다. 장수왕은 적극적인 남진정책을 추진하면서 북위와의 관계를 강화하는 방향으로 외교정책을 정립하기 시작했다. 고구려가 남진정책을 추진하는

---

30 임기환, 『고구려 정치사 연구』, 269-271쪽.

데 있어 중요한 전제조건은 북조의 강국인 북위와 선린관계를 강화하여 송-북위-고구려 삼국이 군사적으로 견제와 균형을 유지하는 것이었다. 강력한 군사력으로 고구려의 배후를 위협할 수 있는 북위와의 우호관계 정립 없이 남진정책에 주력할 수는 없기 때문이었다.[31]

이런 정세 속에서 고구려가 본격적으로 남진정책을 추진한 것은 468년 2월 말갈 군사 1만 명을 동원하여 신라 변경을 침공하면서부터다. 이는 고구려의 외교노선이 북위와의 관계 강화로 선회한 것과 무관하지 않은 것으로, 그것이 수도 이전 이래 준비해온 남진정책을 효과적으로 추진하기 위한 중요한 전제조건이었기 때문이다. 고구려는 신라 실직주성悉直主城 (강원도 삼척)을 공격하여 점령하는[32] 성과를 거두었다.

고구려의 남진정책에 적극적으로 대항한 것은 오히려 백제였다. 백제는 선제공격으로 고구려의 남진정책에 맞섰다. 백제 개로왕은 고구려의 대응 전력을 탐지하기 위해 469년 8월 고구려 남쪽 변경을 공격했다. 이어 10월에는 성곽을 수축하고 주요 통로에 견고한 목책을 설치하여 고구려 기병의 기습 남진에 대비하는 조치를 강구했다. 백제가 북한산성에 수비군을 증강 배치한 것과 신라 자비왕이 이듬해(470)에 삼년산성三年山城(충북 보은)을 완공하여 군량과 무기를 비축한 것[33]이 고구려군의 남진에 대응하기 위해 방위태세를 강화한 대표적 사례다.

이로부터 고구려와 백제는 중국대륙의 북위를 상대로 치열한 외교전을 전개했다. 매년 사신을 파견하던 고구려는 472년에는 2월에 이어 7월에도

---

31 이성제, 『고구려의 서방정책연구』(국학자료원, 2005), 82-83 · 112-113쪽.
32 『삼국사기』 권18, 고구려본기 제6, 장수왕 56년(468).
33 『삼국사기』 권25, 백제본기 제3, 개로왕 15년(469) ; 『삼국사기』 권3, 신라본기 제3, 자비왕 13년(470).

삼년산성 충청북도 보은 군에 위치한 이 산성은 축성을 시작한지 3년 만에 완성하여 삼년산성이라는 이름이 붙여졌다. 이 산성은 신라가 백제와 고구려를 견제하면서 서북지방으로 세력을 확장하는데 가장 중요한 전초기지였을 것으로 추정되고 있으며, 삼국통일 전쟁 때 태종 무열왕이 당나라 사신 왕문도를 이곳에서 맞이했다는 기록도 있다.

사신을 파견했다. 특히 7월부터는 평소보다 두 배나 많은 예물을 보내[34] 북위에 친고구려 정서를 확산시킴으로써 양국관계를 한층 강화하는 적극적인 외교활동을 전개했다. 이런 고구려를 견제하기 위한 백제의 외교력도 강력하게 발휘되었다. 백제는 고구려가 통로를 차단하고 있기 때문에

---

34 『삼국사기』 권18, 고구려본기 제6, 장수왕 60년(472).

백제 사신의 왕래가 곤란하다는 점을 부각시켰고, 그리하여 등장한 대안이 백제 사신을 북위 사절단이 호위하여 고구려 영토를 통과한다는 것이었다. 북위의 권위를 이용하여 고구려를 견제해보려는 책략인 셈이었다.

장수왕은 북위 사신이 고구려 영역을 통과할 수 있도록 협조해달라는 효문제[35]의 서신을 접수했다. 그러나 고구려는 백제와 북위 사신의 고구려 영토 통과를 허락하지 않았다. 고구려는 이들을 북위로 돌려보낸 직후에 북위 효문제의 엄중한 항의를 받았다. 그러나 고구려의 단호한 조치는 북위와의 외교관계 단절도 불사하겠다는 강력한 의지의 표현인 동시에 북위의 반응을 타진해보려는 계산된 행동이었다.

북위는 백제 개로왕으로부터 장차 고구려에 보복전쟁을 전개할 경우 지원군을 파병해달라는 요청을 받았으나 이를 수용하지는 않았다. 북위로서도 고구려와의 관계를 무력대결 구도로 악화시킬 수는 없는 형편이었기 때문이었다. 장수왕이 북위의 한계를 간파하고 취한 조치는 오히려 고구려의 위상을 제고시키는 결과가 되었으며, 백제는 청병 요청이 묵살되자 북위와의 외교관계를 단절해버렸다.[36]

장수왕은 백제가 북위에 지원 파병을 요청하고, 북위가 이를 거부하면서 백제와 북위의 관계가 악화된 상황을 절호의 기회로 판단했다. 고구려의 남진정책에 특히 걸림돌이었던 배후의 북위가 주는 위협이 감소되었기 때문이었다. 이에 장수왕은 수도를 이전한 후 약 반세기가 경과한 475년 9월에 3만 군사로 백제 침공을 단행했다. 혼전 중에 탈출하던 백제 개로왕은 추격대에 사로잡혀 전사하고 말았다. 1세기 전인 371년 10월 백제

---

35 북위의 제6대 황제(471~499)로 북위 중흥의 영주英主로 일컬어지고 있다.
36 『삼국사기』 권25, 백제본기 제3, 개로왕 18년(472) ; 『위서』 권7 상, 제기 제7 상 ; 『위서』 권100, 열전 제88 「백제」 ; 『북사北史』 권94, 열전 제82 「백제」.

구의동 아차산 보루 전경 한강 유역 고구려의 보루 유적에서는 병사들의 생활상을 보여주는 접시, 항아리 등 생활용품과 무기가 다수 출토되었다. (서울대학교박물관 제공)

근초고왕이 이끄는 3만 군사의 공격을 받은 고구려 고국원왕이 평양성에서 전사한 것과 정반대의 상황이 벌어진 것이다. 고구려 침공부대의 선봉으로 참전한 장수 재증걸루再曾桀婁와 고이만년古爾萬年은 본래 백제사람으로 백제에서 죄를 짓고 고구려로 탈출한 자들이었다. 이들은 포로가 된 개로왕을 보자 말에서 내려 절한 후에 얼굴을 향해 세 번 침을 뱉었다. 그리고 개로왕의 과오를 일일이 열거한 후 아차산성 밑에서 살해했다.[37]

이렇게 고구려의 백제 침공이 성공한 이면에는 장수왕과 승려 도림道琳의 사전 공작이 있었다. 장수왕이 백제의 전력을 약화시킬 비밀공작원으로 선발한 승려 도림은 백제에 침투한 후 고구려에서 죄를 짓고 탈출한

---

37 『삼국사기』 권18, 고구려본기 제6, 장수왕 63년(475) ; 『삼국사기』 권25, 백제본기 제3, 개로왕 21년(475) ; 고구려본기에 따라 장수왕이 직접 군사를 지휘한 것으로 보았다.

것처럼 하여 주변 사람들의 신뢰를 얻었다. 그리고는 개로왕이 바둑을 좋아한다는 점에 착안하여 바둑의 명인이라는 소문을 퍼뜨려 왕에게 접근한 후 곧 왕의 신뢰를 얻었다. 측근으로 자리 잡은 승려 도림은 궁궐 증축공사를 대대적으로 추진하도록 유도하여 단기간에 백제의 국력을 고갈시켜나갔다. 도림의 감언이설에 속아 대규모 토목공사를 일으킨 개로왕은 결국 재력과 인력을 탕진하면서 민심이반에 직면하게 되었다.[38]

도림은 백제를 탈출한 후 고구려로 돌아와 장수왕에게 백제의 혼란한 실정을 자세히 보고했다. 장수왕은 이를 절호의 기회로 판단하고 3만 대군을 투입하여 백제를 침공했다. 이 사실을 보고받은 개로왕은 전쟁준비를 지시하는 한편 왕자를 신라에 급파했다. 앞서 433년 7월 백제 비유왕이 신라 눌지왕을 설득하여 구축한 공동방위체제에 입각하여 지원군의 긴급 파병을 요청하기 위해서였다. 이에 신라는 구원병력 1만 명을 편성하여 백제 왕자와 함께 출동시켰다.

나제동맹에 의한 백제의 지원군 파견 요청을 받고 신라군이 수도 한성에 도착했을 때는 고구려군이 이미 백제의 주요 인사 8000명을 생포하여 한성을 빠져나간 이후였다.[39] 고구려군의 백제 침공작전은 수도 한성을 점령하는 것으로 일단락되었다. 더 이상 남진하지 않은 이유는 3만 군사로 적진 깊숙이 들어가는 데 따른 위험부담도 있었을 것이나, 무엇보다도 자칫 작전이 장기전으로 변질될 경우 북위가 개입할 수 있다는 우려 때문이었을 것이다.[40]

---

38 『삼국사기』 권25, 백제본기 제3, 개로왕 21년(475).

39 『삼국사기』 권18, 고구려본기 제6, 장수왕 63년(475) ; 『삼국사기』 권3, 신라본기 제3, 자비왕 17년(474).

40 노태돈, 『고구려사 연구』(사계절, 1999), 312-313쪽.

고구려는 장수왕이 427년 수도를 평양성으로 옮겨 남진정책의 새 교두보를 확보한 지 반세기 만에 백제를 공격하여 한강 유역까지 진출하는 성과를 거두었다. 그러나 백제와 신라를 동시에 적대세력으로 만드는 결과를 초래하여 강력한 동맹체제를 구축한 나·제 연합세력의 반격을 받게되었다. 480년 11월 고구려는 신라의 북쪽 변경지역을 공격하여 탐색전을 전개하고, 이듬해 3월에는 말갈과 연합하여 신라를 공격했다. 고구려군과 말갈군은 호명성狐鳴城(경북 청송) 등 7개 성을 공격하여 점령하는 전과를 올리자 그 여세를 몰아 동해안의 미질부彌秩夫(경북 흥해)로 진출했다.

이때 신라는 백제와 가야의 구원 병력을 동원하여 연합군을 형성하고 대응태세를 갖추고 있었다. 3국 연합군에 의해 기동로를 차단당한 고구려군과 말갈군은 전세가 불리하자 후퇴하기 시작하여, 승기를 잡은 3국 연합군의 추격에 1000여 명의 사상자를 내고 퇴각하고 말았다. 장수왕 말년 무렵인 489년(장수왕 77) 9월, 고구려군은 신라의 북쪽 변경으로 남진하여 신라군의 저항을 물리치고 10월에 호산성狐山城(위치 미상)을 점령하는 전과를 올리는 것으로 장수왕 남진정책을 마무리 지었다.[41]

등거리외교

5세기 무렵 한반도에서 가장 강성한 국가는 고구려였다. 장수왕은 부왕인 광개토왕이 뛰어난 전략으로 재위 18년간 대대적인 정복사업을 추진하여 이룩한 광대한 영토를 물려받았다. 부왕의 업적을 계승한 그는 남진

---

[41] 『삼국사기』 권3, 신라본기 제3, 소지왕 2(480)-3년·11년(489).

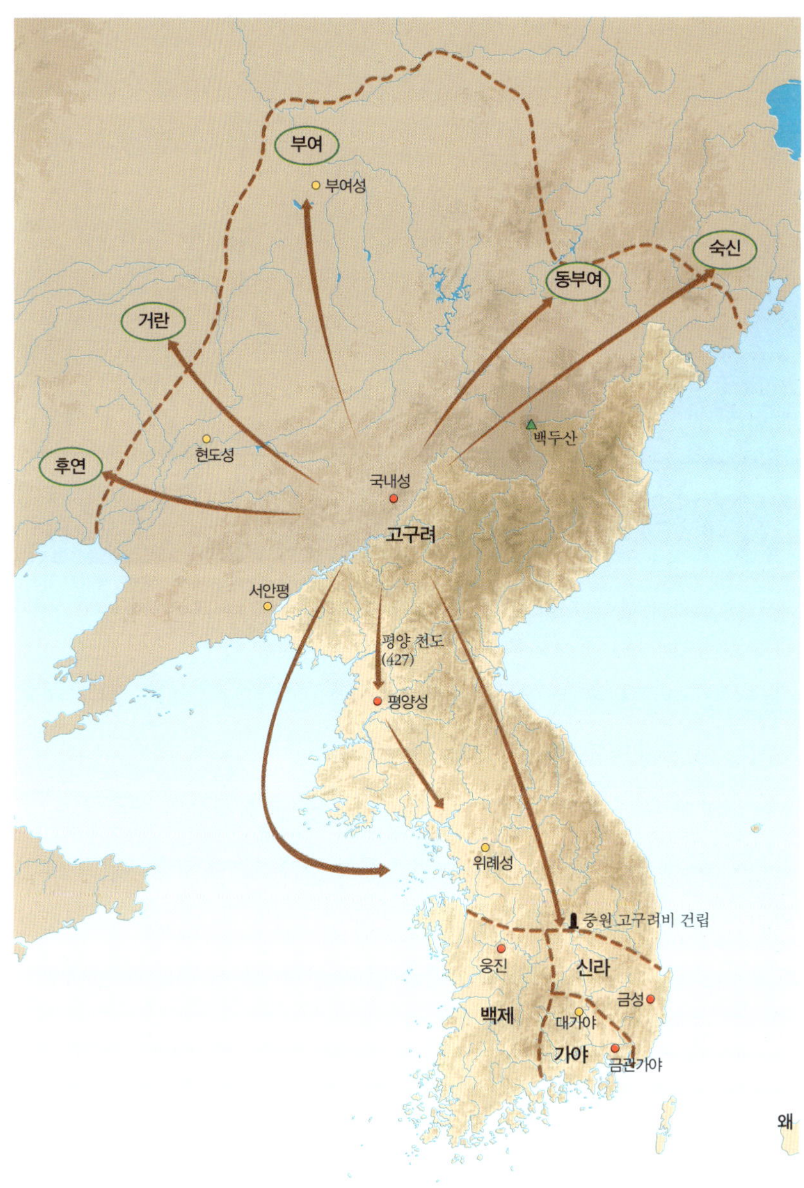

고구려 장수왕 대 영역(5세기)

정책으로 백제를 공략, 한강 일대까지 영향력을 확산시킴으로써 한민족 역사상 가장 넓은 영토를 지배하게 되었다.

장수왕의 팽창정책은 한반도 남쪽으로 영토를 확장하는 것이었다. 이를 추진하기 위해 장수왕은 중국 남북조의 정세변동에 능동적으로 대처하면서 양대 집단을 적절하게 견제, 조정하지 않을 수 없었다. 광개토왕으로부터 물려받은 강력한 군사력을 보유한 장수왕은 북위와 무력충돌 직전의 단계까지 대립하면서도 군사력을 행사하지는 않았다. 이처럼 주변국과의 소모적 마찰을 최소화하여 전쟁을 회피할 수 있었기 때문에 영토확장정책을 순조롭게 추진할 수 있었다.

당시 북중국의 정세는 선비족이 386년에 세운 북위 세력이 주변국을 압박하고 있는 상황이었다. 장수왕 27년(439)에 5호 16국의 혼란시대를 마감하고 북중국을 통일한 북위는 막강한 군사력을 보유하고 있었다. 이처럼 북위가 군사강국으로 부상하자 장수왕은 5세기 중반 북위와의 관계를 개선시켜 서북 국경지역을 안정시키려 했다. 그리고 서북방지역의 안정과 함께 남쪽으로 영토를 확장하려는 북수남공北守南攻 정책을 추진했다. 북위의 후방을 위협할 배후세력이 필요했던 고구려는 특히 송과의 관계를 단절하지 않은 채 남진정책을 추진해나갔다.

고구려는 중국대륙의 급변하는 정세를 이용하여 국가의 위상을 높이고 동북아에서 영향력을 강화할 국가전략으로서 이 같은 등거리외교를 활용했으며, 장수왕 15년에 평양 동북방 대성산 일대에 새 도읍지를 건설하고 남쪽으로 천도를 단행한 것도 남진정책을 본격적으로 추진하기 위해 새로운 교두보를 확보할 필요가 있었기 때문이었다.

문자왕文咨王(492~518)도 조부인 장수왕의 영토확장정책을 계승하여 지속적으로 추진해나갔다. 그러나 문자왕의 남진정책은 백제와 신라의 공동방위체제인 나제동맹의 강력한 저항에 부딪혀 그다지 성과를 거두지 못했다. 이 시기의 고구려 남진정책은 신라의 동해안지역을 침공하는 수준에 머물렀지만, 실패와 성공을 거듭하면서도 지속적으로 추진되고 있었다.

고구려는 중국 남조와 북조의 대립관계를 적절히 이용하면서 중립외교로 세력균형을 유지했기 때문에 남진정책을 안정적으로 추진힐 수 있었다. 그러나 내부적으로는 여전히 군소세력 간에 권력 장악을 위한 정쟁이 계속되고 있었는데, 왕위계승 문제를 둘러싼 외척세력 간의 암투는 고구려 집권층의 결속력을 약화시키는 악재로 작용했다.

그런데 고구려 장수왕과 문자왕의 남진정책을 모방하여 실리를 챙긴 것은 오히려 신라였다. 고구려와 백제의 관심에서 벗어나 있으면서 혼란의 와중에서도 군사력을 꾸준히 확충한 신라는 진흥왕 대에 이르러 과감한 팽창정책을 추진하는 등 두각을 나타내고 있었다.

장수왕의 공작원 도림

　승려 도림은 고구려 장수왕이 국내성에서 남하하여 427년 평양 북방 대성산 일대에 새 수도를 건설하고 본격적인 남진정책을 추진하기 위해 백제에 침투시킨 공작원이었다. 그의 출신에 대해서는 더 알려진 게 없으나, 승려가 이러한 공작에 자원하고 나섰다는 것이 벌써 특이한 일이다. 적임자를 찾고 있는 장수왕 앞에 도림이 자원하고 나서자 왕이 이유를 물었다.

　"소승은 아직 도를 깨우치지는 못했으나 나라의 은혜에 보답하고자 합니다. 어리석다 물리치지 않고 임무를 주시면 기필코 왕명을 욕되지 않게 하겠습니다."

　도림의 의지는 강력했다. 그는 자신의 장기인 바둑으로 백제왕을 유혹하여 신뢰를 쌓은 후에 공작임무를 수행한다는 복안을 제시했다.

　백제 땅으로 건너온 도림은 고구려에서 큰 죄를 짓고 탈출해온 정치적 망명객이라고 소문을 퍼뜨렸다. 이런 식으로 아무런 의심도 받지 않고 침투에 성공한 그는 개로왕에게 접근하기 위해 바둑을 이용했다.

"신은 어려서부터 바둑을 배워 신기의 경지에 이르렀습니다. 이를 국왕께 알려드리려고 합니다."

도성까지 이른 도림은 개로왕과의 대국 소망을 공공연히 떠들고 다녔다.

마침내 개로왕의 부름을 받고 궁에 들어간 도림은 놀라운 바둑 실력을 발휘하며 왕을 감탄시켰고, 이런 그를 상객으로 예우한 개로왕은 뒤늦게 만난 것을 아쉬워하면서 바둑 배우기에 몰두했다. 이렇게 바둑으로 신뢰를 쌓은 도림은 개로왕에게 "타국에서 온 신에게 국왕께서 두터운 은총을 주셨는데 신은 오직 한 가지 기술로만 보답할 뿐이었습니다. 아직 아무런 도움도 드린 것이 없어 안타깝던 차에 이제 한 말씀 드리고자 합니다"라며 개로왕의 의중을 떠보았다.

허락을 얻은 도림은 "대왕의 나라는 사방이 산악과 하해河海이니 이는 하늘이 내려준 험지이며 인위적인 형세가 아닙니다. 따라서 주변국들이 감히 쳐들어올 생각을 내지 못하고 오직 받들어 섬기기를 원하고 있습니다. 그러므로 대왕께서는 마땅히 숭고한 위세와 부유한 실적으로 다른 나라의 눈을 놀라게 해야 할 것인데 성곽과 궁실은 퇴락하고, 선왕의 유해는 빈 들판에 가매장되어 있으며, 백성들의 가옥은 자주 물에 잠기니, 신은 대왕을 위해서 안타깝게 생각하는 바입니다"라고 하여 개로왕을 감동시켰다.

도림의 감언이설에 속은 개로왕은 대대적인 토목공사를 일으켰다. 도처에서 백성들이 징발되어 궁실 누각을 증개축하고 거대한 왕릉을 조성하며 제방을 쌓는 데 주력했다. 공사에 엄청난 비용이 투입되면서 농업생산성은 급격히 떨어지고 민심은 악화되기 시작했다. 바로 도림이 계획한

백제 개로왕이 목숨을 잃은 아차산성 터(서울특별시 광진구) (강병기ⓒCreative Commons 3.0)

대로였다. 이제 그는 백제를 탈출하여 장수왕에게 침공의 시기가 도래했다고 보고했다.

475년 9월 고구려군의 남침을 받은 개로왕은 비로소 자신의 어리석음을 탄식하면서 아들 문주에게 "내가 어리석고 총명하지 못하여 간인姦人의 말을 믿다가 이 지경에 이르렀다. 백성은 쇠잔하고 군대는 미약하니 위급한 일을 당해도 누가 나를 위해 힘써 싸우겠는가. 나는 사직을 위해 죽겠지만 너마저 함께 죽는 것은 무익한 일이다. 너는 이 난을 피해 국맥을 잇도록 하라" 하여 피신하게 했다.

개로왕은 도성을 탈출하다가 생포되어 아차산성 아래서 죽임을 당했다. 장수왕은 백제에서 죄를 짓고 고구려로 탈출해온 개로왕의 신하들에게 옛 주군을 살해하게 하였으니, 개로왕이 고구려에서 위장 탈출한 도림의 공작에 속아 죽음에 이른 것과는 너무나 대비되는 사례라 하겠다.

제7장

고구려와 백제의 연결을 차단하라

- 553년 신라와 백제의 전쟁

❖ 최초의 여왕 선덕

• 불교의 위엄에 지배자의 권능을 일치시키고
• 백제와 고구려의 혼란을 적극적으로 활용하다
• 군제를 개편하고 진흥왕의 시대를 준비하다
• 한강을 장악하다
• '용궁을 탈출한 토끼'
• 중국을 전략적 파트너로

❖ 최초의 여왕 선덕

불교의 위엄에 지배자의 권능을 일치시키고

신라는 진한辰韓의 12개 성읍국가 중 하나인 사로국斯盧國이 모체가 되어 발전한 국가다. 그 후로 내물왕(혹은 내물마립간)이 재위한 4세기 후반에 이르러 오늘날 낙동강 동쪽 일대를 지배하는 연맹왕국으로 성장했다. 사로국이 발전하여 종래의 지배자 칭호인 '이사금尼師今' 대신에 '마립간麻立干'이라는 왕호를 사용하기 시작한 것이 그 중요한 근거다. 이 무렵 신라는 박·석·김의 씨족집단이 교대로 즉위하던 이른바 '삼성교립三姓交立' 방식을 버리고 김씨 집단에서 왕위를 독점적으로 세습하고 있었다. 4세기 후반에는 고구려 사신의 안내로 중국대륙의 전진前秦과 교류하면서 연맹왕국으로의 발전에 속도가 붙고 있었다.

4세기 말 내물왕이 죽고, 실성왕實聖王이 즉위한 5세기 초에 접어들면서

내물왕릉 경상북도 경주시 교동에 소재한 신라 내물왕(재위기간 356년~401년)의 무덤

신라 정국은 혼란의 소용돌이에 말려들었다. 실성왕은 고구려에서 인질로 생활하다가 내물왕이 죽자 귀국하여 내물왕의 장자를 몰아내고 국왕이 되었다. 그는 399년 내물왕이 백제와 왜의 연합군을 물리치기 위해 고구려 광개토왕의 5만 대군을 지원받으면서 고구려에 인질로 보내졌던 인물이었다. 그러나 그는 자신을 인질로 보냈던 내물왕에 대한 앙갚음으로 그 장자를 완전히 제거하려는 음모를 꾸미다가 발각되어 왕위에서 쫓겨나고 말았다.

신라는 정치적 혼란이 가라앉지 않은 상황에서 427년 고구려가 압록강 이북 국내성에서 대동강 유역으로 천도를 단행하자 이를 중대한 국가 위기상황으로 인식했다.[1] 그러나 눌지왕은 5세기 전반 고구려의 군사적 위협으로 야기된 국가적 위기상황을 오히려 국민 안보의식을 강화하는 기회로 이용하고 있었다. 그는 대외적 위기 앞에서 국민적 역량을 결집하는

---

1 이기동, 『백제사연구』, 22쪽.

가운데 정치적 안정을 추구함으로써 집단 간의 갈등을 완화시켜나갔다.

신라는 고구려의 군사적 위협이 계속되자 433년 백제 비유왕의 제의를 받아들여 군사동맹체제를 구축하고 전략적 요충지에 성곽을 축조하여 대비했다. 그리고 국왕의 강력한 통수권을 대내외에 천명하면서 국가수호의 결의를 다짐하는 대대적인 군사 퍼레이드를 전개하기도 했다. 지증왕智證王시대인 6세기에 이르러서는 중앙집권적 귀족국가로서의 체제를 갖추면서, 502년(지증왕 3) 소를 농경에 이용하는 우경제牛耕制를 도입하고 순장제殉葬制를 폐지하는 혁신적인 조치를 단행했다. 이렇게 하여 단계적으로 생산인력을 늘리고 농업생산성을 크게 향상시킬 수 있었다.[2] 특히 지배자의 주검과 함께 그 측근의 하급자들까지 생매장하는 장례풍습 순장제는 신라의 오랜 전통으로 인력조달 문제에 커다란 걸림돌이었다. 생산성 증대에 직접적인 영향을 미친 이 개혁적 조치는 지증왕의 강력한 왕권으로 비로소 가능해졌다.

이와 같은 정치적·경제적 발전을 배경으로 법흥왕法興王시대에는 새로운 도약의 발판을 마련했다. 법흥왕은 즉위 직후인 517년 병부兵部를 설치하여 군사 지휘체계를 강화했다. 병부는 신라가 영토확장정책을 추진하면서 대규모 군대의 동원을 용이하게 하려는 필요에서 설치한 것이다. 병부의 수장인 병부령兵部令은 544년(진흥왕 5)에 1명이 추가되어 2명으로 증가되기는 했으나 최고 관등인 상대등上大等이나 시중侍中 등을 겸임하기 때문에 실질적인 재상이었다. 그리고 전군 지휘권을 가지고 대외 전쟁을 총괄 지휘할 수 있는 최고사령관이었다. 병부령이 실질적인 재상이었다는

---

2 『삼국사기』 권4, 신라본기 제4, 지증왕 3년(502) ; 전덕재, 「4~6세기 농업생산력의 발달과 사회변동」, 『역사와 현실』 제4호(1990), 28쪽 ; 김기흥, 『삼국 및 통일신라 세제의 연구』(역사비평사, 1991), 77쪽.

것은 군사력을 한층 효율적으로 운용하면서 전력을 극대화시키는 데 크게 도움이 되었을 것이다.[3]

신라는 외교적으로는 노선의 다변화를 추진하여 다양한 선진문화를 수용하기 시작했다. 한반도 동쪽에 치우친 지정학적 제약 때문에 그동안 문화적으로 낙후되어 있던 신라는 521년에는 중국대륙 남조의 양梁나라에도 사신을 파견하는 등 활발한 교류를 시작하여 문화수준을 향상시켜나갔다. 특히 새로운 신앙체계로 수용한 불교를 통해 중앙집권적 귀족국가로 발전하는 기반을 구축했다. 원시종교나 조상숭배사상으로서는 새로운 지배체제를 이끌어나갈 수 없었다. 따라서 초인적인 불법佛法의 위엄과 국왕의 위엄을 동일시함으로써 국가의 위엄으로 승화시킬 수 있는 불교가 새로운 통치철학으로 선택된 것이다. 왕권 강화에 이용될 수 있다는 이유로 진골귀족들이 불교 도입을 거부하고 나서자 법흥왕은 왕권을 발동하여 국교로 공인했다. 이 또한 신라의 전통사상 체계를 개혁하기 위한 중대한 혁명적 조치였다.[4]

신라는 법흥왕 대에 이르러 정국이 안정되고 왕권이 크게 강화되자 대외 팽창정책에 관심을 갖기 시작했다. 522년에는 대가야大加耶(경북 고령)의 혼인요청을 받아들여 이른바 결혼동맹으로 대가야를 포섭하고 영토확장의 교두보로 삼았다. 또한 532년에는 금관가야金官加耶(또는 본가야本加耶 : 경남 김해)를 합병, 낙동강 이서의 평야지대로 진출할 수 있는 전진기지를 확보했다. 그리고 신라 역사상 최고의 정복군주인 진흥왕眞興王이 등장해, 법흥왕 재위 26년을 거치면서 축적된 국가역량을 고스란히 물려받았다.

---

3 『삼국사기』 권4, 신라본기 제4, 법흥왕 4년(517) ; 신형식, 「신라병부령고」, 『역사학보』 제 61집(1974), 196쪽.
4 이기백, 『신라사상사연구』(일조각, 1997), 중판 48-49 · 76-77 · 263-264쪽.

백제와 고구려의 혼란을 적극적으로 활용하다

신라는 서쪽 및 서북지역으로 백제와 국경을 접하고 있었다. 백제는 475년 9월, 고구려 장수왕이 직접 지휘하는 3만 군사의 공격을 받아 수도 한성漢城 (지금의 한강 이북 서울)이 점령되고[5] 개로왕이 전사하는 국가존망의 위기상황에 직면했다.[6] 그해 10월 즉위한 문주왕文周王은 한강 유역을 완충지대로 하여 그 이남지역인 웅진熊津(충남 공주)으로 천도한 후 신라와의 동맹관계를 한층 강화하면서 국가체제를 정비하는 등 군사력 재건에 주력했다. 고구려도 내부적으로는 외척세력 간에 왕위계승문제를 둘러싼 암투가 계속되어 정치적 혼란의 소용돌이에서 벗어나지 못하고 있었다. 특히 5세기 전반 안원왕安原王시대의 정치적 암투는 고구려의 국력을 약화시키는 결정적인 요인이 되었다.

534년 중국대륙에서 북위北魏가 서위와 동위로 양분되자 고구려는 동위와의 선린외교를 추진했다. 고구려의 영토확장정책은 여전히 백제가 점한 지역을 목표로 하고 있었으나 장수왕시대와 같이 적극적으로 전개되지는 않고 있었다. 백제군의 침공을 물리친 후 548년 보복침공을 단행하는 정도에 그치고 있었지만, 이 보복작전마저도 나제동맹군으로 출동한 신라군 3000명이 신속히 개입하는 바람에 실패로 끝나고 말았다.[7]

고구려의 혼탁한 정치상황은 안원왕을 계승하여 불과 8세의 어린 나이

---

5 김병남, 「백제 영토변천사 연구」, 전북대학교 박사논문(2001), 98쪽.

6 『삼국사기』 권18, 고구려본기 제6, 장수왕 63년(475) ; 『삼국사기』 권25, 백제본기 제3, 개로왕 21년(475) ; 고구려본기에 따라 장수왕이 직접 군사를 지휘한 것으로 보았다.

7 『삼국사기』 권19, 고구려본기 제7, 안원왕 10년(540), 양원왕 4년(548) ; 『삼국사기』 권4, 신라본기 제4, 진흥왕 9년(548).

에 즉위한 양원왕 대에도 개선되지 않았다. 이는 곧바로 국가전략의 혼돈과 군사력의 약화로 직결되었다. 550년 정월 백제 침공군에게 도살성道薩城(충남 천안 부근으로 추정)을 빼앗긴 고구려는 3월에는 백제 금현성金峴城(충남 연기 전의 부근으로 추정)을 함락시켰으나 곧 이사부異斯夫가 지휘하는 신라군의 공격을 받고 다시 빼앗겼다.[8]

이처럼 백제와 고구려가 차례로 혼란의 소용돌이에 빠져 국가적 위기를 맞이한 상황이 신라에게는 모처럼의 기회가 되었다. 고구려 남진정책의 양상을 착실하게 모방한 신라는 영토확장정책을 성공적으로 추진해가고 있었다. 신라는 고구려와 백제가 패권다툼을 벌이는 동안 그들의 관심에서 비켜나 있었다. 이런 기회에 군사력 확충에 박차를 가했고, 그 결과 진흥왕 대에 이르러서는 과감한 팽창정책을 추진할 수 있는 단계에까지 도달해 있었다. 후발 주자인 신라가 고구려와 백제의 전쟁에 뛰어들자 각국의 팽창정책은 영토확장을 위한 삼국의 각축전으로 확대되었다.

이런 상황에서 고구려는 551년 9월, 북의 돌궐족突厥族(튀르크)과 남의 신라군으로부터 공격을 받아 남북에서 동시에 압박을 당하는 위기를 맞이했다. 서북쪽 변경 신성에서 고구려는 돌궐족의 포위공격을 성공적으로 방어했고, 신성 공격에 실패한 돌궐군은 기수를 돌려 인근 백암성白巖城(요녕성 등탑시 연주성)을 공격했다. 그러나 때마침 도착한 지원 병력과의 협동작전 끝에 고구려의 정예 1만 군사는 돌궐족의 수급 1000여 급을 노획하는 전과를 거두었다.

하지만 신라군의 경우는 사정이 좀 달랐다. 침입 목적과 양상이 돌궐족과는 달랐기 때문에 신라는 고구려의 남진정책에 결정적인 걸림돌이 되

---

[8] 『삼국사기』 권4, 신라본기 제4, 진흥왕 11년(550) ; 『삼국사기』 권44, 열전 제4 「거칠부」.

고 있었다. 거칠부居柒夫가 지휘하는 신라군의 기습적인 공격을 받은 고구려가 남쪽 변경지역의 10개 성을 한꺼번에 빼앗긴 사건[9]은 6세기 후반에 격화된 한반도 내 영토확장정책의 주도권이 고구려에서 신라로 넘어가는 분수령이 되고 말았다.

군제를 개편하고 진흥왕의 시대를 준비하다

신라 건국 초기에는 비록 소규모 부족의 족장이나 촌장들도 중앙 및 지방의 지배귀족으로 재편성되기 이전까지는 상당한 권력의 소유자였다. 그들은 자신에게 직접 소속된 노예들은 물론, 관할 하에 있던 일반주민들까지도 전쟁에 동원할 수 있는 통제권을 장악하고 있었다. 또한 대규모 농장과 목장을 소유하고 말과 소를 대량으로 사육함으로써 농업생산성을 크게 향상시킬 수 있었다. 농업생산력의 향상으로 인해 경제력이 축적되자 이를 바탕으로 강력한 군대를 육성할 수 있게 되었다. 이들 귀족들은 우수한 철제 무기를 제조할 수 있는 수공업 기술자인 야장冶匠을 대거 확보함으로써 도검류나 궁시류를 비롯한 각종 무기들을 원활하게 공급받을 수 있었다.[10]

　6세기에 접어서자 신라는 5세기까지 유지해오던 종래의 군사조직을 근간으로 한 새로운 제도의 확립에 착수했다. 수도인 왕경을 중심으로 소경小京과 군·성·촌에 법당군단法幢軍團[11]을 편성하고, 544년(진흥왕 5)부터

---

9 『삼국사기』 권19, 고구려본기 제7, 양원왕 7년(551) ; 『삼국사기』 권4, 신라본기 제4, 진흥왕 12년.
10 김철준, 「신라귀족세력의 기반」, 『인문과학』7, 서울대학교(1962), 278-279쪽.

보병군단 6정停과 기병군단 10정을 설치함으로써 보기步騎 협동으로 작전의 효율성을 향상시킬 수 있게 했다.[12]

뿐만 아니라 군사활동을 장려하여 군공이 있으면 과감한 포상을 실시했다. 즉 지방민을 조직적으로 통제하고 중앙정부의 군공자 우대정책을 홍보하는 등의 적극적인 방법으로 이들을 적시에 적절하게 동원할 수 있었다. 신라는 이런 정책을 고구려나 백제보다 훨씬 효과적으로 추진하여 성과를 거두고 있었다.

6세기에 접어들어서도 고구려와 백제의 일방적인 공격 앞에서 수세를 면치 못하던 신라는 주요 지역에 축조한 견고한 산성을 거점으로 하는 방어체제를 고수하고 있었다. 이 때문에 적극적인 공성작전을 수행하는 데 필수적인 공성장비의 개발은 상대적으로 미약한 실정이었다. 그러나 6세기 이후로는 축적된 국력을 바탕으로 대외전략을 수세에서 공세로 전환하면서 각종 공성무기들을 개발하는 데 주력하기 시작했다. 신라는 정복국가로 발전하는 과정에서 새로운 무기들을 개발하는 동시에 전통적인 재래식 무기의 성능을 개선하는 데도 적극적인 노력을 기울였다. 법흥왕대에 설치된 것으로 보이는 대장척당大匠尺幢은 병장기를 제조하는 기술자인 장인들로 편성된 부대조직인 것으로 짐작되고 있다.

이러한 노력의 결과로 운제雲梯[13] · 충차衝車[14] · 투석기 등과 같은 공성

---

11 군현 단위의 농민군사들로 편성한 일종의 예비군. 모든 촌의 농민장정들이 법당에 편성되어 있었다.

12 이인철, 「6~7세기의 무기 · 무장과 군사조직의 편제」, 『한국고대사논총』 제7집(한국고대사연구회, 1995), 19-20쪽.

13 성城을 공격할 때 쓰던 높은 사다리.

14 성城을 공격할 때 쓰던 수레. 사방과 윗면이 모두 쇠로 덮여 있어 성벽에 세게 부딪치는 방법으로 공격한다.

위 운제雲梯 성城을 공격할 때 쓰던 높은 사다리 (전쟁기념관 제공)
아래 왼쪽 충차衝車 성을 공격할 때 쓰던 수레. 사방과 윗면이 모두 쇠로 덮여 있어 성벽을 세게 부딪쳐서 공격한다.
아래 오른쪽 포차抛車 공격하는 데 사용한 투석기投石機이며 바퀴를 달아 끌고 다녔다.

무기를 개발하거나 성능을 개선시켰다. 이렇게 편성된 운제당雲梯幢·충당衝幢·투석당投石幢 등의 공성부대는 전문적인 훈련을 실시하여 전투력을 크게 향상시켰다. 이미 운용하고 있던 기존의 노당弩幢[15]도 공성무기와 전문 운용부대의 개편과 함께 확대 개편되면서 위력을 더해갔다. 그밖에 백

---

[15] 쇠뇌 같은 특수병기를 쓰던 부대.

관들로 편성된 것으로 보이는 백관당百官幢도 특수부대로 조직되었을 것으로 짐작된다.

법흥왕 대의 대표적인 중앙군단인 경여갑당京餘甲幢은 특수부대인 사설당四設幢의 지원을 받고 있었다. 그리고 백관당과 대장척당大匠尺幢[16]도 전투부대는 아니었지만 법흥왕 3년에 설치된 병부령과 이듬해에 설치된 병부의 휘하에 소속되어 그 통제를 받았다.

주력부대인 경여갑당은 사설당인 노당·운제당·충당·투석당의 지원을 받아 전투임무를 수행했고, 백관당과 대장척당은 후방에서 간접적으로 이들의 전투를 지원했다. 전투부대인 경여갑당과 사설당은 법당주-법당감-법당화척의 세 군관으로 구성된 3단계 지휘체계를 각각 유지했고, 대장척당은 대장척당주-대장척감, 백관당은 법당주-법당감의 두 군관으로 구성된 2단계 지휘체계를 가지고 있었다.[17]

법흥왕 대인 6세기 신라의 지방 군사조직은 기존의 외법당을 확대 개편하여 조직한 외여갑당外餘甲幢 체제로 운영되었다. 외여갑당은 각 군郡을 단위로 하여 설치된 조직으로, 경여갑당이나 사설당의 경우와 마찬가지로 법당주-법당감-법당화척의 3단계로 구성되는 지휘체계를 갖추고 있었다. 그러나 군사적으로는 실직주悉直州와 상주·하주 등에 파견된 군주에게 속해 있었으므로 군주가 지휘권을 행사했다.

이러한 신라의 군사조직과 지휘체계를 새롭게 개편 발전시킨 것은 대외적으로 정복활동을 활발히 전개하여 정복국가로서의 위상을 확립한 진흥왕이었다. 그는 법흥왕 대의 기존 군단을 근간으로 하면서 대당大幢·귀

---

16 모두 15개 군영으로 편성된 편제로 복장은 옷깃이 없는 무금無衿으로 표시했다.
17 노근석, 「신라 중고기의 군사조직과 지휘체제」, 『한국고대사연구』5(지식산업사, 1992), 264-269쪽.

당貴幢·삼천당三千幢 등의 부대를 설치하여 공격적인 조직으로 재편성했
다. 진흥왕 대의 중앙군은 지휘체계가 다단계로 운영되기도 했는데, 대당
과 귀당의 경우에는 장군將軍－대관대감 大官大監－제감弟監－감사지監舍知－소감
少監－화척火尺으로 세분화되어 있었다.[18]

한강을 장악하다

신라는 이웃 나라 백제가 고구려의 남진정책에 밀려서 국왕이 전사하고
수도를 옮기는 국가존망의 위기상황에 처하는 과정을 목격했다. 이것은
신라에 큰 충격으로, 신라가 생존을 위한 변화를 모색하는 데 자극제가
되었다. 열악한 안보환경을 극복하기 위한 신라의 선택은 우선 내부의 정
치적 안정이었을 것이다. 그리고 대중국 직접 통로를 확보하지 못한 제한
된 외교환경에서 탈피하여 노선의 다변화를 추진하는 것도 시급한 과제
였다. 마침 중국대륙의 선진문화를 수용하고, 새로운 신앙체계인 불교를
국교로 받아들인 신라는 사회결속을 한층 강화할 수 있었다.

이렇게 축적된 역량은 신라 최고의 정복군주 진흥왕이 과감한 팽창정
책을 추진하는 데 결정적 밑거름이 되었다. 7세의 어린 나이로 즉위한 진
흥왕은 법흥왕의 딸이기도 한 어머니의 10년 섭정을 끝내고 서서히 정치
전면으로 나서고 있었다. 그리고 그 직후인 551년에 백제와 연합군을 편
성하여 한강 유역을 탈환하기에 이르렀다.

---

18 노근석, 「신라 중고기의 군사조직과 지휘체제」, 『한국고대사연구』5, 278-281쪽 ; 이인
철, 『신라정치제도사연구』(일지사, 1993), 360쪽.

6세기 중반을 기점으로 삼국 간의 대립관계는 새로운 국면으로 접어들면서 복합적인 양상을 띠어가고 있었다. 특히 신라로서는 항구적 발전을 위해 독자적인 대중국 교통로를 반드시 확보해야 한다는 국가 전략목표가 있었다. 따라서 국력을 집중하여 한강 유역의 고구려군을 축출하고 이 지역을 점령할 수밖에 없었다. 그러나 신라 단독으로 공략하기에는 불가능했기 때문에 백제와의 공조가 필요했던 것이다.

신라와 백제의 연합군은 551년에 고구려군을 몰아낸 후 한강 일대를 분할 점령했다. 이때 신라는 한강 중상류의 죽령 이북과 고현高峴(강원도 철령) 이남지역 10개 군을 차지하는 성과를 올렸다.[19] 그러나 신라는 중상류지역을 점령했기 때문에 외교적으로 고립될 위기에 봉착했다. 즉 고구려와 적대관계가 됨으로써 그동안 고구려에 의존해오던 대중국 외교통로

---

[19] 『삼국사기』 권44, 열전 제4 「거칠부」.

를 상실하여 선진문화를 접촉할 수 있는 길이 차단되었던 것이다. 이제 신라는 아예 고구려나 백제의 도움을 받지 않고 독자적으로 중국대륙과 통교할 수 있는 새로운 통로를 개척할 수 있는 방안을 모색해야 하게 되었다. 한강 하류지역을 장악하여 새로운 대중국 교통로를 확보하는 문제가 신라의 국가존립 문제와 직결된다는 사실을 젊은 진흥왕도 충분히 인식했을 것이다. 한강 중상류지역에는 중국과 교류할 수 있는 해상통로가 없었다. 바로 신라가 한강 하류지역을 차지하지 않고서는 만족할 수 없는 이유였다.

한강 중상류 10군은 전략적으로 쓸모가 많은 지역도 아니었다. 신라는 한강 중상류지역 점령으로 정치 외교적으로는 오히려 큰 위기를 자초하는 결과에 직면하게 되었다. 신라로서는 한반도 최대 강국인 고구려를 적대세력으로 만드는 부담도 결코 적지 않았으나 생명선이나 다름없는 선진문물의 유입로인 대중 외교통로를 상실한 것이 무엇보다 큰 위기로 느껴졌다. 다시 이 통로를 확보하기 위해 신라는 백제마저도 적으로 돌리는 최후의 승부수를 던지지 않을 수 없었다.

신라가 백제와의 연합작전을 통해 얻은 것보다는 잃은 것이 더 많았다는 사실을 백제가 좀 더 일찍 간파했더라면 군사적으로 충분히 대비를 하거나 적절한 방법으로 신라의 불만을 해소시켜주는 외교적 노력을 했을 것이다. 그랬다면 신라의 한강 하류지역 점령이 그처럼 쉽게 성공을 거두지는 못했을 것이다. 애초에 양국 간 동맹을 와해시키면서까지 군사적 행동을 감행할 생각을 하지 않았을지도 모른다. 그러나 신라가 느끼고 있던 절박한 정치 외교적 위기의식을 전혀 알지 못했던 백제에게 대비는 아무것도 없었다. 553년 7월 신라의 한강 점령은 백제의 허를 찌른 신속한 기습작전의 결과였다.

이처럼 중요한 역사적 사실을 『삼국사기』의 신라본기 기사는 "7월 백제 동북지방을 점령하여 신주新州(경기도 광주 일대)를 설치하고 아찬阿湌(제6관등) 김무력金武力을 군주로 삼았다"는 짧은 내용으로 정리하고 있다. 이 때문에 어느 정도의 군사력이 동원되었고, 이들을 이끈 지휘관은 누구였으며, 어떤 형태로 작전이 전개되었는지 문헌상으로는 확인이 되지 않는다. 다만 551년 백제군과 연합하여 한강 유역을 점령할 때 참전했던 신라군 최고사령관, 즉 내물왕의 5대손인 거칠부를 비롯한 8명의 장군 휘하 군사들이 다시 주축이 되었을 것으로 짐작된다. 이미 백제군과 연합하여 한강 작전을 전개했던 이들은 부근 지형에도 익숙했을 뿐만 아니라 백제군의 방어태세, 한강 유역의 전략적 가치 등에 대해서도 잘 알고 있었을 것이기 때문이다.

젊은 패기의 진흥왕은 거칠부를 비롯한 휘하 장수들의 작전 건의를 받아들여 결심을 굳히게 되었을 것이며, 결국 553년 7월 백제의 동북 변경인 한강 하류지역을 기습적으로 점령했다. 그리고 이곳에 신주를 설치하여 강력한 군정軍政을 실시함으로써 백제가 손쓸 여지를 주지 않았다. 아찬 김무력을 신주의 군주로 임명한 진흥왕은 정예군을 주둔시키는 작업을 신속히 추진해나갔다.[20]

이제 신라는 한강 유역을 새로운 영토로 편입하고 이를 교두보로 삼아 또 다른 팽창전략을 구상할 수 있게 되었다. 신라는 진흥왕의 강력한 대외 팽창정책으로 한강 유역을 장악하여 독자적인 대중 교통로를 확보했을 뿐만 아니라 이 지역의 풍부한 인적·물적 자원도 독점했다. 고구려나 백제에 의존하지 않고 독자적으로 중국과 교류할 수 있는 거점을 확보한

---

20 『삼국사기』 권4, 신라본기 제4, 진흥왕 14년(553).

것은 팽창정책의 획기적 성과라고 할 수 있다.

그러나 한강 독점이 신라에 이익만 가져다준 것은 아니었다. 백제와의 군사동맹이 완전히 파기되면서 고구려와 백제가 모두 신라의 적대세력이 된 것이었다. 독자적인 대중국 교통로를 확보하여 새로운 기회를 잡기는 했으나 백제군과 고구려군의 끊임없는 위협 앞에 신라는 또다시 국가존 망의 위기상황에 직면하게 된 것이다. 이에 신라는 내부적으로는 군사력 강화에 국력을 집중하면서, 서해안 남양만의 당항성薰項城을 요새화한 다음 이를 통해 대중국 외교를 더한층 강화해나갔다.

『삼국사기』에 의하면 당시 신라가 한강 유역을 점령한 후로도 고구려 는 실지 회복을 위해 군사작전을 전개하지는 않은 것으로 보인다. 백제가 554년 10월 웅천성熊川城(경기도 안성으로 추정)을 침공했다가 실패하고 돌 아간 것이 기록의 전부다. 고구려가 군사적으로 적극적인 활동을 전개하 지 않은 것은 557년 10월 환도산성에서 일어난 반란과 어떤 연관이 있을 것으로 짐작된다.[21] 옛 수도 국내성 외곽의 전략거점인 환도산성에서의 반란은 고구려가 한강 유역을 회복하기 위해 적극적으로 작전을 전개할 수 없었던 결정적 요인이었을 것이다.

그러나 백제는 고구려와 달리 신라에 대한 보복침공을 단행했다. 신라 의 배신에 분노한 백제 성왕聖王은 554년 7월 직접 군사를 이끌고 작전에 나섰다. 그러나 관산성管山城(충북 옥천)전투에서 성왕이 전사하는 등 백제 군은 큰 타격을 입고 패퇴하고 말았다. 이후 577년 10월 백제 위덕왕威德王 의 침략을 물리친 후로 신라는 한강 유역에 대한 지배권을 한층 확고히 장악할 수 있었다.[22]

---

21 『삼국사기』 권19, 고구려본기 제7, 양원왕 10년(554)·13년(557).

'용궁을 탈출한 토끼'

신라는 지증왕과 법흥왕 대의 발전을 통해 국력을 축적하고 이를 계승한 진흥왕 대에 아라가야阿羅加耶(경남 함안)와 비화가야非火加耶(경남 창녕)를 점령하여 신라의 영토로 편입시켰다. 이 여세를 몰아 진흥왕은 562년 대가야마저 합병하는 성과를 거두었다. 이는 앞서 법흥왕시대인 532년 병합한 본가야가 발판이 되었기에 가능했던 일이다. 이로써 신라는 그동안 가야가 차지하고 있던 낙동강 유역 대부분을 장악했고, 낙동강 유역의 평야지대를 확보함으로써 농업생산량을 크게 증가시킬 수 있었다. 가야지역의 점령은 신라 영토확장정책의 후방기지를 확보하고 새로운 팽창정책의 출발점을 구축했다는 점에서 중요한 의미가 있다.

그런데 신라는 가야 점령으로 백제의 남동부지역과 국경을 접하게 되면서 새로운 상황에 직면하게 되었다. 장차 필연적으로 전개될 백제와의 전쟁에 대비하여 치밀한 대응전략이 필요했던 진흥왕은 565년 9월 가야지역에 대야주大耶州(경남 합천)를 설치하여 전략도시로 육성하면서 백제와의 전쟁에 대비한 포석을 마련하고 있었다. 이와 동시에 신라는 동해안을 따라 북쪽으로도 세력을 확장하기 시작했다. 556년에는 함경도 안변에 비열홀주比列忽州를 설치한 후 이를 발판으로 함흥평야를 장악하고 이원利原까지 진출하는 성과를 올렸다. 그리고 전쟁이 끝난 후에는 군사들의 노고를 위로하고 국민적 결속을 공고히 하기 위해 점령지나 전쟁피해 지역을 순행하면서 기념비를 세웠는데, 오늘날까지 전해오는 진흥왕순수비와 척

---

22 『삼국사기』 권26, 백제본기 제4, 성왕 32년(554) ; 『삼국사기』 권27, 백제본기 제5, 위덕왕 24년(577).

신라의 6가야 연맹 침공

경비拓境碑23가 바로 그것이다.

특히 활발한 영토 확장정책을 추진했던 진흥왕은 새로 편입된 영토에 군사들을 이끌고 순행하는 일이 잦았는데, 561년에 낙동강 유역의 가야 지역을 돌아보고 세운 것이 바로 창녕척경비다. 한강 유역의 삼각산三角山(또는 북한산北漢山, 연대 불명)에도 비를 남겼고, 568년(진흥왕 29)에는 동해안의 황초령黃草嶺(함남 함주)과 마운령摩雲嶺(함남 이원)에도 순수비를 세워 확장된 영토의 경계를 표시했다.

신라의 팽창전책을 주도한 진흥왕은 재위 36년 중 모후가 섭정한 10여 년을 제외한 25년 동안 수많은 업적을 남겼다. 그는 이 같은 정치적 · 군사적 성과를 인정받아 최고의 정치 및 군사 지도자로서 왕권을 크게 신장시켰다. 이와 동시에 국민적 단결을 주도하는 권위를 인정받음으로써 왕권을 더욱 확고하게 뿌리내릴 수 있었다.24 6세기 후반 진흥왕의 시대는

---

23 새로 편입, 확장된 영토에 세워 경계지점임을 알린 비. 새 점령지를 다스리는 내용과 이에 관련된 사람들을 열거해놓았다.

24 신형식, 『한국고대사의 신연구』(일조각, 1986), 중판 299 · 302쪽 ; 이기동, 『신라골품제사회와 화랑도』(일조각, 1990), 중판 86쪽.

진흥왕의 영토확장

정치적·군사적 역량을 키우고 축적하는, 이른바 삼국통일을 위한 예열
기였다.

백제는 성왕에 이어 위덕왕 시대에도 두 차례나 신라에 보복침공을 단

단양 신라 적성비 신라 진흥왕의 영토확장 정책 의지가 표현된 비석(국보 198호). 신라가 고구려 영토인 적성을 점령한 후 세운 것으로 누구든지 신라에 충성하는 사람에게는 포상을 한다는 내용이 담겨 있다.

행했다. 그러나 모두 실패한 후로 신라와의 관계는 30여 년간 소강상태를 유지하고 있었다. 무왕武王(600~640)이 즉위한 직후 백제군의 침공으로 전쟁이 재개되면서 양국관계는 다시 긴장모드에 접어들었다. 무왕은 602년 8월 신라의 아막산성阿莫山城(전북 운봉)을 침공한 후로 재위 40여 년 동안 무려 10여 차례나 무력침공을 단행하며 신라를 압박했다.

이 무렵 고구려도 끊임없이 신라를 침공했는데, 603년 8월에는 고구려 군이 북한산성을 공격해오자 진평왕眞平王이 직접 군사를 이끌고 출전하여 접전을 벌이기도 했다. 이처럼 고구려와 백제의 침공에 시달리면서도 신라의 군사력은 꾸준히 확충되고 있었다. 보병부대 군사가 3두품인 데 비해 기병부대에는 한 단계 높은 4두품을 부여하고 보병에 대한 중장기병重長騎兵의 비율을 높이는 등의 노력이 그 대표적인 사례라 할 수 있다.[25]

그러나 백제와 고구려를 상대로 힘겨운 전쟁을 치르고 있던 신라에게 군사력 증강은 한계가 있었고, 그 한계를 극복하기 위해 신라는 외부세력과의 군사적 제휴를 추진하는 방안을 적극적으로 강구하게 되었다. 즉 고구려와 백제의 연합세력에 비해 군사력이 열세에 있던 신라는 그 불균형을 해소하기 위해 제3세력과의 제휴에 나섰다. 그리하여 신라의 청병외교請兵外交는 양국의 군사력을 압도하며 우위를 확보하거나 최소한 균형을 유지하는 상황으로 유도하기 위해 국가적 생존전략의 차원에서 적극적으로 추진되었다. 신라는 중국대륙을 통일하고 들어선 수隋나라에 지원부대의 파병을 요청했다.

한편 백제 무왕을 계승한 의자왕義慈王(641~660)은 642년 7월 직접 군사를 이끌고 신라 국경지역을 공격하여 40여 성을 함락시키고, 8월에는 군사 1만 명을 투입하여 대야성大耶城(경남 합천)을 점령했다. 이 공격으로 신라는 대야성의 성주이며 김춘추金春秋의 사위인 김품석金品釋과 그 일가족이 처형되고 주민 1000여 명이 포로가 되는 국가적 손실을 입었다. 신라는 큰 충격을 받았으며, 대야성을 빼앗기고 국가 위기를 초래한 김품석으로 인해 그의 장인 김춘추가 입은 정치적 타격도 매우 컸다. 위기에 직면한 김춘추는 642년 11월 고구려로 달려가 평양성에서 연개소문淵蓋蘇文에게 병력지원을 요청했다. 그러나 연개소문이 한강 유역을 고구려에 돌려주는 조건을 내걸면서 회담은 결렬되고 말았다. 이 과정에서 고구려에 구금당한 김춘추가 일단 신라로 돌아가 선덕여왕善德女王과 상의해보겠다고 연

---

25 이인철, 「6~7세기의 무기·무장과 군사조직의 편제」, 『한국고대사논총』 제7집, 39·53쪽.

개소문을 속여 고구려에서 빠져나온 지혜가 '용궁을 탈출한 토끼'의 우화에서 착안한 것이라 하여 유명하다. 이후 신라는 618년 수나라를 대신하여 중국대륙의 새로운 통일국가로 들어선 당唐나라와 제휴하려는 노력을 기울이게 되었다.

한편 대야성을 점령하여 한껏 기세를 올린 의자왕은 전쟁의 주도권을 잡고 649년까지 매년 신라를 침공하며 압박했다. 신라도 이에 맞대응하면서 국경지역의 공방전은 끊이지 않았다. 이 무렵인 651년 백제는 당나라에 파견한 사신을 통해 당 태종의 편지를 전달받았다. 편지의 내용은 신라에 대한 침략행위를 중지하고 빼앗은 성을 돌려주라는 압력으로 이루어져 있었다. 그러나 대야성을 점령한 후로 승기를 잡은 백제는 당 태종의 압박을 묵살하고 신라 침공을 계속했다. 이렇게 백제는 당나라와의 관계도 단절하고 말았다.

백제는 신라와의 국경지역을 빈번히 침공하여 여러 성을 점령하는 성과를 거두었지만, 그러나 산발적인 공격은 군사력을 남용하는 결과를 초래했다. 특히 무왕과 의자왕 대에 이르는 50여 년 동안 끊임없이 신라를 침공하면서 힘을 소비했을 뿐 아니라 의자왕마저 정치력을 상실함에 따라 백제의 국력은 급격히 약화되어갔다. 결국 국가 재정의 고갈로 군사력을 신속히 복원시킬 수 없는 상황에 직면하면서 국민적 공감대마저 상실하여 말기적 현상이 심화되는 단계에 이르고 말았다.

중국을 전략적 파트너로

진흥왕은 551년 백제의 성왕과 합동작전을 전개하여 고구려가 장악하고 있던 한강 중상류 죽령 북쪽지역 10개 군을 점령했다. 이어 553년에는 백제가 수복한 한강 하류지역마저 탈취하고, 그 자리에 신주를 설치했다. 이는 신라 발전에 획기적 전기를 마련한 것으로 높이 평가할 만한 위업이다. 백제 성왕은 신라와의 동맹으로 한강 하류를 장악함으로써 숙원을 달성했으나, 신라는 중상류를 차지했기 때문에 중국과의 직접 교통로를 갖지 못했다. 따라서 독자적인 대중국 교통로 확보 문제는 신라의 중요한 전략목표가 될 수밖에 없었다.

한반도 최대 강국인 고구려를 적대세력으로 만드는 부담을 감수한 신라는 대중국 교통로를 확보하기 위해 동맹국인 백제마저도 적으로 돌리는 최후의 선택을 감행했다. 신라가 고구려의 남진을 저지하기 위해 백제와 맺었던 120년 동맹을 일시에 파기하면서, 결국 한강 유역을 빼앗긴 고구려와 백제는 신라를 공동의 적으로 간주하게 되었다.

일찍이 한강을 중심으로 발전했던 백제는 중국과의 교류를 통해 선진 문물을 유입하고 국가체제를 정비해왔으나 한강 유역을 빼앗긴 후로는 점차 쇠퇴의 길을 걷게 되었다. 반면 진흥왕 때 한강 유역을 차지하면서 고구려와 백제의 영향권에서 벗어난 신라는 서해를 거쳐 중국대륙과 직접 교류함으로써 획기적 발전을 도모할 수 있게 되었다. 그리고 한강 유역의 풍부한 경제적 잠재력을 확보하게 되면서 장차 삼국을 통일할 수 있는 기틀을 마련하게 되었다.

진흥왕이 한강 유역을 장악한 후로 100여 년이 지나 신라는 삼국통일을 주도했다. 진흥왕의 탁월한 지도력이 영토확장을 이끌었던 점을 미루어 보면, 100년 전에 이미 그는 한강 하류의 전략적 가치를 정확하게 인식하고 있었던 것이 틀림없다. 따라서 신라의 한강 유역 점령과 그로부터 100여 년이 지난 후에 이루어진 삼국통일 사이에는 뚜렷한 상관관계가

당항성(경기도 화성) 중국과의 교통 요지. 통일신라시대 대당 교류의 교두보.

있음이 분명해 보인다.

첫째, 한강을 확보한 신라는 삼국의 이른바 통일전쟁이 본격화된 7세기 중·후반기까지 고구려와 백제의 지리적 연결을 차단함으로써 양국 간 군사적 제휴를 저지하여 각개 격파할 수 있는 상황을 조성했다. 실제로 신라는 통일전쟁에서 백제를 먼저 멸망시키고 이어 고구려를 공격하는 단계적 작전으로 침공전을 전개하여 승리를 거머쥘 수 있었다.

둘째, 서해를 통한 중국과의 직접 교류가 가능해짐으로써 한강은 선진문물의 유입 통로로서 신라의 발전과 국제적 위상 강화에 크게 기여했다. 중국대륙 남조의 진나라와 적극 교류하면서 선진문물을 받아들인 신라는 그동안 고구려와 백제에 의해 제한되었던 문화적 갈증을 해소하고 급격한 발전을 이룩할 수 있었다. 문화적 발전은 경제적 성장 못지않게 통일국가로 발전하는 데 중요한 밑거름이 되었다.

셋째, 삼국 간 전략환경의 급격한 변화로 인해 한강 유역을 중심으로 권력구조가 재편되는 계기가 되었다. 백제와 고구려의 압력에서 벗어나기 위해 새로운 생존전략이 필요했던 신라는, 새로 개척한 한강 하구의 대중국 교통로를 이용하여 중국과의 군사외교를 강화하는 전략을 선택했다. 고구려나 백제를 거치지 않고 중국의 여러 왕조와 독자적인 교류를 추진할 수 있는 남양만의 당항성을 확보한 것은 종래의 지리적 약점을 극복할 수 있는 기회였다. 그리고 한강 유역의 풍부한 각종 자원을 이용하면서 군사력을 증강시키고, 대중국 교역을 통해 경제력을 확충한 것도 신라가 삼국 간 경쟁에서 주도권을 장악할 수 있는 촉매제 역할을 했다.

최초의 여왕 선덕

선덕여왕은 아버지 진평왕과 어머니 마야부인摩耶夫人 사이에서 장녀로 태어났으며, 이름은 덕만德曼이다. 진평왕이 왕위를 이을 아들 없이 서거하자 귀족들의 화백회의에서 그녀를 추대하여 '성조황고聖祖皇姑'라는 호칭을 올리고 27대 왕으로 삼았다. 성골 신분을 가진 자만이 국왕이 될 수 있었기 때문에 여자로서 국왕이 되었으나, 여왕의 전례가 없었으므로 국정운영에 적지 않은 애로가 있었을 것이다.

즉위하던 그해(632) 대신 을제乙祭에게 국정을 총괄하게 하고, 전국에 관원을 파견하여 특별히 생활이 어려운 백성들을 구제한 조치는 여왕 즉위에 따른 민심의 동요를 예방하고 국민적 지지를 확보하기 위한 발 빠른 행보였다. 선덕은 우방국인 당나라에도 사신을 파견하여 자신이 신라 국왕으로 즉위한 사실을 통보했다. 이듬해 633년에는 죄인들을 사면하여 국민적 화합을 도모하면서, 1년간 지방세를 감면해주는 조치를 단행했다.

백제 무왕의 침공과 고구려 보장왕의 한강 유역 침공도 신라에 큰 위협이었다. 한반도 내에서 백제와 고구려에 포위된 신라가 제휴할 곳은 당나라뿐이었다. 군사외교를 당나라에 집중할 수밖에 없었던 선덕여왕은 많은 인재들을 중국에 파견하여 교류하였다. 당시에 당나라에서 학문을 연마하고 인맥을 구축한 신라의 인재들이 삼국통일과 통일신라 발전에 밑거름이 되었다.

선덕여왕에게 닥친 가장 큰 시련은 642년 8월 백제 장군 윤충允忠에게 합천의 대야성을 빼앗긴 전투였다. 백제 의자왕은 무왕을 계승하여 즉위한 후로 신라 공격에 국력을 기울였고, 대야성을 상실한 신라는 풍전등화의 위기에 직면했다. 김춘추를 적대국 고구려에 파견하여 지원을 요청할 정도로 상황은 다급했다. 연개소문이 한강 유역을 되돌려주는 조건부 파병을 제의하면서 결렬된 평양성 회담은 잘 알려진 역사적 사실이다.

백제와 고구려의 침공을 물리치는 일과 대당 군사외교를 강화하는 일은 선덕여왕 대의 가장 절박한 현안이었다. 따라서 『삼국유사』 기이편에 수록된 선덕여왕의 '지기삼사知機三事' 설화 중 두 가지가 당나라와 백제에 관련된 것이다.

여왕 즉위 초에 당 태종은 붉은색·자주색·흰색으로 그린 모란꽃 그림과 꽃씨 3되를 함께 보냈다. 선덕여왕은 모란꽃은 향기가 없는 꽃이라고 단언하였는데, 꽃씨를 심어 확인한 결과 과연 향기가 없었다. 선덕은 꽃 그림에 나비가 없는 것을 보고 향기가 없는 꽃이라 단정했다 한다. 당 태종이 신라 국왕의 지혜를 시험하고 여왕을 조롱하기 위해 꽃그림을 보낸 것은 아닐까.

특히 백제군의 기습공격을 예상하고 매복해 있다가 섬멸한 이야기는 백제군의 공격에 신라가 얼마나 위기위식을 느끼고 있었는지를 짐작케

분황사 석탑 김춘추가 연개소문과 협상하던 시기의 선덕여왕 원찰(국보 제30호)

한다.

선덕은 634년에 분황사를 국왕의 원찰顯刹로 세우고, 이듬해 영묘사를
건립했다. 이 영묘사의 연못 옥문지玉門池에서 겨울에 사나흘 동안 개구리
떼가 울고 있다는 보고를 받은 여왕은 이를 백제군의 기습 조짐으로 판단
하고 즉각 조치를 단행했다. 선덕은 경주 서쪽 외곽 부산富山의 여근곡女根谷
에 매복한 백제군을 포위 섬멸하라는 명령을 내렸다. 출동한 2000여 명의
정예군은 여근곡을 발견하고 매복중인 백제군 500여 명을 기습, 섬멸했
다. 그리고 후속 부대 1300여 명도 완전히 섬멸하는 전과를 올렸다. 상황
이 종료된 후에 선덕여왕은 "개구리 떼의 성난 형상은 군사들의 모습이
며 옥문지는 여자의 생식기다. 여자는 음이며 상징색은 백색이고 서방을
의미한다. 그러므로 군사들이 서쪽에 매복한 것을 알았으며, 남근이 여근

에 들어갔으니 반드시 섬멸할 것을 이미 알고 있었다"라고 하여 군사들의 궁금증을 풀어주었다.

여왕은 자신이 죽을 날을 예언하면서 도리천忉利天에 장사할 것을 당부했는데, 도리천이 어딘지 묻자 낭산狼山의 남쪽이라고만 하였다. 그녀는 예언한 날짜에 죽어 낭산 남쪽에 묻혔는데, 10년 후에 문무왕이 사천왕사四天王寺를 여왕의 무덤 아래에 건립하였으므로 불경에 이른 것과 같이 사천왕천 위에 있는 도리천에 묻힌 결과가 되었다.[26] 최초의 여왕으로 즉위하여 국가 위기의 시대를 15년 동안 성공적으로 이끌고, 여왕의 존재를 거부하며 일으킨 비담毗曇의 반란을 진압했던 지도자로서의 능력과 무관하지 않은 설화다.

---

26 불교에서는 인간세상으로부터 부처의 정토에 이르기까지 28개의 하늘을 거쳐야 한다고 보는데, 그 첫 번째 하늘이 사천왕이 지키는 사왕천이고 두 번째가 제석천이 지키는 도리천이다.

제8장

살수의 큰 이름을 세계 전쟁사에 기록하다

– 6세기 말~7세기 중반 고구려와 수·당의 전쟁

- 남북세력과 동서세력으로 동아시아를 양분하다
- 끼니 거르는 30만 침략군
- 113만 대군이 9600리의 대열을 이루다
- 쿠데타를 일으키고 스스로 최고의 자리에 오르다
- 토산보다 높은 성벽으로 고구려를 지켜내고
- 방어전에는 수세적 외교관계가 필수적이다
- ❖ 절대권력자 연개소문과 그 아들의 말로

남북세력과 동서세력으로 동아시아를 양분하다

중국대륙에서는 6세기 말경부터 북주北周를 멸망시킨 수隋나라의 통일전쟁이 펼쳐지고 있었다. 문제文帝가 즉위하던 초기 수나라의 팽창정책은 '북수남공北守南攻'을 그 기조로 하고 있었다. 즉 북방지역의 세력과는 무력충돌을 자제하면서 남쪽으로 군사력을 집중하여 영토를 확장하는 것이다. 그러나 수나라는 남방의 변경세력들을 제압하고 통일제국의 권위를 과시하는 성과를 거두자 점차 북방으로 관심을 돌리기 시작했다.

6세기 말의 동아시아 세계는 고구려를 중심으로 하여 돌궐·백제·왜 등이 '남북세력'을 형성하고 신라와 수나라가 '동서세력'을 형성하여 대립 양상을 보이기 시작했다. 남북세력은 통일제국 수나라의 세력 확산을 저지하려 했고, 수나라와 신라도 중국대륙과 한반도에서 각각 주도권을 장악하기 위해 남북세력을 제압하려는 야심을 가지고 있었다.

수나라의 안보에 최대 위협세력은 북방 변경지역의 돌궐족으로, 수나라는 이들과의 정면대결을 지양하면서 먼저 그 세력기반을 약화시키려고 했다. 그리하여 수나라의 이간책에 말려든 돌궐이 동서로 양분되면서, 서돌궐은 자체 내분으로 세력이 약화되고 동돌궐은 수나라의 속국으로 전락하고 말았다. 이렇게 돌궐족을 제압하고 안정 기반을 구축한 수나라는 새로운 도약의 기회를 맞이하게 되었다.

수나라가 돌궐족을 제압하기 이전까지 고구려는 동돌궐과 군사적으로 긴밀한 협조관계를 유지하고 있었다. 이 때문에 동돌궐이 수나라의 영향력 아래 편입된 이후로는 고구려가 수의 안전을 위협할 국가로 주목받게 되었다. 고구려는 동돌궐이 수나라의 영향력에서 벗어나기 위해 군사적 제휴를 요청하자 이를 받아들여 비밀리에 협조관계를 강화하기 시작했다. 그런데 고구려와 동돌궐의 제휴 사실이 드러났을 때도 수나라의 고구려 침공 위협은 오히려 완화되는 듯이 보였다. 고구려는 이 틈을 이용해 내부 결속을 강화하는 동시에 중국 동북지역 일대의 말갈족에까지 영향력을 확대해나가려 했다.

6세기 후반의 고구려와 말갈은, 고구려가 말갈의 자치적 생존권을 보장해주는 대신 말갈족이 군사적·경제적 측면에서 고구려를 지원하는 상호보완적 관계에 있었다. 그런데 송화강 유역의 일부 말갈족 집단이 고구려에 적대적 태도를 취하자 고구려는 이들의 이탈을 방지하려고 했다. 이때 수나라 문제는 고구려가 말갈족을 괴롭히고 거란족을 고립시키면서 이들이 수나라와 친교를 맺으려는 것을 방해하고 있다고 불만을 나타내고 있었다.[1] 그런데 수 문제가 589년 남조의 진陳을 멸망시키고 중국대륙을 통일하여 대외 팽창에 자신감을 가지게 되면서 사태가 급변했다.

수나라는 통일전쟁을 수행하는 과정에서 축적된 군사력으로 고구려 변경을 침공하여 영토를 확장할 야욕을 키워가고 있었다. 고구려의 내정을 정탐하기 위해 수 문제가 파견한 밀정이 590년(영양왕嬰陽王 1, 문제 10) 사신으로 위장하여 고구려에 입국했다. 이 같은 저의를 간파한 고구려는 사신의 활동을 엄격히 통제하여 정보수집활동이 불가능하도록 원천봉쇄했다. 양국 간 불신의 골은 더욱 깊어지면서 전쟁의 기운이 무르익고 있었다.

끼니 거르는 30만 침략군

고구려는 이미 4세기 말의 광개토왕을 시작으로 장수왕과 문자왕 대를 거치는 6세기 초에 이르기까지 강력한 영토확장정책을 추진한 결과 한민족 역사상 최대의 영역을 아우르는 세력판도를 형성했다. 그 배경에는 탄탄한 군사력이라는 중요한 기반이 있었다. 고구려군은 북방계통의 우수한 말과 철을 확보함으로써 기병용 궁시와 장창을 주무기로 무장한 강력한 기병부대를 편성 운영하고 있었다. 이들은 창검과 사거리가 긴 궁시나 쇠뇌는 물론 포차와 차노·충차·운제 등과 같은 공성 및 수성 장비를 보유한 보병부대를 확보하여 뛰어난 전투력을 발휘할 수 있었다. 이러한 군사적 기반 위에서 대외정세, 특히 중국대륙의 정세 변화에 즉응卽應하여 신속히 대응책을 강구함으로써 요동지방과 송화강 유역 일대를 아우르는 광범위한 영토를 효과적으로 지배할 수 있었던 것이다.

그러나 6세기 말 수나라가 중국대륙을 통일하면서 사정이 달라지기 시

---

1 『수서隋書』 권81, 열전 제46 「고구려」 ; 『북사』 권94, 열전 제82 「고구려」.

작했다. 수나라의 부상은 동북아시아의 국제관계, 특히 고구려와 신라에 직접적으로 영향을 미쳤다. 고구려는 수나라 통일세력의 팽창에 대비하는 방책을 강구했고, 반면 신라는 반도 내의 고립에서 벗어나기 위해 외교를 통한 간접적인 방법으로 수나라와의 관계를 강화하려고 했다. 그리하여 동북아시아에는 수나라와 신라로 연결되는 동서세력과 돌궐·고구려·백제·왜로 연결되는 남북세력이 대립하는 구도가 형성되었던 것이다.

고구려는 30여 년에 걸친 평원왕平原王(559~589)의 통치기를 거치면서 국력을 충실히 다져왔다. 그리고 영양왕(590~617) 대에 이르러 특히 중국대륙 동북지역으로 수나라의 영토확장정책이 영향을 미치게 되자 기선을 제압하기 위해 영주營州(지금의 요녕성 조양시)지방을 선제공격했다. 영양왕은 598년 2월 말갈기병 1만 명을 동원하여 요서지방의 거점도시인 영주로 쳐들어갔다.[2] 고구려군은 요하를 건너 회원진懷遠鎭(요중)→흑산黑山→북진北鎭(광령)→의현義縣을 경유하여 영주로 진격했으나, 당시 영주총관으로 주변 민족의 특성이나 기병전술 등에 관해 많은 정보를 가지고 있던 위충韋沖의 반격을 받고 큰 피해만 입은 채 되돌아오고 말았다.[3]

그런데 고구려가 이렇게 영주를 침공하던 598년 2월, 수나라는 문제의 다섯째 왕자인 양량楊諒을 행군원수로 삼고 그 휘하에 50여 명의 행군총관行軍總管을 두어 총병력 30만으로 고구려 침공군을 편성하고 있었다.[4] 육로군은 598년 6월까지 오늘날의 북경 근교인 탁군涿郡에 집결했고, 수로군 6000명은 산동반도의 동래東萊(내주)에 집결하여 출항준비를 갖추고 있었다.

---

2 『삼국사기』 권20, 고구려본기 제8, 영양왕 9년(598).
3 『수서』 권47, 열전 제12 「위충韋沖」.
4 『자치통감』 권178, 개황開皇 18년(598).

고구려군의 요서(영주) 공격 상황

수나라군은 598년 2월부터 4개월 간 출전준비를 갖추고, 6월부터 탁군을 출발하여 영주의 치소인 유성에 도착해 전열을 정비했다. 30만 대군은 지형 및 기상의 악화 등 악조건을 무릅쓰고 강행군했으나, 특히 요하 부근에 도착했을 때는 군량 수송이 불가능할 정도였다. 30만 대병력이 끼니를 거르는 사태가 발생하는 데다, 우기가 계속되면서 전염병까지 급속도로 번지자 침공군은 결국 자진 퇴각하고 말았다. 수로군의 보급 선단도 요동반도 남쪽 근해상에서 폭풍을 만나 대다수의 선박이 침몰하는 피해를 입고 동래로 퇴각했다.

결국 수군의 제1차 침공은 장마·폭풍우 등과 같은 자연재해로 인해 고구려군과 한번 싸워보기도 전에 수많은 병력을 잃고 스스로 퇴각함으로써 막을 내렸다. 고구려의 영주 침공작전 실패가 수군의 침공을 재촉한 결과가 된 것처럼, 보복공격에 나선 수군도 대병력 기동로의 지형과 기상 및 해상 조건 등을 고려하지 않은 채 의욕만 앞세우다가 결국 실패하고 말았다.

수나라 원정군의 중도 퇴각을 계기로 군사적 긴장 완화를 위해 외교적 접근을 시도한 고구려는 요서지방 공격에 대해 유감을 표시함으로써 수나라의 체면을 세워주었다. 고구려의 신속한 외교적 대응으로 대립상황은 일단 수면 아래로 잠복하고, 양국은 사신을 교환하는 등 평화적인 관계를 회복해나가는 듯했다.

그러나 수나라 조야^{朝野}에서는 고구려 원정을 재개해야 한다는 논의가 머리를 들고 있었다. 이러한 분위기 속에서 문제를 계승하여 양제 煬帝(605~616)가 즉위하자 정치적으로 많은 변화가 일어났다. 특히 607년 8월 양제가 돌궐지역을 순행하다가 추장 계민가한^{啟民可汗}의 처소에서 고구려 사신과 마주친 사건은 사태를 악화시키는 결정적 계기가 되었다. 고구려와 돌궐의 관계가 양제의 의심을 받게 되면서 고구려와 수나라의 관계는 급격히 냉각되었다. 고구려의 태

수 양제

도에 대하여 강력한 정치적 추궁이 뒤따라야 한다는 강경론이 황문시랑 黃門侍郎 배구裵矩를 중심으로 제기되기 시작했다. 수 양제가 좌광록대부左光祿大夫 이부상서吏部尙書 우홍牛弘을 고구려에 파견하여 고구려 국왕의 입조를 요구한 것은 조정 내부의 강경한 분위기를 반영한 것이었다. 수 양제는 고구려가 입조를 거부하면 침공을 재개하겠다고 위협했다.[5]

이와 같은 수 양제의 위압적 통첩을 받은 고구려는 오히려 백제와 신라를 군사적으로 압박함으로써 수나라의 위협에 굴복하지 않겠다는 강력한 의지를 우회적으로 표출했다. 결국 수 양제는 실추된 위신을 만회하는 한편으로 돌궐과 제휴하려는 고구려의 기도를 저지하기 위해 610년 총동원령을 내리고 원정군을 다시 탁군에 집결시켰다.

113만 대군이 9600리의 대열을 이루다

고구려는 중국대륙의 한족漢族이나 북방민족이 요서지역에서 요하를 건너 쳐들어올 경우 요하 하구의 동북쪽으로 이어진 전선을 최초방어선으로 삼아 차단하기로 했다. 그리고 압록강 하구에 이르는 주요 기동로의 인후부에 거점을 구축하고, 이를 중심으로 한 제2방어선에서 침공군을 격파한다는 단계별 방어전략을 구상하고 있었다. 고구려는 598년 2월 영주를 공격했다가 실패한 직후부터 5개월여 동안 주요 방어거점에 군량과 무기를 보강하며 강력한 방위태세를 갖추었다.

이 무렵 수나라는 113만 3800명에 이르는 원정군을 편성해놓고 '200만

---

5 임홍빈 · 유재호 · 성백효 옮김, 『동국병감』, 42-43쪽.

대군'으로 선전하면서 위세를 과시하고 있었다. 침공군의 본대는 좌우군 각각 12군씩 모두 24군이 편성되었으며, 매일 1개 군씩 각각 40리 간격을 유지했으므로 9600여 리의 행군대열을 형성했다. 양제를 호위하는 친위부대의 행군대열만도 80리에 이르렀다.[6] 제1차 침공 때와 동일하게 임유관臨楡關(산해관)→유성(조양)→회원진 통로를 따라 3월 중순경에 선두부대가 요하 서안에 도착하자 고구려군과 강을 사이에 두고 대치하게 되었다.

요동과 요서를 가르는 주요 하천인 요하는 고구려군에게 최고의 자연 장애물이자 제1방어선이라 할 수 있었다. 요하를 어느 쪽이 장악하느냐에 따라 전국戰局의 향방이 좌우될 수도 있기 때문에 612년 3월 중순 요하 서안의 회원진에 도착한 수나라 침공군은 곧바로 부교 제작에 착수하여 수일 만에 3개 지역에서 제작을 완료했다. 그런데 강폭을 잘못 예측했는지 부교의 길이가 짧아서 상륙을 할 수 없게 되고 말았다.

수군이 강 동쪽 대안에 부교를 접안시키지 못한 채 우왕좌왕하자 고구려군은 그들 머리 위로 궁시弓矢 사격을 퍼붓기 시작했다. 뜻밖의 호재를 만난 고구려군의 선전으로 수군은 교두보도 확보하지 못한 채 제1군 총사령관인 맥철장麥鐵杖과 호분낭장 전사웅錢士雄·맹차孟叉 같은 주요 지휘관들이 전사하며 참패하고 말았다. 20여 일 동안 작전을 중지한 채 후속부대의 도착을 기다릴 수밖에 없을 정도로 수군이 입은 타격은 컸다. 초기 작전에서 대승을 거둠으로써 기선을 제압하여 적의 전의를 약화시키고, 후방지역에서 방위태세를 강화할 수 있는 시간적 여유를 확보하여 전세를 유리하게 이끌려는 고구려의 요동차단 계획은 일단 성공을 거두었다.

---

6 『자치통감』 권181, 대업大業 7년(611) 2월, 8년(612) 1월 ; 『수서』 권4 제기帝紀 제4, 양제 대업 8년(612) 1월 ; 삼군대학 편저, 『중국역대전쟁사』, 140-141쪽.

20여 일 후 후속부대가 도착하자 전열을 정비한 수군은 다시 도하작전을 감행했다. 수군이 대규모 병력으로 총력을 기울여 도하작전을 재개하자 중과부적으로 더 이상 지탱할 수 없었던 고구려군은 1만여 명의 사상자를 내고 전열을 재정비하기 위해 요동성으로 퇴각했다. 오늘날 요녕성 요양시에 위치한 요동성은 중국 전국시대에 처음 설치한 연나라 요동군의 행정중심지로 양평襄平이라 불리던 곳이었다. 또한 전국시대 이래 3세기 말까지 중국대륙의 요동 진출세력이 목표로 삼았던 전략요충지이기도 했다. 따라서 고구려로서도 양보할 수 없는 지역이었기 때문에 4세기 말부터 5세기 초에 걸쳐 주요 거점도시로 육성하고 있던 터였다.[7]

4월 하순부터 수군이 포위태세를 갖추기 시작하자 요동성의 고구려군은 민·군이 단결하여 농성전을 준비했다. 한편 수 양제는 요동성 서남쪽 근교에 '육합성六合城'이라 명명한 조립식 영채營寨를 세우고 작전을 지휘하고 있었다. 둘레가 120보 규모인 육합성은 고구려 기병부대의 기습공격에 대비하기 위한 장치였다.[8]

수군 주력부대는 동·서·남쪽 3개 방면에서 요동성을 포위했다. 수적으로 열세인 고구려군은 수성전술 위주의 장기농성으로 대응하면서, 주로 적의 경계태세가 해이해진 야음을 틈타 공격하는 소규모 유격전을 구사했다. 6월 초순까지 수차례 수군의 공격을 물리친 고구려군은 지연작전으로 수군의 침공을 무력화시키며 시간을 끌었다. 이와 함께 요동성내 고구려 군민들은 적의 전의를 약화시키기 위해 항복의사를 표시하는 기만전술을 병행하고 있었다. 적의 공격이 거세지면 항복의사를 표시했다

---

7 여호규, 『고구려 성 Ⅱ : 요하유역편』, 312-314쪽.
8 『수서』 권12, 지志 제7, 의례儀禮 7.

가 이로 인해 공격이 중지되면 재빨리 전열을 정비하고 성곽을 복구하여 대비태세를 강화하는 식이었다.

당시 수군 지휘관들은 특히 적의 항복과 주요 상황을 '수항사자受降使者'를 통해 양제에게 보고하도록 되어 있었다. 따라서 수항사자의 지시에 따라 행동해야 하는 번거로운 절차 때문에 수군의 작전개시는 상당한 시간이 소요될 수밖에 없었다.[9] 이러한 사실을 고구려군이 간파하고 있었는지는 알 수 없으나 항복을 미끼로 한 전술을 구사하여 수차례 공세를 둔화시킴으로써 고구려의 지연작전은 성공을 거둔 셈이었다. 이로 인해 요동성 공방전은 수 양제가 전투현장에 나가 직접 독려했음에도 불구하고 2개월여 동안 교착상태를 벗어나지 못했다. 평지에 축조되어 내성內城과 외성外城으로 구분되는 요동성은 다량의 무기와 50만 석의 군량을 비축할 수 있는 요동지방 최대의 전략거점이었기 때문에 유사시에 장기간 농성으로 적의 발목을 잡을 수 있는 곳이었다.[10]

수군 지휘부는 기동력이 뛰어난 정예부대를 수도 평양으로 진출시켜 우기가 시작되기 전에 고구려 국왕의 항복을 받아낸다는 속전속결 전략을 채택했다. 요동성을 주력부대로 포위하여 대치한 가운데 30만 정예군을 별동부대로 편성하여 고구려 심장부를 직공하기로 전략을 수정한 것이었다. 우문술宇文述이 지휘하는 별동부대[11]는 대릉하 하류의 노하진盧河鎭(금주)과 요하 하류의 회원진에서 수도 평양平壤 점령을 목표로 출발했는데, 전투에 직접 참가하지 않고 있던 정예병들이었다. 그러나 한꺼번에

---

9 『삼국사기』 권20, 고구려본기 제8, 영양왕 23년(612).

10 『고구려문화사』, (북한 : 사회과학출판사, 1988), 71쪽 ; 이지린 · 강인숙, 『고구려역사』 (북한 : 사회과학출판사, 1988), 216쪽.

11 『자치통감』 권181, 대업 8년(612) 6월.

을지문덕 초상화 대한제국 교과서 초등한국역사에 삽화로 실린 조선시대 초상화

지급된 100일 분량의 군량과 장비를 가지고 장거리를 이동하기에 어려움이 많았던 이들은 숙영할 때마다 지휘관의 눈을 피해 식량과 장비를 조금씩 파묻으면서 무게를 줄여 나갔다. 식량을 버리는 자는 목을 벤다는 지휘관의 경고도 이런 편법을 막지 못했다.

고구려 영양왕은 수군 별동부대가 압록강 서안에 도착하자 을지문덕乙支文德을 파견하여 항복의사를 전달한 후 적정을 탐지하려고 했다. 그러나 수군 별동부대 진영에 들어선 을지문덕은 우중문于仲文에 의해 감금당할 위급한 상황에 처하고 말았다. 위기의 을지문덕을 구한 것은 항복문제를 전담하도록 수 양제의 특명을 띠고 참전하여 막강한 권한을 행사하고 있던 수항사자였다. 을지문덕은 수항사자의 중재로 구금 직전에 빠져나왔고, 곧 기만전술에 속았다는 것을 깨달은 수군 별동부대 지휘부는 을지문덕을 생포하기 위해 압록강 도하를 결심했다. 이들은 수군 별동부대를 영내 깊숙이 끌어들이기로 한 고구려의 유인작전에 스스로 말려들고 있었다.

수군 별동부대의 남진 속도는 압록강을 건넌 후 더욱 빨라졌다. 식량부족 사태가 우려할 만한 수준에 이르기 전에 평양성을 점령해야 한다는 조바심이 가속을 부채질했을 것이다. 을지문덕이 별동부대의 심각한 식량난을 간파하고 이를 가중시키기 위해 내륙으로 끌어들이는 대담한 작전

살수 전투 상황(612)

을 구상할 수 있었던 것도 이들의 실상을 직접 확인했기 때문에 가능한 것이었다. 수군 별동부대가 이동하는 동안 고구려는 청야작전으로 군량의 현지조달이 불가능하도록 함으로써 식량난을 더욱 악화시켰다. 평양성 북방 산악지대에 정예부대를 배치한 을지문덕이 별동부대의 무모한 진군을 풍자하고 철군을 종용하면서 우중문에게 지어 보낸 오언시는 유명하다.

신책구천문神策究天文(그대의 신기한 전략은 천문을 알았고)

묘산궁지리妙算窮地理(기묘한 계책은 지리마저 통달했네)

전승공기고戰勝功旣高(싸움에 이겨 그 전공이 이미 높았으니)

지족원운지知足願云止(만족한 줄 알았으면 이제 그만 멈추심이 어떤가)

이와 동시에 고구려는 앞서 추격전을 반대했던 우문술의 진중에 사자

살수대첩 디오라마 (전쟁기념관 제공)

를 보내 다시 항복의사를 전달했다.[12] 수군 별동부대는 항복의사를 밝힌 고구려 측의 서신을 접수한 것만으로도 체면을 세웠다고 판단했는지 곧바로 철수를 단행하여, 7월 하순 무렵 살수薩水(청천강)에 도착하자 도하를 서둘렀다. 이 무렵 고구려군은 청천강 상류지역에 임시 제방을 만들고 다량의 강물을 저수하여 수공水攻준비를 갖추고 있었다. 그리고 수군 철수부대의 주력이 수심이 얕아진 강물을 건너가는 순간을 놓치지 않고 상류의 제방을 한꺼번에 무너뜨렸다. 저수량이 많지 않아도 서둘러 적진을 빠져나가는 두려움과 식량난에 지쳐 있던 수군에게 가해진 수공은 순식간에 전열을 와해시킬 정도로 그 위력이 컸다. 을지문덕은 갑자기 불어난 강물로 우왕좌왕하는 수군대열을 궁시 사격으로 와해시켰다. 진퇴양난에 빠져 이미 전열이 무너져버린 수군은 더 이상 고구려군의 상대가 아니었다. 수

---

12 『수서』 권60, 열전 제25 「우중문」 ; 『자치통감』 권181, 대업 8년(612) 6월.

공작전은 대성공을 거두었고, 수군 별동부대는 섬멸적 타격을 입은 채 일부 패잔병만 가까스로 수습하여 압록강 하류방면으로 빠져나갔다. 최종적으로 요동성의 본대에 합류한 군사가 2700명에 불과할 정도로 고구려군의 완벽한 승리였다.[13] 살수전투의 승리는 전세를 역전시키는 결정적인 계기가 되었다. 수 양제는 큰 충격을 받고 서둘러 철군 명령을 하달했다.

중국 통일전쟁이 끝난 직후 아직 국력이 회복되지 않은 상태에서 단행한 고구려 침공과 그 실패는 수나라 지도부에 큰 부담을 안겨주었다. 인력과 물자를 무리하게 징발한 침공전의 실패로 국민경제는 파탄 지경에 이르렀다. 일부 농민들이 전시동원에 반발하여 조직적으로 저항하는 등 통일제국 수나라의 국가 위상도 큰 손상을 입었다.

수 양제는 통일제국의 위엄을 과시하기 위해 침공군을 직접 지휘하기로 하고, 전국의 정예 부병[14] 30여 만에 동원령을 내려 탁군으로 집결시켰다. 그리고 요동의 주요 고성을 수축하여 군량을 비축하는 동시에 앞서 패전책임자로 경질한 우문술도 복직시켰다.[15] 이처럼 양제의 침공 의지가 확고했기 때문에 중신들도 그의 고집을 꺾을 수 없었다.[16]

613년 3월 초 주공부대는 지난 침공로와 동일하게 유성→의현→회원진으로 이어지는 통로를 따라 요하를 건너 요동성으로 쳐들어왔다. 선두부대는 5월 중순경에 요하의 지류인 혼하渾河 서안을 따라 동북진하여 혼하 중류지역의 신성을 공략할 태세를 갖추기 시작했다. 신성으로 추정되는 오늘날 요녕성 무순시의 고이산성은 둘레가 4킬로미터에 달하는, 인

---

13 『자치통감』 권181, 대업 8년(612) 7월.
14 중국 북조의 서위西魏와 북주北周, 수·당나라 때 20~55세까지의 농민으로 조직한 군사.
15 『삼국사기』 권20, 고구려본기 제8, 영양왕 24년(613) ; 『수서』 권63, 열전 제28 「우문술」.
16 『자치통감』 권182, 대업 9년(613) 4월 ; 삼군대학 편저, 『중국역대전쟁사』 제7책, 146쪽.

근에서 규모가 가장 큰 산성으로 요동 평원과 요동 동부 산간지대의 접경지에 위치하고 있는데, 고구려가 4세기 초에 혼하 연안으로 진출하면서 축조한 것으로 알려져 있다.[17] 이처럼 신성은 고구려 서북 변경의 주요 군사거점이기 때문에 침공군이 신성의 고구려군을 묶어두지 않으면 주공부대가 요동성 공격에 주력할 수 없는 지리적·군사적 특징이 있었다.

5월 중순경 별군이 신성 부근에 도착했을 때 고구려군은 외곽의 개활지에 진영을 설치하고 일전을 겨룰 준비를 갖추고 있었다. 그러나 고구려군은 초기 접전에서 수군 기병부대에게 진지를 유린당했다. 신성의 고구려군도 수나라 별군에게 포위되었기 때문에 요동성을 지원하거나 적 후방을 교란하는 등의 작전을 전개할 수 없는 상황이었다.

요동성의 고구려 군민들은 이미 대비태세를 갖추고 있었다. 앞서 수군이 퇴각한 직후인 612년 후반기부터 대대적인 성곽 보수공사를 추진하여 방위력을 크게 증강시켜놓은 터였다. 이런 요동성을 포위한 수군은 각종 공성기구들을 동원하여 단시간에 성을 함락시키려고 했다.[18] 불과 1년여 만에 다시 공격을 받게 된 요동성은 5월 중순경부터 20여 일 동안 공격을 막아내며 버티고 있었다.[19]

이에 수군은 새로운 공성계획을 세웠는데, 포대 100만여 장에 흙을 채워 '어량대도魚梁大道'라는 일종의 임시 성루를 만들어 공격하는 것이었다. 성루는 너비 30여 보에 높이는 성벽과 같이 축조하되 성벽에 수직 방향이 되도록 지어 올렸다. 어량대도 축성작업이 완료되자 이동식 고가사다리인 '팔륜누거八輪樓車'를 어량대도의 좌우 양측에 배치했다. 이제 수군 공

---

17 여호규, 『고구려성 II : 요하유역편』, 135·165-168쪽.
18 『자치통감』 권182, 대업 9년(613) 4월.
19 『삼국사기』 권20, 고구려본기 제8, 영양왕 24년(613).

성부대는 요동성의 성벽보다 높은 위치에서 성 안을 내려다보며 공격할
수 있게 되었다.

그런데 국내에서 반란이 일어나 빠른 속도로 확산되고 있다는 소식이
수군 진영에 전해졌다. 급보를 접한 수군은 부득이 철수하지 않을 수 없
게 되었다. 더구나 군량수송 책임자인 예부상서禮部尙書 양현감楊玄感이 일으
킨 반란이며, 양제를 따라 참전한 고위관원들의 가족이 살고 있는 동도
(낙양)가 반란군의 점령목표라는 사실이 알려지면서 수군 지휘부의 위기
의식이 고조되고 있었다. 이렇게 되자 가족의 안전을 우려한 대신들이 앞
장서서 철군을 촉구하기에 이르렀다.[20]

이 무렵 요동성의 고구려군은 양제의 최측근 참모인 병부시랑兵部侍郎 곡
사정斛斯政이 스스로 투항해오는 뜻밖의 호재에 크게 고무되었다. 반란 주
모자와의 개인적 친분 때문에 동조자로 몰릴 것이 두려워 고구려 진영으
로 투항한 곡사정은 각종 군사기밀과 수군 진영의 동향을 상세히 전해주
었다. 그러나 수 양제는 곡사정이 탈출한 직후 철군을 결심하고, 6월 28일
야음을 이용하여 은밀히 철수하도록 지시했다.

고구려를 침공하면서 생긴 수나라 내부의 군사적 공백을 틈타 궐기한
반군세력은 삽시간에 10만 대군으로 불어났다. 그리하여 한때 동도가 위
기에 처하기도 했으나 우문술 등이 이끄는 고구려 침공부대가 철수하여
긴급 투입되자 전세는 가까스로 반전되었다.[21] 8월 초순에 반란이 진압되
자 양제는 또다시 고구려 침공계획을 세우기 시작했다. 614년 2월 하순
그는 대신들의 반대를 무릅쓰고 고구려 침공을 결심했다.[22] 그런데 4월

---

20 『자치통감』 권182, 대업 9년(613) 6월 ; 누노메 조후布目潮渢, 『수당사연구』(일본 : 동붕사,
　　1968), 63-65쪽.
21 『수서』 권70, 열전 제35 「양현감」.

하순부터 반란세력들이 다시 고개를 들기 시작했기 때문에 원정군 일부
를 반란세력 토벌에 투입하면서 고구려 원정은 예정시한보다 3개월이나
지체되었다.

　고구려는 요동성에서 적의 진출을 차단한다는 목표 아래 방위태세를
더 한층 강화하고 있었다. 그러나 무려 네 차례나 수나라군을 맞이하여
싸우는 동안 엄청난 인적·물적 손실을 입은 고구려는 이제 양국의 국가
체면을 살리면서 전쟁을 종식시킬 수 있는 외교적 돌파구를 모색해보기
로 했다. 고구려는 앞서 투항한 수나라 병부시랑 곡사정을 압송하여 양제
의 위신을 세워줌으로써 화의를 성립시켰다.[23] 수 양제도 국내정세가 점
차 악화되어 내심 철군을 망설이고 있던 상황에서 7월 하순 곡사정이 도
착하자 그를 압송하여 철군길에 올랐다.[24] 수나라의 침공으로 시작된 고
구려와 수나라의 전쟁은 이렇게 막을 내렸다.

쿠데타를 일으키고 스스로 최고의 자리에 오르다

수나라가 598년부터 612년과 614년에 이르기까지 대고구려 침공전쟁에
동원한 병력은 최소 수십만에서 100만이 넘었다. 그럼에도 성과라고 할
만한 것은 없이, 투입된 전쟁비용은 모조리 국민들의 부담으로 돌아갔다.
과중한 전시동원에 시달린 농촌은 급속도로 피폐해져 급기야 경제파탄으
로 이어졌다. 반란세력 진압에 투입한 정예부대는 반란군을 완전히 소탕

<hr>

22 삼군대학 편저, 『중국역대전쟁사』 제7책, 155-157쪽.
23 『삼국사기』 권20, 고구려본기 제8, 영양왕 25년(614).
24 『자치통감』 권182, 대업 10년(614) 7월.

하지도 못했다.

양제의 학정을 비난하면서 수 제국 타도를 외치는 반란세력의 기세가 확산되는 가운데, 617년 7월 양제의 이종사촌인 이연李淵이 인근지역의 전현직 문무관들을 포섭하여 3만 군사를 이끌고 화북지방 일대를 석권한 후 618년 당나라를 세우고 황제에 즉위했다.[25] 그 후로 10여 년 동안 전국에 산재한 군소 반란세력들을 소탕하고 명실상부한 통일제국을 건설한 것은 628년 태종으로 즉위한 그 아들 이세민李世民이었다.[26]

수나라 말기의 혼란을 틈타 동돌궐도 반란을 일으켰다. 돌궐이 전열을 정비하여 624년 신생국가 당나라의 수도를 위협하자 태자 이세민이 직접 군사를 지휘하여 이들을 초원지대로 몰아냈다.[27] 그 후 627년 당나라는 내분이 일어난 동돌궐의 반군세력을 지원하고, 630년 초에 10만 대군을 동원하여 동돌궐을 복속시켰다. 그리고 638년 7월 토번吐蕃(티베트)이 서쪽 변경을 침공하자 이들을 격파한 후 혼인관계를 맺음으로써 토번지역까지 영향력을 행사하게 되었다.[28] 이렇게 하여 건국 후 20여 년이 경과한 7세기 중반 무렵에 이르자 당나라는 북방 및 서북방으로 동·서돌궐 지역을 석권하고, 서방으로 토욕혼吐谷渾[29]과 토번지역에 이르기까지 영향력을 행사하는 대제국으로 성장했다.

당 고조를 계승한 태종은 즉위 초에는 앞서 수나라와 고구려의 전쟁 때 발생한 포로 및 망명자 송환문제를 제기하며 고구려에 협조를 요청하는

---

25 여사면呂思勉, 『수당오대사 상』(중국 : 상해고적출판사, 1984), 74-78쪽.

26 전백찬 편, 『중국전사 상』, 385-386쪽.

27 르네 그루세René Grousset, 김호동·유원수·정재훈 역, 『유라시아 유목제국사』(사계절, 2002), 152쪽.

28 『자치통감』 권195, 정관 12년(638) 7-9월 ; 부락성, 『중국통사』, 신승하 옮김, 480쪽.

29 몽골계 유목민인 선비족이 티베트계의 현지인을 정복하고 세운 나라.

당 태종 이세민

등 유연한 태도를 취하기도 했다.[30] 고구려도 이에 호응하여 당나라 사절단이 수나라 전몰장병들의 위령제를 지내도록 배려해주었다. 그런데 이 같은 고구려의 배려에도 불구하고 당나라 사절단은 고구려의 승전기념물을 훼손시키는 등 외교관례를 무시한 행동으로 고구려의 감정을 자극했다.[31]

그 후 당나라는 640년 서역의 고창국高昌國(중국 신장위구르자치구 투르판)을 멸망시키면서 이민족 침략전쟁에 더욱 확고한 자신감을 가지게 되었다. 이 무렵 당나라 내부에서는 수나라를 멸망의 구렁텅이로 몰아넣은 고구려를 응징해야 한다는 적대적 분위기가 고조되고 있었다. 특히 641년 고구려에 파견한 사신 진대덕陳大德의 귀국보고를 받은 당 태종은 고구려가 과거 '한사군漢四郡'의 영토라는 인식 아래 침공전략의 구상을 밝혔다.[32] 그러나 당시 산동지방의 열악한 경제사정 때문에 곧바로 전쟁준비에 돌

<hr>

30 서병국, 「중국인의 고구려유망과 요동개간」, 『백산학보』 제34호(1987), 17쪽.
31 『삼국사기』 권20, 고구려본기 제8, 영류왕 14년(631).
32 『자치통감』 권196, 정관 15년(641) 8월.

입하지는 않았다.

고구려 역시 수나라와의 전쟁에 장기간 인력을 동원하면서 농업생산력이 급격히 저하되어 국력이 쇠약해져 있었다. 이런 상황에서 당나라와 그 주변국들이 군사력의 강약에 따라 관계를 재정립하는 과정이 고구려와의 관계에도 영향을 미쳤다. 특히 당나라를 중심으로 하는 국제질서의 재편은 수나라와 장기전을 전개했던 고구려에 직접적인 위협이 되었다. 이 때문에 영류왕은 628년 당 태종에게 고구려 지도인 '봉역도封域圖'를 그려 보내면서 우호적 관계를 유지하려고 노력했다.

그러나 고구려의 일부 강경세력은 온건파의 대당 외교노선에 강한 불만을 나타냈다. 특히 642년 10월 집권한 연개소문이 강경노선을 주도하고 있었다. 연개소문은 쿠데타를 일으켜 국왕인 영류왕과 그 측근세력 100여 명을 살해하고 보장왕을 옹립한 후 스스로 최고실력자가 되었다. 연개소문이 집권한 후로 고구려는 백제와 신라의 변경을 자주 침공했고, 이에 위협을 느낀 백제와 신라는 대당 외교를 강화하여 고구려를 압박하도록 당나라에 요청했다. 그러나 이런 사실을 알게 된 고구려는 신라에 대한 공세를 한층 강화하기 시작했다.[33] 고구려와 당나라의 관계는 급속도로 냉각될 수밖에 없었다.

신라는 앞서 642년 8월 백제군 1만 여명의 공격을 받고 대고구려 전진기지 대야성의 방위책임자인 김춘추의 사위와 그 일가족이 피살되는가 하면, 국경지역의 40여 성을 빼앗기고 주민 1000여 명이 포로로 끌려가는 타격을 입었다. 김춘추는 자신의 사위가 대야성에서 백제군을 물리치지 못하고 국가 위기상황을 초래한 데 대해 정치적인 부담을 안게 되었다.

---

[33] 이내옥, 「연개소문의 집권과 도교」, 『역사학보』 제99 · 100 합집(1983), 78-83쪽.

이러한 상황을 타개하기 위해 김춘추는 평양성으로 연개소문을 찾아가 지원을 요청하는 회담을 가졌으나[34] 연개소문이 한강 유역의 반환을 조건으로 내세우자 회담을 포기한 채 신라로 돌아갔다.[35]

연개소문이 신라의 요구를 묵살한 후 고구려는 당나라의 압박을 받게 되었다. 위기상황에 직면한 신라가 643년 9월 당나라에 원병을 요청하면서 대당 외교를 강화했기 때문에 644년부터 당나라의 압박이 가중된 것이었다. 그러나 연개소문은 당나라의 요청도 받아들이지 않았다. 당 태종이 자신의 중재 노력을 묵살한 고구려에 대해 보복침공을 결심하자 양국 간에는 전운이 감돌기 시작했다. 이때 당 태종의 침공을 만류한 것은 중신인 장손무기長孫無忌였다. 그는 "연개소문이 스스로 지은 죄가 큰 것을 알기 때문에 대국의 토벌을 두려워하여 이미 방비를 튼튼히 하고 있다. 은인자중하다가 그 스스로 안심하고 악행을 자행한 후에 쳐들어가도 늦지 않을 것이다"고 설득하여 태종의 원정을 보류시켰다.[36]

토산보다 높은 성벽으로 고구려를 지켜내고

당 태종은 644년 1월 고구려에 파견된 당나라 사신 장엄蔣儼이 감금되었다는 소식을 접하자 이를 트집 잡아 침공을 단행하려고 했다. 대다수 중

---

34 노태돈, 「반외세 통일의 군주 문무왕 - 문무왕 김법민의 현대적 해석」, 『월간중앙WIN』 (1996년 11월호 부록), 182-183쪽.

35 여호규, 「정치력과 외교력, 그 엇갈린 선택 - 연개소문과 김춘추」, 『역사의 길목에 선 31인의 선택』(푸른역사, 1999), 15-19쪽.

36 『삼국사기』 권49, 열전 제9 「개소문」.

신들이 수나라가 멸망하게 된 원인을 상기시키면서 고구려 침공계획의 철회를 요청했으나 건의는 묵살되고 말았다. 644년 7월 하순 당 태종은 400척의 선박을 건조하여 군량을 해로로 운반하도록 했다. 그리고 10월 중순 수도방위책임자를 임명한 다음 태종은 장안을 떠나 낙양으로 이동했다.[37]

당나라 육로군은 645년 3월 영주의 행정중심지인 유성을 출발했다. 그런데 고구려군은 당군이 의무려산 서측방을 따라 동북진하여 통정진通定鎭으로 향하고 있다는 사실을 탐지하지 못하고 있었다. 645년 4월 이세적李世勣의 육로군이 통정진에서 요하를 건넌 후 동진하여 무순지역으로 쳐들어왔다. 그리고 일단의 선두부대는 통정진에서 동진하여 무순 외곽의 신성으로 이동했다.[38]

613년 5월 수나라 별군의 공격을 받았던 고구려의 신성은 그 후 30여 년이 경과한 645년에 또다시 당군의 침공을 받고 이들과 대치할 운명에 처하게 되었다. 고구려군은 4월 초순부터 농성으로 일관하면서 당군과의 접전을 회피했다. 당군은 일부 병력을 잔류시켜 신성을 감시하고, 4월 15일부터 남진하여 개모성蓋车城(요녕성 심양시 탑산산성)으로 이동했다.

그런데 당나라 육로군 주력인 이세적군이 통정진에서 요하를 건너 개모성 방향으로 동남진하고 있던 터라 개모성의 고구려군은 이세적군과 이도종군의 협공을 받게 되었다. 고구려군은 10여 일간 저항했으나 4월 26일 당군에게 점령당하고 말았다. 고구려인 2만여 명이 포로가 되었으며 10만여 섬의 곡식도 당군 수중에 들어갔다. 이후로 개모성 주변지역은

---

37 『자치통감』 권197, 정관 18년(644) 2월, 7월 신묘 · 갑오, 10월.
38 여호규, 『고구려성 II : 요하유역편』, 274-276쪽.

당나라 행정구역에 편입되어 개주蓋州로 명명되었고, 당군은 다시 서남진하여 요동성으로 쳐들어왔다.

당군 6만여 명은 645년 4월 말경에 요동성 동북쪽 교외에서 공격준비태세를 갖추면서 태종이 이끄는 본대가 도착하기를 기다렸다. 고구려의 보장왕은 증원군을 급파하여 요동지역 최대의 전략요충지인 요동성을 지원했다. 보병과 기병 4만여 명으로 편성된 고구려 증원군은 5월 중순 무렵에 기병부대를 선두로 요동성 서쪽 교외에 도착하여 경계태세를 강화하기 시작했다.

양국군은 각각 정예 기병을 출전시켜 요동성 교외에서 일대 접전을 벌였다. 고구려 증원군은 초기 전투에서 승리를 거두었으나 경계를 소홀히 하다가 1000여 병력의 손실을 입고 말았다. 고구려군은 곧 요동성 동남쪽 외곽지역으로 퇴각하여 전열을 정비하면서 형세를 관망할 수밖에 없었다.

고구려군의 요동성 방어전은 당 태종이 이끄는 본대가 5월 10일 요하를 건넌 후로 요동성 주변의 참호와 장애물을 제거하고 고구려군 증원부대를 공격하면서 시작되었다. 고구려군은 최선두에서 석포·충차 등 공성장비를 대거 동원하여 공격하는 이세적의 부대를 선방하여 물리쳤다. 그러나 5월 하순의 남풍을 이용한 당군의 화공작전火攻作戰에 1만여 명의 사상자를 내고, 군사 1만여 명과 주민 4만여 명이 포로가 되었다. 또 요동성에 보관 중이던 50만 석의 군량도 당군에게 빼앗기고 말았다.[39]

당 태종이 지휘하는 주력부대는 요동성에서 전열을 정비한 후 백암성으로 이동했다. 백암성은 오늘날의 요양시에서 동쪽으로 30킬로미터 떨

---

39 『자치통감』 권197, 정관 19년(645) 4월 계해·5월 갑신 ; 임홍빈·유재호·성백효 역, 『동국병감』, 78-79쪽.

어진 등탑시에 있는 산성으로, 개모성과 마찬가지로 요동 평원에서 천산 산맥의 산간지대로 진입하는 통로상에 위치한 전략요충지였다. 앞서 수나라 별동부대가 요동성→백암성→오골성烏骨城(요녕성 봉성시 봉황산성)으로 연결되는 침공 루트를 선택했을 것으로 추정하는 것도 백암성이 요동 평원에서 고구려 수도 평양성으로 향하는 주요 진입로 상에 위치했기 때문이다.[40]

당 태종의 주력부대가 5월 하순부터 백암성 외곽에 도착하여 포위태세를 강화하는 가운데, 선두부대는 정면으로 접근하여 전력을 탐지하려 했다. 요동지역 최고의 전략요충지인 요동성이 적의 수중에 떨어진 상황에

[40] 여호규, 『고구려성 Ⅱ : 요하유역편』, 283 · 293쪽.

서 백암성의 고구려 민군들은 항복의사를 번복해가며 시간을 끌다가 결국 투항하고 말았다. 당 태종이 '백암성을 점령하면 백성과 재물을 모조리 군사들에게 나누어주겠다'고 선언할 정도로 격노했으나 막상 백암성 성주가 투항의사를 전달하자 그는 자신의 발언을 취소했다. 이 일로 하여 당 태종은 행군대총관 이세적의 항의를 받기도 했다. 이세적은 무장한 군사 수십 명을 이끌고 태종 앞에 나아가 백암성의 전리품을 군사들에게 주기로 한 약속을 지키도록 압박했다. 결국 당 태종은 자신의 개인 재물로 군사들에게 보상해줄 것을 약속하고 이들을 무마시켰다.

그 후 당군 주력부대는 태종의 지휘 하에 645년 6월 중순 요동성을 출발하여 하순에 요동만의 안시성安市城(요녕성 해성시) 교외에 도착했다. 이 무렵 고구려 북부욕살北部褥薩41 고연수高延壽와 남부지역의 남부욕살 고혜진高惠眞은 안시성을 지원하기 위해 고구려군과 말갈군을 포함한 15만 대군을 이끌고 안시성 동남쪽 일대에 도착하여 전열을 가다듬고 있었다. 말갈병을 포함한 고구려 지원병력 15만 군사의 위세는 당 태종을 압도시켜 위기의식을 느끼게 할 정도였다.

그런데 고구려군사령관 고연수는 참전 노장인 고정의高正義가 건의한 대응전략을 수용하지 않았다. 수많은 참전 경험을 가진 원로장수 고정의는 당나라 정예 병력과의 정면대결을 피하고 지구전을 벌여야 한다고 주장했다. 즉 기습조를 편성하여 보급로를 차단하고, 싸움을 걸어도 대응하지 않음으로써 작전을 장기화하고 적의 전쟁피로를 누적시키며, 보급의 차질을 유도하고 염전사상厭戰思想이 파급되도록 하여 스스로 퇴각하게 만

---

41 지방조직인 대성·성·소성 중에서 대성의 장관 호칭으로, 성의 장관 처려근지處閭近支, 소성의 장관 가라달叮邏達과 함께 중앙에서 파견됨.

들어야 한다는 것이었다. 그러나 고연수가 이를 수용하지 않았기 때문에 고구려군은 수적인 우세만 믿고 정면대결로 승부를 낼 수밖에 없었다.

당 태종도 고구려군의 입장에서 '상책'·'중책'·'하책'을 분석하면서 대책을 세우고 있었다. 그는 고구려군이 당군과 정면대결하는 '하책'을 선택할 것으로 전망했다. 따라서 전투는 당 태종이 먼저 고구려군을 유인하기 위해 돌궐 기병 1000기를 출격시키면서 시작되었다.

당군의 유인전술과 위장전술을 예상하지 못한 고구려 중원부대사령관 고연수는 당 태종의 술책에 말려들어 경계태세를 소홀히 했다. 그리하여 당군이 갑자기 3면에서 공격을 해오자 고구려군은 2만여 명의 사상자만 남긴 채 패퇴하고 말았다. 그 후 안시성 외곽에서 전열을 정비하면서 전세를 관망했으나 끝내 포위공격을 당하여 3만 6000여 명의 군사들이 투항하고 말았다.[42]

오늘날 요동반도 남단 해성시 동남쪽 영성자촌의 영성자산성英城子山城으로 추정되는 안시성(둘레 2.5킬로미터)은 타원형의 산등성이를 따라 축조된 토성이었다. 요동 평원에서 요하 지류로 진입하는 교통로상의 군사 요충지며 행정중심지로, 따라서 안시성을 점령하지 않고는 다른 지역으로 진출할 수 없는 상황이었기 때문에 당군의 공격을 받게 된 것이었다.[43]

당군은 7월과 8월 안시성 동쪽에서 남쪽으로 진영을 이동하면서부터 본격적으로 작전을 전개하기 시작했다. 이때 안시성의 고구려군은 앞서 지원부대의 고정의가 건의했던 것과 유사한 지연작전을 전개하려고 했

---

42 『자치통감』 권198, 정관 19년(645) 6월 정유·정사·기미.

43 여호규, 『고구려성 II : 요하유역편』, 317-318·329-331쪽 ; 안시성이 영성자산성의 남쪽에 위치한 해룡천산성(둘레 3킬로미터)이라는 주장도 있다〔김일경, 「난공불락의 안시성」, 『월간중앙』(2004년 2월호 부록), 96-99쪽〕.

안시성 전투 기록화 (전쟁기념관 제공)

다. 적절한 심리전을 구사하여 당군의 예기를 둔화시킨다는 계획에 따라 당 태종이 나타날 때마다 고구려 군민들이 성 위에 올라가 북을 치며 욕설을 퍼부어 조롱했다. 당 태종이 고구려인들의 욕설을 얼마나 알아들었는지는 알 수 없으나, 함성과 함께 보이는 손짓이나 몸짓으로 미루어 자신을 조롱하고 있다는 사실을 충분히 감지할 수 있었을 것이다.

당군의 공격도 집요하게 전개되었다. 당 태종은 성 안을 들여다보면서 공격하기 위해 60여 일간 연인원 50만여 명을 동원하여 공사를 시키더니, 9월 중순경 거대한 토산土山을 완성시켰다.[44] 그러자 안시성의 고구려군도 성 밖의 토산과 같은 높이로 성벽을 증축하여 맞대응했다. 그런데 이 토

---

44 『자치통감』 권198, 정관 19년(645) 9월.

안시성 전투 상황도(645.9.)

산이 갑자기 무너져 성벽을 덮치자 고구려군이 달려 나가 순식간에 토산 정상을 점령해버렸다. 격노한 당 태종은 토산에서 안시성을 감시하는 책임자인 부복애傅伏愛를 참수하여 수급을 매달고 탈환전을 독려했다. 그러나 고구려군은 사흘간 계속된 당군의 끈질긴 공격을 물리쳤다.[45] 결국 당 태종은 9월 하순 안시성을 포기하고 겨울이 오기 전에 철군을 시작했다. 당군이 철군할 때 요동성과 개모성에 살던 주민 7만여 명도 요서지방으로 끌려갔다.

퇴각하던 당 태종은 당시 안시성 성주로 알려진 양만춘梁萬春(楊萬春으로도 쓴다)에게 성공적인 수성작전을 치하하는 서신과 함께 비단 100필을 선물로 보냈다. 그리고 고구려 대막리지 연개소문에게도 궁시 한 벌을 전달했다. 퇴각하던 당군은 도중에 눈보라를 만나 많은 군사들이 동사하는

---

45 『삼국사기』 권21, 고구려본기 제9, 보장왕 4년(645) 9월.

등의 막대한 인명피해를 입었다. 당 태종 이세민은 실패한 친정親征을 후회하면서 "만약 위징魏徵[46]이 살아 있었더라면 내가 이번 출정에 나서도록 내버려두지 않았을 텐데…"라고 탄식했다.[47]

안시성의 수성전을 성공적으로 지휘한 성주가 누구인지는 역사적으로 분명하지 않다. 고려시대 역사가 김부식金富軾이 역사에 성주의 이름이 전하지 않음을 안타깝게 여기는 내용이 『삼국사기』에 기록되어 있다. 그러나 18세기 후반의 실학파 박지원朴趾源은 『열하일기熱河日記』에서 "안시성주 양만춘楊萬春이 당 태종의 눈을 쏘아 맞히자 태종이 성 아래서 군사를 집합시켜 시위하고, 양만춘에게 비단 100필을 하사하여 그가 제 임금을 위하여 성을 굳게 지킨 것을 가상嘉賞했다"라고 했다.[48]

방어전에는 수세적 외교관계가 필수적이다

고구려는 6세기 말 중국대륙에 통일국가 수나라가 등장하면서부터 새롭게 전개되는 변화에 주목하지 않을 수 없었다. 한반도의 신라와 백제가 수나라 등 주변국을 이용하여 고구려를 견제하려고 했기 때문이었다. 고구려는 수나라의 침공준비가 완료되기 전에 먼저 공격하는 것이 오히려

---

46 위징(580~643). 당 태종이 가장 아꼈던 신하. 굽힐 줄 모르는 직언으로 이름이 높다. 당 태종의 시대(627~649)를 '정관의 치貞觀之治'라 하여 흔히 중국사의 황금시대로 기록하는데, 위징은 그 시대를 여는 데 결정적인 공헌을 한 인물이다. 자신의 정적인 형을 보필했던 위징을 과감히 발탁, 그의 직간에 귀 기울인 것은 정관의 치에서 가장 빛나는 부분이다.
47 『자치통감』 권198, 정관 19년(645) 9월 계미 · 10월 ; 임홍빈 · 유재호 · 성백효 역, 『동국병감』, 99쪽.
48 박지원, 『열하일기』, 임정기 편(민족문화추진회, 1980), 58쪽.

유리하다고 판단하고 선제공격을 실시했으나 이 작전이 실패로 끝남에 따라 오히려 또 다른 침공명분과 함께 침공 시기를 앞당기는 요인만 제공하고 말았다. 마침내 수 문제는 고구려의 영주 침공을 문책한다는 구실로 대대적인 침공을 단행했다.

전쟁 초기에는 고구려가 기선을 제압함으로써 수군의 전의를 약화시키고, 북방지역에서 방위태세를 강화할 수 있는 시간적 여유를 확보할 수 있었다. 그리고 수적 열세를 감안하여 수성전술 위주의 장기농성을 계속하다가 적의 예봉이 둔화되고 경계태세가 해이해진 야음을 이용해서 공격을 가하는 기습전술로 적을 괴롭혔다. 이는 수나라의 속전속결 작전을 무력화시킬 수 있는 대응전략으로, 우기가 시작되기 전에 작전을 종료해야 하는 수군의 약점을 공략하는 효과가 있었다.

그리고 요동성내의 고구려 군민들은 적의 전의를 약화시키기 위한 위계전술로 위기상황을 만날 때마다 항복의사를 나타내곤 했다. 적의 항복과 관련한 주요 상황을 '수항사자'를 통해 양제에게 보고하여 그 지시에 따라야 했던 수군의 지휘관들은 그 번거로운 절차로 인해 매번 중요한 전략적 결정 앞에서 시간을 낭비하고 있었다. 고구려군은 수군의 이런 지휘보고체계의 허점을 역이용하는 데 항복을 미끼로 쓴 것이었다. 고구려의 기만전술은 아군이 전력을 정비할 시간을 확보하고 적군의 공세를 약화시키는 등 몇 차례 성과를 거두었다.

시간이 지연될수록 장기 원정에 따른 부담과 인력 동원능력의 한계, 장병들의 염전사상 팽배 등으로 인해 초조해질 수밖에 없었던 수 양제는, 따라서 기동력이 뛰어난 정예부대를 수도 평양으로 진출시켜 우기가 시작되기 전에 항복을 받아낸다는 속전속결 전략을 채택했다. 그러나 고구려군의 기만전술에 속은 사실을 뒤늦게 깨닫고 철군하던 수군 별동부대는 살수에서 고구려군의 기습을 받았다. 청천강 상류지역에 임시 제방을 축조해둔 고구려군은 수군 주력이 얕은 강물을 걸어서 건널 때 상류의 제방을 무너뜨렸다. 두려움과 식량난에 지쳐 있던 수군은 이로써 순식간에 전열이 와해되고 말았다.

기동력이 없는 보병 위주의 편성, 보급추진의 어려움 등 원정작전의 특성을 고려하지 않은 채 대규모 병력을 장기간 동원한 수나라의 거병은 확실히 고구려의 전력을 과소평가한 무모한 작전이었다. 수의 무리수는 건국 초기에 대운하 건설 등으로 피폐해진 국내의 사정을 무시한 채 장기간 원정작전을 감행하는 독선적인 전쟁수행으로 나타났고, 결국 나라를 멸망시키는 결정적인 요인이 되었다.

수나라가 멸망한 후 들어선 당나라는 고구려와 화친을 추구했다. 그러나 이런 전환기에 고구려는 대외정책에 전략적 탄력성을 갖지 못했는데, 이는 쿠데타로 집권한 연개소문정권의 성격에서 원인을 찾을 수 있다. 무단 전제정치의 형태를 띠고 있던 연개소문정권은 당나라의 중재를 전면 거부하거나 신라에 한강 유역의 반환을 요구하는 등 강경노선으로 일관하고 있었다.

당 태종은 자신의 중재 노력을 묵살한 고구려에 대해 무력침공을 결행하기에 이르렀다. 이는 신라가 집요하게 대당 외교를 전개한 결과인 동시에 다른 한편으로는 고구려가 강경파의 집권 이후로 유연성을 상실한 강경 일변도의 외교로 당 태종의 침공야욕을 자극한 결과라고 할 수 있다.

당군 주력부대는 요동성에서 전열을 정비한 후 백암성으로 이동하여 포위태세를 강화하고 고구려군의 항전의지를 약화시켜 결국 백암성을 점령했다. 백암성의 투항은 요동성의 패배로 인해 고구려군의 항전 역량이 약화된 것이 컸다.

그러나 안시성에서의 상황은 달랐다. 성문을 굳게 닫고 대응할 기미를 보이지 않는 고구려군에 대항해 당 태종은 안시성 높이와 비슷한 규모의 토산을 쌓아 성 안을 감시하면서 공격할 계획을 세웠다. 그러나 토산이 무너지자 고구려군 수백 명이 달려 나와 토산을 점령하여 신속하게 위기를 기회로 바꾸면서 상황을 반전시켰다.

당군은 고구려에 대한 1차 침공의 무모함을 스스로 진단하고, 2차 전쟁에서 그 같은 실패를 반복하지 않기 위해 새로운 전략을 구상했다. 인원과 물자의 동원이 제한될 수밖에 없는 원정군의 약점을 극복하기 위해 병력을 대량으로 투입하여 전쟁을 조기에 종결지으려 하는 1차전 형태의 작전수행은 지양되었다. 당나라의 새로운 작전은 647~648년 2년 동안 고구려 변경지역에 수륙 양면으로 수차례 소규모 정예부대를 투입함으로써 고구려의 전력을 고갈시키고 내부혼란을 조성한 다음 649년에 30만 대군을 동원하여 고구려를 멸망시킨다는 계획이었다.

고구려는 수도에서 멀리 떨어진 변방지역 일대가 초토화되는 등의 피해를 입었으나 당나라의 의도를 정확히 파악하지는 못하고 있었다. 전시나 다름없는 대비태세를 지속적으로 유지하는 동안 농업 인력은 장기간 전선에 동원되었고 고구려의 농업생산성은 급락했다. 이로 인해 식량난이 가중되는 등 전반적인 경제 악화로 국력은 날로 약화되어갔다. 소규모 부대의 잦은 침공으로 생산활동은 마비되고 고구려 군민의 전쟁 피로는 심화되었다. 당나라는 이렇게 고구려 사회에 염전사상이 만연되도록 하여 민심을 이반시키는 교란작전으로 고구려를 고사시키려 한 것이었다. 그런데 당 태종이 649년 5월 사망하면서 고구려 침공 중지를 유언으로 남기기까지 당 내부에서는 주전론과 반전론이 비등하여 분열현상이 심각했다. 그동안 당 태종의 강력한 침공의지 때문에 반전론이 고개를 들지 못하고 있었을 뿐이었다.

이와 같이 국왕이나 장수의 강력한 전쟁의지로 인해 영토 확장을 주목적으로 전개한 전쟁이 예상치 않게 장기화되는 경우가 적지 않았다. '청야입보淸野入保'로 요약될 수 있는 고구려의 방어개념과 전략은 작전의 주도권을 상대에게 넘겨주고 시간을 끌면서 수세적으로 전쟁과 전투에 임한다는 것이다. 그러나 이런 전략이 성공하기 위해서는 방어적이고 수세적인 차원의 국가정책이나 전략적 뒷받침이 필요하다. 그렇지 않을 경우 주변국과의 불필요한 무력 충돌로 국력의 소모와 군사력의 약화를 초래할 수 있다. 고구려가 공격적이고 공세적으로 주변국과 외교관계를 형성함으로써 종국에는 국력과 군사력을 소진한 것이 대표적인 예다.

결국 고구려는 수·당과 계속 충돌하면서 남쪽의 백제 및 신라와는 대립관계를 유지함으로써 외교적 고립을 초래했고, 이에 따른 국력의 소모로 국가 존립이 위태로운 지경에 처했다. 양면전을 회피하기는커녕 오히려 삼면전쟁으로 확대시키려고 한 대외정책상의 과오로 인해 고구려는 스스로 고립과 위기를 재촉했던 것이다. 주변국에 대한 정확한 정보의 부재, 내부의 권력다툼 등도 고구려의 역량을 분산시키고 내분을 심화시켜 멸망의 길로 몰아가는 중요한 요인이 되었다.

절대권력자 연개소문과 그 아들의 말로

연개소문은 고구려 보장왕 때의 인물로 출생연대는 알 수 없으나 고구려 멸망(668년) 직전 보장왕 25년(666)에 죽었으니 그의 죽음과 고구려의 운명이 함께한 것이나 다름없다. 고구려의 국정을 장악한 일인자였기에 그의 죽음으로 인한 후유증이 고구려의 멸망으로 직결될 수밖에 없었다.

그는 동부대인(혹은 서부대인)이었던 부친의 직위를 이어받으려 했으나 귀족세력의 반대 때문에 승계가 순조롭게 이루어지지 못했다. 그의 성품이 난폭하여 위험하다는 것이 반대 이유였다. 연개소문은 귀족들에게 눈물로 호소하며 겸손한 자세로 설득하여 겨우 부친의 지위를 물려받을 수 있었다. 일단 대인의 지위를 승계한 그는 천리장성 축성책임자로 국가적 과업을 수행하면서 세력가로 성장해갔다. 이때부터 연개소문은 포악한 기질을 드러내면서 자신의 승계를 반대했던 귀족들을 위협하기 시작한 것으로 보인다. 이에 국왕과 귀족세력이 연계하여 연개소문을 제거하려는 모의를 시작했으나 계획이 사전에 누설되면서 642년 모두 죽음을 당하고 말았다.

그는 교외에 군사들을 집결시켜 사열식을 거행하는 것처럼 위장한 후 연회를 마련하고 귀족 대신들을 초청했다. 그러나 연개소문의 군막에 초대받은 100여 명의 귀빈들은 사열식을 관람하기도 전에 모두 죽임을 당했다. 그는 곧바로 군사를 이끌고 도성으로 달려가 영류왕을 살해하고 시신을 절단하여 구덩이에 내버렸다. 그리고 국왕의 조카를 보장왕으로 추대한 후 자신은 대막리지가 되어 고구려의 최고실권자가 되었다.

그러나 이렇게 권력을 휘두른 그도 반대세력을 모두 제거하지는 못했는데, 대표적인 사례가 안시성의 경우다. 안시성주를 제거하기 위한 공격이 실패로 돌아가자 양자는 서로의 존재를 인정해주는 수준에서 타협하고 매듭지을 수밖에 없었다.

연개소문은 칼 다섯 자루를 허리에 차고, 말을 탈 때는 귀족 무장을 엎드리게 하여 등을 밟고 올라가며, 이동할 때는 호위 군사를 동원하여 위엄을 과시했다. 사람들은 그를 제대로 응시할 수도 없었다. 『삼국사기』 연개소문 열전은 이런 그를 군사쿠데타로 집권한 독재자로 묘사하고 있다.

한편 연개소문이 쿠데타로 집권하여 고구려 국정을 좌우한다는 것을 보고받은 당 태종은 이를 응징하기 위해 고구려 침공계획을 세웠다. 그러나 장손무기 등의 만류로 실행에 옮기지는 않았다. 장손무기는 연개소문이 당군의 침공을 예상하여 철저한 대비태세를 유지하고 있기 때문에 장차 안심하고 더욱 악행을 자행하도록 방치했다가 국론이 분열된 후에 공격해야 한다고 주장했다.

이런 당나라의 움직임을 간파하고 양국의 긴장을 완화시키려는 술수였는지는 알 수 없으나 연개소문은 당으로부터 최초로 도교道敎를 받아들여 장려하기도 했다. 당나라에 요청하여 숙달叔達을 비롯한 8인의 도사道士와 함께 『도덕경道德經』을 전달받고, 불교 사찰을 도교 사찰인 도관道館으로 개조하는 등 적극적인 수용 태도를 보였다. 그러나 당나라의 요구에 대해서는 강경한 자세로 일관하여 사신을 감금하기도 하는 등 외교적 마찰이 끊이지 않았다.

연개소문과 관련된 사료가 많지는 않으나 대내외 관계에서 유연성이나 신축성은 찾아보기 어렵다. 따라서 그가 집권한 25년은 국내외적으로 긴장감이 극도에 달했을 것으로 짐작하기 어렵지 않다. 이런 긴장감은 그가 죽은 직후 세 아들 사이의 권력다툼으로 노출되었다. 장자 연남생이 연개소문의 지위를 물려받았으나, 반反연개소문 세력들이 아우인 남건과 남산을 유혹하여 형제간 살육전을 벌이다가 결국 자멸에 이르게 되었다. 남생은 아우들에게 복수하기 위해 당 태종에게 투항했고, 당군이 평양성을 공격할 때도 참전하여 보장왕의 항복을 받는 데 공을 세웠다. 절대권력이 사라진 후 폭발한 형제간 권력투쟁은 조국을 배신하여 결국 멸망케 하면서 막을 내렸다. 연남생은 46세로 당에서 일생을 마쳤다.

제9장

새로운 한반도
- 7세기 중반 신라와 백제·고구려의 전쟁

• 생존게임

• 구원요청에 외교적 역량을 집중하다

• 당 고종을 한반도로 불러들이다

• 문화선진국 백제의 시대가 막을 내리고

• 당나라의 권력지형도를 바꿔놓다

• 700년 고구려의 기상이 꺾이고

• 변혁 또는 지각변동

❖ 김유신이 여동생을 김춘추와 혼인시키다

생존게임

중국대륙에서 6세기 말에 수립된 통일왕조 수나라의 등장은 중국대륙과 고구려 및 한반도의 세력판도에 커다란 지각변동을 일으켰다. 신라와 수나라가 제휴하여 양국 간 관계를 긴밀히 하면서 고구려와 백제를 압박하자 7세기 초에는 수나라가 고구려·백제와 대립하는 양상으로 악화되었다. 이 틈을 이용하여 신라가 이른바 청병외교로 수나라 군사의 파병을 요청하는 단계에 이르렀다.[1]

이에 따라 신라가 수나라와 동서로 결합하는 세력구도를 형성함으로써

---

1 서영수, 「신라 통일외교의 전개와 성격」, 『통일기의 신라사회 연구』(동국대 신라문화연구소, 1987), 254쪽.

남북으로 결속한 백제와 고구려를 압도하고 삼국 항쟁의 주도권을 장악해가는 양상으로 전개되고 있었다. 이는 수나라가 중국대륙을 통일한 후로 여전히 막강한 군사력을 유지하면서 영토 확장의 새로운 돌파구를 모색하고 있었기 때문에 가능한 것이었다. 신라가 공식 외교사절 외에도 선진 불교를 공부하려는 구법승求法僧들을 파견하는 등 민간차원의 관계를 긴밀하게 형성했던 것도 상황변화에 적지 않은 영향을 미쳤다.[2]

고구려와 수나라의 대립이 전쟁 양상으로 심화되고 있을 때, 신라에서는 신흥세력이 국정의 주도권을 장악하고 있었다. 특히 이들은 관제개혁을 통해 구세력을 몰아내고 집권체제를 강화시키는 한편, 고구려가 수나라와 전쟁을 벌이는 시기에는 사태를 관망하면서 국내 권력기반을 강화하기 위한 내부 집권체제 정비에 주력했다.[3] 신흥세력의 대중국 외교는 618년 수나라가 멸망하고 당나라가 새로운 통일왕조로 등장한 이후 한층 강화되었다. 그 결과 당나라의 대외정책도 친신라 체제로 전환되어갔다.

신라는 백제와 연합하여 고구려로부터 한강 유역을 빼앗고, 이어 백제가 차지한 하류지역마저 점령했다. 그러나 이 때문에 6세기 중엽부터 7세기 중엽에 이르는 100여 년 동안 백제와 고구려의 보복공격에 시달려야 했다. 특히 서쪽 변경을 자주 침공한 백제의 압박은 점령지의 생산력과 세원을 확보한다는 경제적인 목적을 가지고 있었기 때문에 고구려의 남진정책에 비해 한층 더 위협적이었다. 더구나 백제와 고구려가 공동전선을 형성하여 협공하는 경우에 신라가 느끼는 위기의식은 훨씬 더 클 수밖에 없었다.

₂ 이정숙, 「진평왕대 왕권강화와 제석신앙」, 『신라문화』 제16집(동국대 신라문화연구소, 1999), 15쪽.

₃ 신형식, 「삼국통일전후 신라의 대외관계」, 『신라문화』 제2집(1985), 9쪽.

당나라 예빈도 중국 시안시 이현묘에 있는 벽화, 그림에 보이는 조우관을 쓴 사람이 고구려 혹은 신라의 사절로 추정된다.

고구려는 중국의 통일제국 수나라가 멸망한 후로는 당나라의 침공에 대비하는 등 중국대륙의 세력변화에 관심을 쏟고 있었다. 비록 고구려가 백제와 신라의 전쟁에 깊이 개입하지는 않았으나, 백제와 고구려에 의해 포위되는 형세에 처한 신라는 국가의 존립마저 위협받게 되었다. 이에 신라는 국가의 사활을 좌우할 지상과제로서 대당 청병외교에 주력할 수밖에 없었다.

청병을 위한 신라의 이러한 외교적 노력은 당 태종 이세민을 자극하기에 충분했다. 동북아의 패권을 장악하고 대제국을 건설하려는 야심을 가진 당나라에게, 또한 고구려 침공에 주력하다가 멸망한 수나라의 복수를 기다리던 이세민에게 마침내 고구려를 굴복시킬 기회가 온 것이다.

당나라는 수차례의 고구려 침공에도 불구하고 별다른 성과를 거두지 못했다. 새로운 전략을 강구하지 않을 수 없는 상황에서 고구려의 후방에 위치한 신라가 군사 합작을 요청해오자 당나라도 관심을 가지게 되었다. 당군은 고구려를 침공할 때 후방을 교란해주고 군수물자를 지원해줄 수 있는 신라와 제휴함으로써 고구려의 전력을 분산, 약화시킬 수 있다고 판단했다. 양국은 고구려와 공동전선을 형성하여 신라를 침공하는 백제를 먼저 공략하여 배후공격의 위협요소를 제거한 후, 고립된 고구려를 신라와 함께 협공하기로 했다.

구원요청에 외교적 역량을 집중하다

신라는 고구려와의 교섭이 결렬된 후 대당 외교에 모든 역량을 집중했다. 이는 대당 외교를 전개하면서 동시에 고구려와도 관계를 유지했던 백제의 외교와 가장 큰 차이점이다. 신라를 지원하는 당나라는 627년 백제에 사신을 파견하여 신라 침공을 중지하도록 압박했다. 또 632년에는 신라가 왜倭를 친신라 세력으로 끌어들이면서 국제사회에서 백제의 고립을 더욱 심화시켰다.

한편 당나라는 고구려-백제-신라가 서로 견제하도록 하는 이른바 이이제이以夷制夷 정책을 외교의 기본으로 삼고 있었으나, 신라가 친당정책을 적극적으로 추진하자 친신라 정책으로 선회하게 되었다. 특히 642년 연개소문이 집권한 후 고구려의 외교가 대당 강경노선으로 돌아서면서 당나라의 대신라 외교는 새로운 전기를 맞이했다. 백제의 친고구려 정책도 당나라와 삼국 간의 외교적 균형을 깨뜨리는 중요한 요인이었다.[4] 백제는 643년 정월 당나라에 사신을 파견하여 양국 간의 전통적인 우의를 재확인하는 등 활발한 외교전을 전개하기 시작했다. 동시에 고구려에도 사신을 파견하여 외교영역을 넓히는 노력을 기울여나갔다.

이와는 달리 신라는 백제의 군사적 압박에 시달리고 있었다. 의자왕이 649년까지 매년 신라를 침공하자 국경지역에서 공방전이 끊이지 않았다. 당 태종의 중재 노력에도 불구하고 백제는 고구려 및 말갈군과 함께 신라 북쪽 국경지대의 여러 성을 점령하며 긴장을 고조시켰다. 그러나 크고 작은 30여 성을 점령하는 성과에도 불구하고 백제는 산발적인 공격으로 군사력을 남용하는 결과를 자초하고 있었다. 특히 무왕과 의자왕 대에 이르는 50여 년 동안 끊임없는 신라 침공과 의자왕의 정치력 상실로 말미암아 백제의 국력은 고갈되고, 그에 따라 군사력도 급격히 약화되어갔다.

이러한 상황변화는 적대관계에 있는 신라에 대해 오히려 군사력을 확충할 수 있는 시간적 여유와 명분을 제공해주었다. 신라는 백제가 국경지역 여러 성을 장악하기 위한 대소 전투에서 승승장구하며 자만에 빠진 틈을 타서 국민적 단결을 한층 공고히 하고 있었다. 국가존망의 위기상황에서 국민의 적극적인 지지를 등에 업고 신속히 군사력을 보강하는 성과를 거둘 수 있었던 것이다.

한편 642년 신라 김춘추와 고구려 연개소문의 협상이 결렬되자 이듬해 9월에는 김춘추가 당나라에 특파되어 양국 간 동맹체제를 구축하는 방안을 모색하기 시작했다. 신라는 고구려와 백제가 이미 수차례 쳐들어와 여러 성을 점령했고, 9월에는 연합군을 편성하여 대대적인 침공을 감행할 것이므로 신속히 지원부대를 파병하여 구원해줄 것을 요청했다. 국가존망의 위기상황으로 인식하고 있는 신라의 긴급한 원병 요청에 대해 당 태

---

4 서영수, 「신라 통일외교의 전개와 성격」, 『통일기의 신라사회 연구』, 258-259쪽.

종은 세 가지 방안을 제시했는데, 세 번째 방안이 백제가 바다의 험요險要만을 믿고 방비가 소홀하므로 수십 내지 수백 척의 전함에 당나라 군사를 싣고 해상으로 기습하는 것이었다.[5] 마지막 방안이 심도 있게 논의되면서 위기에 처한 신라를 구원한다는 명분으로 당군의 참전을 결정하게 된 것으로 보인다.

이와 같이 신라와 당나라가 전략적 동반자관계로 발전하던 644년에도 고구려는 신라 침공을 자제하라는 당나라 사신 상리현장相里玄獎의 강력한 요구를 묵살하는 등 강경자세를 고수하고 있었다. 당나라의 중재를 정면으로 거부한 고구려의 대담한 태도에 분개한 당 태종은 대응방안을 강구했고, 때마침 당나라 사신 장엄蔣儼이 연개소문에게 구금당했다는 보고가 들어오자 직접 참전하기로 내부방침을 결정하게 되었다.[6]

당 고종을 한반도로 불러들이다

신라는 6세기 후반 진흥왕의 팽창정책을 통해 양성된 강력한 군사력을 보유하고 있었다. 따라서 한동안 백제의 군사력을 능가하는 힘의 우위를 점하면서 양국은 팽팽한 대치상황을 유지했다. 이후 30여 년 동안 백제는 신라 침공을 자제하면서 군사력을 강화했다. 그런데 600년 무왕이 즉위하여 신라 침공을 재개하자 양국 간 무력충돌이 다시 시작되었다. 무왕은 재위 40여 년 동안 10여 차례나 신라를 침공하면서 압박했다.[7] 이 무렵 고구려

---

5 『삼국사기』 권5, 신라본기 제5, 선덕왕 12년(643) 9월.
6 『자치통감』 권197, 정관 18년(644) 2월 ; 『역대병요歷代兵要』8, 「당태종정고려唐太宗征高麗」.

마저 신라 침공을 재개하면서 신라가 체감하는 위기의식은 배가되었다.

그러나 신라는 고구려와 백제의 침공에 시달리는 상황에서도 오히려 내부적으로는 군사력을 확충해나갔다. 예컨대 보병에 대한 중장기병의 비율을 높이는 군제개혁이 대표적 사례다.[8] 그러나 백제와 고구려를 상대로 힘겨운 싸움을 벌이는 가운데 추진되는 군사력 증강이었기 때문에 곧 한계에 부딪혔다. 결국 신라는 열세인 군사력의 불균형을 극복하기 위해 외부세력과 군사적으로 제휴하는 방안을 적극적으로 모색하게 되었다.

신라의 대당 군사외교는 647년 1월 진덕여왕眞德女王이 즉위한 후로 한층 적극성을 띠었다. 백제의 계속된 침공으로 인한 신라 조야의 위기의식이 반영된 결과였다. 그리고 645년 당 태종의 친정이 안시성에서 좌절된 후, 647년부터 당나라가 국경지역에서 긴장을 고조시키며 군사적 압박의 수위를 높여가고 있는 상황도 당나라를 설득할 수 있는 좋은 기회가 되었다. 진덕여왕은 즉위한 이듬해(648) 이찬伊湌(제2관등) 김춘추 부자를 당나라에 파견했다. 김춘추는 당 태종에게 당군의 출병 당위성과 신라의 위기 상황을 자세히 설명하면서 설득했다. 이에 당 태종이 신라의 청병요청을 수용하면서 마침내 나당동맹이 성립되게 된 것이다.

이후 신라는 친당정책을 적극적으로 가시화시켜나갔다. 649년(진덕여왕 3) 정월부터는 당나라의 관복제도官服制度를 도입, 착용함으로써 당나라 조정과 일체감을 조성하려 했다. 당 태종이 죽고 그 아들 고종高宗이 즉위하자 650년부터는 당나라 연호인 '영휘永徽'를 사용하기 시작했다. 그해 6월에는 진덕여왕이 당나라의 위업을 찬양하는 오언시 '태평송太平頌'을

---

7 『삼국사기』 권27, 백제본기 제5, 무왕 6 · 12 · 17 · 24-25 · 27-29 · 33-34 · 37년(636).

8 이인철, 「6~7세기의 무기 · 무장과 군사조직의 편제」, 『한국고대사논총』 제7집(1995), 39 · 53쪽.

태종 무열왕릉

지어 이를 비단에 수놓아 전달함으로써 당 고종을 감동시키기도 했다.

　신라의 대당 군사외교가 결실을 맺게 된 것은 654년 진덕여왕을 계승하여 김춘추가 태종 무열왕으로 즉위한 이후였다. 진골 출신으로 대당 군사외교의 실무 경험을 축적해온 김춘추는 진골 출신의 첫 국왕으로서 왕권을 강화하기 위해 체제정비를 단행하고 대당 군사외교의 내실을 다져나갔다. 이와 함께 648년 김춘추와 김유신金庾信의 아들이 당나라에 잔류하면서 외교활동을 전개한 것도 당나라의 신뢰와 친신라 인맥을 구축하는 데 크게 기여했다.[9]

　당나라는 655년 초 고구려군과 백제·말갈군이 신라의 북쪽 변경을 침공하자 그해 3월 뒤늦게 고구려 서북 변경을 공격했다.[10] 그리고 658년

---

[9] 서영수, 「신라 통일외교의 전개와 성격」, 『통일기의 신라사회 연구』, 267쪽.

[10] 여기서는 『삼국사기』 신라본기 제5, 태종 무열왕 2년(655)과 『구당서舊唐書』 본기 제4, 고종 영휘 6년 3월의 내용에 따랐다.

6월에 설인귀薛仁貴와 이듬해 3월에 설필하력契苾何力이 당군을 이끌고 요동 지역의 고구려군을 공격했으나[11] 659년 10월까지도 고구려에 대한 전면 침공 의지를 드러내지는 않았다. 이 때문에 고구려·백제의 대규모 공세를 예견하고 있던 신라는 극도의 위기의식을 느끼면서 사기마저 크게 위축되었다. 이런 상황에서 이듬해(660) 3월 당 고종의 최종결정을 이끌어 냄으로써 나당연합군을 편성하는 신라의 청병외교가 마침내 성과를 거두게 되었다.

문화선진국 백제의 시대가 막을 내리고

당나라는 단독으로 고구려를 침공하려던 계획을 일단 보류하고, 신라군과 함께 백제를 먼저 침공하기로 전략을 수정했다. 그동안 백제가 신라 침공에 주력했기 때문에 국력이 많이 소진되었을 것이라는 판단에 따른 결정이었다. 즉 백제를 먼저 공략하여 신라 배후의 위협을 제거한 연후에 고립된 고구려를 나당연합군이 공격한다는 것이었다.

이와 같이 신라와 당나라의 이해관계가 일치하자 비로소 나당연합군 편성이 추진되었다. 신라는 김유신이 지휘하는 5만 대군을 백제 수도 사비성泗沘城으로 출동시키기로 했다. 그리고 당 고종은 660년 3월 소정방蘇定方을 총사령관으로 삼고, 당나라에 체류하면서 청병외교의 실무를 총괄하고 있던 신라 왕자 김인문金仁問을 부사령관으로 임명했다. 총 13만 병력의 대

---

11 『자치통감』 권200, 당기 16, 고종 현경 3년, 契苾何力은 '계필하력'으로도 발음되나 중국 연구서들을 참고하여 국역한 『동국병감』(국방부전사편찬위원회, 1984) 126·133-134쪽의 '설필하력'에 따른다.

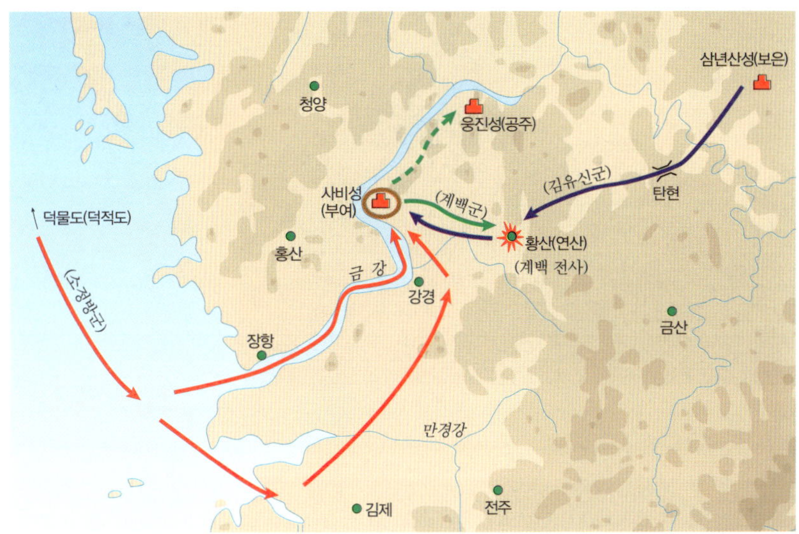

나당 연합군의 백제 침공 상황(660.7.)

군이 동원될 것으로 결정되었다.[12] 그러나 중국 측 기록에 의하면 당나라 군사만 총 10만 대군이 동원되었다고 한다. 13만 대군으로 볼 때 신라군 5만을 포함하여 당군은 8만으로 짐작되는데, 적에게 심리적 위압감을 주기 위해 10만으로 과장했을 것이다.

나당연합군의 주력인 당군은 최단거리인 서해상으로 이동하기로 하고, 660년 6월 산동반도의 내주항萊州港에서 출항했다. 당군이 서해안에 상륙할 때 신라 태자 김법민金法敏은 신라 전선 100척을 이끌고 덕물도德物島 (옹진 덕적도)로 진출하여 당군과 합류했다. 당군 수개 선단이 축차적逐次的 으로 상륙했을 것으로 보아 제1진은 적어도 100척을 능가하는 규모였을

---

12 『삼국사기』, 『동국병감』 등 우리 자료에는 13만 군으로 되어 있으나 『자치통감』, 『중국역 대전쟁사』 제8책〔삼군대학 편저(여명문화사업공사, 1981), 수정 2판〕 등의 중국 측 기록 에는 모두 10만 대군으로 되어 있다. 여기서는 『삼국사기』의 기록에 따라 13만 대군을 그 대로 인용했다.

것이다.

이와 같이 당군이 서해안으로 진입하고 또 신라군이 이들을 작전지역으로 유도하는 것은 진흥왕 대 이후로 한강 하류를 점령하고 있었기 때문에 가능한 일이었다. 나당연합군은 백제 수도 사비성을 공격목표로 삼고 공격개시일을 7월 10일로 결정했다. 신라에서도 대장군 김유신이 주축이 되어 5만 대군을 이끌고 출전했다.

당군은 660년 7월 초 백강白江(금강) 입구로 진입하여 상륙한 후 육로를 통해 수도 사비성으로 진격했다. 나당연합군의 대규모 공격을 받고 사태가 급박해진 백제 의자왕은 대신 흥수興首와 대응전략을 강구하려고 했다. 이때 흥수는 '대군과는 평야지대에서 접전하는 것을 회피하며, 백강에서 당군의 상륙을 저지하고, 동시에 탄현炭峴에서 신라군의 진입을 차단한 후 장기항전체제를 유지한다면 승산이 있다'는 방안을 건의했다. 그러나 조정 대신들은 흥수의 견해에 반대하고 나섰다. 의자왕과 불화하여 유배 중인 그가 효과적인 대응전략을 건의할 리 없다고 비난하며 결코 수용해서는 안 된다고 반대했다. 흥수에 앞서 좌평 성충成忠도 656년 3월 국정을 건의하다가 의자왕에 의해 투옥된 후 옥중에서 이와 유사한 내용을 서면으로 건의했다. 그러나 성충의 의견은 의자왕의 외면으로 채택되지 못했으며, 홍수의 전략 역시 대신들의 강력한 반대에 부딪혀 채택되지 못하고 말았다.[13]

이 무렵 신라군은 이미 홍수가 지적한 탄현을 넘어서 별다른 저항도 받지 않은 채 황산黃山(충남 연산)으로 진입하고 있었다. 당군은 백강으로 진입하여 상륙을 시도했다. 결국 백제의 마지막 저항은 계백階伯 장군이 이끄는 결사대 5000명에 의해 황산에서 신라군

계백 장군 기마상 (충남 부여 부여군청 앞)

의 진출을 지연시키는 정도에 머물고 말았다. 신라군 5만은 계백의 결사대 5000명을 격파하고 비로소 당군과 합류했다. 그러나 5만 명이 모두 전투에 가담하지는 않고 후방의 군수지원선을 유지하기 위해 일정 병력을 제외했을 것으로 보면, 백제군 결사대 5000의 강력한 저항에 부딪혀 진입이 지연되었던 신라군은 약 2만 5000명 정도였을 것으로 짐작된다.[14]

이렇게 계백군의 결사항전으로 신라군의 이동이 지연되면서 연합군의 당초 작전계획이 차질을 빚게 되자 당군사령관 소정방이 신라군사령관 김유신을 군율로 처형하겠다고 위협하는 사건이 발생했다. 나당연합군의

---

13 『삼국사기』 권28, 백제본기 제6, 의자왕 16(656)·20년(660).
14 육군본부, 『위국헌신의 길』(육군인쇄창, 2004), 74-86쪽.

정림사지 5층 석탑과 소정방이 백제 점령 기록을 새긴 비문 부여 정림사터에 세워져 있는 석탑으로, 훌륭한 조형미뿐만 아니라 익산미륵사지석탑(국보 제11호)과 함께 2기만 남아 있는 백제 시대의 석탑이라는 점에서도 귀중한 자료로 평가된다. 당나라 장수 소정방이 1층 탑신에 '백제를 정벌한 기념탑'이라는 뜻의 '대당평백제국비명大唐平百濟國碑銘'을 남겨 놓아, 한때는 '백제 평정탑'이라는 뜻의 '평제탑'이라고 잘못 불리는 수모를 겪기도 했다.

최고사령관들은 시간 지연으로 공격개시일을 지키지 못하게 되면서 빚어진 오해를 풀고 최종공격일을 12일로 재조정했다. 12일 도성인 사비성을 공격한 나당연합군은 도성에 공격을 집중하여 국왕의 항복을 받아냄으로써 아군의 피해를 최소화하면서 단기간에 작전을 종료하고자 했다. 그러나 백제 의자왕과 태자가 탈출한 이후에도 수도 사비성은 쉽사리 함락되지 않았다. 이들이 웅진성으로 탈출하자 의자왕의 차자次子가 잔류 군사와 주민들을 수습하여 강력한 방어전을 전개하고 있었기 때문이었다. 그러나 버티기는 오래 가지 못했다. 7월 18일 결국 사비성이 항복하고 웅진성에 체류하던 의자왕과 태자가 사비성으로 돌아와 투항하면서 항전은 막을 내렸다.

이로써 백제는 678년 동안 31왕이 지배한 왕조로 멸망하고, 반면 신라는 1단계 팽창정책을 성공적으로 마무리 지었다. 그러나 그해(660) 9월에 당군 1만여 명이 점령군으로 잔류하게 되면서 [15] 나·당 양국 간 마찰의 불씨도 함께 잔류하게 되었다. 당군이 백제 고토의 점령군으로 군림하면서부터 수많은 문제가 야기되자 신라는 당나라 군사를 축출하기 위해 군사적으로는 물론 정치·외교적으로도 대책을 세우지 않을 수 없게 되었다. 그러나 장차 당의 군사력을 고구려 침공에 이용해야 하는 상황을 고려하여 무력충돌을 자제했기 때문에 양국관계가 급격히 악화되지는 않았다.

당나라의 권력지형도를 바꿔놓다

고구려는 당나라 건국 10여 년이 경과한 631년(영류왕 14, 정관 5) 동북 변경의 부여성(길림성 농안)에서 서남의 요동만에 이르는 지역에 천리장성을 축조하기 시작했다. 미처 국력을 회복하지 못한 상태에서 또다시 천리장성 축조공사를 시작해 전후 16년에 걸쳐 강행했으므로 나라살림은 더욱 궁핍해져갔다. 천리장성이 완공될 무렵인 보장왕 4년(645)에는 다시 당군의 침공을 받게 되면서 힘을 비축할 시간적 여유를 가질 수도 없었다.

당군의 침공 기도를 안시성에서 좌절시키고 이들을 물리치기는 했으나 요동지역의 크고 작은 성곽들이 함락되는 등 고구려는 적지 않은 인적·물적 손실을 입었다. 645년 4월 하순에 10여 일간의 항전에도 불구하고

---

15 『삼국사기』 권42, 열전 제2 「김유신」 중 '백제왕과 신하 93인과 군사 2만 인을 포로로 하여 9월 3일 사비에서 배를 타고 돌아갔다'는 기사에 따랐다.

개모성이 함락되자 2만 명의 고구려인이 포로가 되고 10만 석이 넘는 군량도 당군의 수중으로 넘어갔다. 또 당군이 개모성을 중심으로 한 일대를 개주로 명명하여 당나라 영토로 편입시켰으므로 통치권조차 상실한 상태였다. 그 결과 혼하 중류 이남지역과 태자하太子河 중류 이북지역의 영토가 고구려의 판도에서 떨어져나갔고, 이 지역의 각종 인적·물적 자원들이 당나라로 넘어가면서 고구려의 경제력은 더욱 약화될 수밖에 없었다. 그리고 그해(645) 5월에는 요동성을 빼앗기게 됨으로써 태자하 중류 이남지역의 영토마저 상실했다.

당군의 육로군 침공로 상에 위치한 요동성을 빼앗긴 것은 고구려에 큰 손실이었다. 전사한 민과 군이 1만여 명에 달했으며, 군사 1만여 명과 주민 4만여 명이 포로가 되었다. 성 안에 보관 중이던 50만 섬의 군량도 미처 소각시키지 못하여 당군의 수중에 들어갔다. 그리고 요동성을 행정중심지로 삼아 요주遼州(요녕성 신민현으로 추정)를 설치하면서 이마저 당나라 영토로 편입되었다. 무혈점령한 백암성의 민과 군 1만여 명도 포로가 되었고, 이 지역에는 암주巖州가 설치되면서 역시 영토 상실로 이어졌다.

이와 같이 주요 성곽들이 당군의 수중에 들어가면서 고구려는 태자하의 지류인 소사하小沙河 상류 이북지역에 대한 통치권을 상실하게 되었다. 요하 지류인 태자하 중상류 부근 일대의 광범위한 영토와 이에 소속된 각종 자원을 고스란히 빼앗기면서 고구려가 입게 된 국가적 손실은 실로 막대했다. 그 후 고구려는 647년 전쟁에서 당군의 화공으로 말미암아 남소성을 비롯한 북쪽 변경의 크고 작은 여러 성과 그 주변 일대가 초토화되는 피해를 입었다. 그밖에 남쪽 변경지방의 여러 성도 격렬한 공방전으로 인해 전력이 크게 약화되었다.

당군이 남북 변경지역에서 교란작전을 전개하자 고구려는 농번기에도 불구하고 전국의 민과 군을 총동원하여 대비태세를 갖추지 않을 수 없었다. 고구려를 이와 같은 긴장상태에 두는 것이 당군의 노림수로, 결국 고구려는 수많은 인력이 전선에 투입되면서 농사의 시기를 놓쳐 극심한 식량난을 겪게 되었다.

그리고 요동·개모·백암 세 지역의 주민 7만여 명이 요서지역으로 강제 이주당했고, 전쟁 과정에서 발생한 사상자를 포함하여 10만 명이 넘는 요동지역의 인적 자원을 상실했다. 이와 같이 고구려는 수나라에 이어 당나라의 침공을 물리치는 장기항전으로 수십만 석에 달하는 곡식과 각종 물적 자원의 손실을 입으면서 급격히 쇠락의 길을 걷게 되었다.

고구려 침공을 감행한 이후 당나라도 많은 변화를 겪었다. 당은 645년 제1차 고구려 침공에서 요동성을 점령하는 성과를 거두었으나, 안시성 공략에 실패하자 고구려 정복계획을 포기한 채 돌아가지 않을 수 없었다. 647년에도 침공을 재개하여 남북 변경지역 몇몇 성곽을 점령했으나 649년 태종의 유언에 따라 고구려 침공 기도를 접어야 했다. 과거 수나라처럼 대규모의 군대를 동원하거나 무모한 토목사업을 일으키지는 않았으나 당나라의 경제적 손실도 클 수밖에 없었다. 또한 이민족국가인 고구려와의 전쟁에 태종이 친정하여 실패한 선례를 남기게 됨으로써 대내외적으로 권위에 손상을 입기도 했다.

이와 같이 고구려 침공 작전의 실패와 태종의 사망으로 인해 정치적·군사적 측면에서 당나라가 겪은 변화의 폭은 매우 컸다. 건국 이후로 태종대에 이르기까지 전통적 귀족집단으로 권력을 독점하고 있던 관롱군사집단關瀧軍事集團16은 전쟁기간 동안 안정적으로 지배권을 행사했으나 전쟁

16 당나라 건국에 공을 세운 귀족관료.

실패에 따르는 정치적 부담을 안을 수밖에 없었다. 뿐만 아니라 이 무렵부터는 전국의 중소지주들이 대거 출현하여 정치적으로 큰 영향력을 행사하기 시작했다. 이들은 이미 농촌사회에 빈부격차가 심화되기 시작한 당나라 건국 초기부터 착실하게 성장하여 정치적 발언권을 크게 강화해온 사회계층이었다. 이들은 관롱군사집단이 전쟁 실패에도 불구하고 여전히 지배층으로 군림하면서 정권을 독점하고 있는 데 대해 불만을 표출하면서 정권에 참여할 수 있는 다양한 기회와 그에 상응하는 사회적 지위를 요구하기에 이르렀다.

이후 이들 중소지주층은 태종의 뒤를 이어 고종이 즉위한 후 정치적 실권자로 등장한 무황후武皇后(측천무후) 중심의 새로운 세력집단과 제휴했다. 무황후는 중소지주층의 지지를 확보하여 자신의 세력기반을 공고히 하기 위한 방편으로 그들과 대립관계에 있는 관롱군사집단을 압박하기 시작했다. 655년부터는 장손무기長孫無忌·저수량褚遂良 등과 같은 태종 대의 중신들을 제거하여 통치권에서 완전히 배제시키고자 했다. 결국 당나라 군사귀족인 관롱군사집단은 고구려 침공의 실패로 인해 정치적 실권을 상실한 채 서서히 권력의 핵심에서 멀어지게 되었다.

700년 고구려의 기상이 꺾이고

나당연합군은 백제를 먼저 멸망시켜 고구려를 고립시킨 다음 침공한다는 계획에 따라 고구려 침공계획을 수립해나갔다. 특히 당군에게는 끊임없이 동북 변경을 위협하는 군사강국 고구려를 멸망시키는 것이 지상과제와도 같은 숙제였다. 당군이 세운 전략은 다양했다. 백제 멸망 직후 고조된 승전무드는 당나라 팽창정책의 최대 걸림돌을 제거할 수 있는 절호의 기회를 만들어주고 있었다. 당나라는 이런 분위기를 지속적으로 유지하면서 고구려에 대한 대소규모 침공을 단행하여 이에 대응하는 전략을 탐색하기 시작했다. 백제를 점령한 이듬해 4월에는 고구려 침공군의 지휘부서를 재편성하고 공격준비 계획을 본격적으로 추진해나갔다.

나당연합군의 다른 한 축이었던 신라는 고구려 침공계획에 당군의 승전 분위기를 충분히 활용하고 싶어 했다. 신라는 당군으로부터 고구려 침공계획을 통보받자 661년 7월 17일 문무왕이 직접 출전하기로 결정한 가운데 김유신을 대장군에 임명하는 등 지휘부를 편성했다.

당군은 약 17만 5000여 명을 35개 군으로 편성하여 수륙 양면으로 고구려를 공격했다.[17] 이때 신라군은 군수지원을 담당했는데, 김유신 등 9명의 장수가 지휘하는 지원부대가 수레 2000여 량에 쌀 4000석과 벼 2만 2000여 석을 수송했다. 이들 지원부대는 662년 2월 6일 오늘날 황해도 수안遂安 부근에서 당군 진영에 군량을 전달했다. 이후 남진하던 신라군은 임진강에서 고구려군의 기습공격을 받았으나 오히려 대승을 거두었다.[18]

이와 같이 신라의 지원을 받아 전열을 정비한 당군은 8월부터 평양성 외곽의 대동강에서 고구려군의 저항을 물리치고 수도 평양성을 포위하며 기세를 올렸다.[19] 그러나 고구려군은 대막리지大莫離支 연개소문淵蓋蘇文의 지휘 아래 당군의 침공을 물리치고, 9월부터는 연개소문의 장남 연남생淵男生이 정예병 수만을 이끌고 압록강의 도하지점을 모조리 차단하며 당군을

---

17 『자치통감』 권200, 당기 16, 고종 용삭 원년(661) ; 여사면, 『수당오대사 하』, 1226쪽.
18 『삼국사기』 권6, 신라본기 제6, 문무왕 상 2년(662).
19 『자치통감』 권200, 당기 16, 고종 용삭 원년(661)의 기사에는 '추 7월'이라 했으나, 『삼국사기』 권22, 고구려본기 제10, 보장왕 20년(661)의 기사에는 8월의 사실로 기록했다.

압박했다. 결빙한 압록강을 건너던 설필하력契苾何力군은 연남생이 지휘하는 고구려군의 기습공격을 받았으나 고구려군 3만여를 살상하고 나머지를 포로로 하는 전과를 올렸다.[20]

이 무렵인 661년 중국대륙 서북지역에서는 철륵鐵勒(튀르크) 부족의 일원인 회흘回紇(위구르)이 당나라의 군사력에 공백이 생긴 틈을 타서 대규모 침공을 감행함에 따라 위기상황이 발생했다. 이에 당은 좌무위대장군 정인태와 설인귀 등을 지휘관으로 하는 토벌군을 편성하여 급파했다. 철륵 침공군은 다른 부족들까지 합세한 10만 대군을 이끌고 있었으나 당군은 이들과 접전하여 대승을 거두었다.

그런데 잔적을 추적하여 적진 깊숙이 들어간 설인귀의 추격부대 1만 4000여 명이 지형과 기상의 악조건을 견디지 못해 겨우 800여 명이 생환할 정도의 타격을 입고 말았다.[21] 이 같은 사태가 발생하자 당나라는 고구려 침공부대에서 병력의 일부를 차출하여 투입했고, 따라서 당나라는 감축된 병력으로 대고구려 전쟁을 지속할 수밖에 없었다. 이후 옥저도총관 방효태龐孝泰가 지휘하는 대군은 662년 1월 연개소문의 고구려군과 사수蛇水에서 접전했으나 대패하고 말았다. 사수전투에서 당군은 방효태의 아들 13명도 모두 전사하는 참극을 당했다.

한편 당군은 패강도 행군총관 임아상任雅相이 그해(662) 2월 진중에서 병사한 후 전열이 와해되면서 작전을 중단하지 않을 수 없는 상황에 놓이게 되었다. 결국 소정방의 부대만이 겨우 공세를 유지하면서 버티고 있었으나, 이들도 한겨울 혹한에 보급이 원활하지 못한 상황에서 고전을 면치

---

20 『삼국사기』 권22, 고구려본기 제10, 보장왕 20년(661) 9월.
21 부락성, 『중국통사』, 신승하 옮김, 475쪽.

못하고 있었다. 결국 소정방의
부대도 신라군의 도움을 받아
662년 3월 고구려지역에서 철수
하고 말았다.

당나라 군사의 철수로 신라의
팽창정책도 일시적 소강기를 맞
을 수밖에 없었다. 이후 신라의
팽창정책은 666년(보장왕 24) 5월
고구려 실력자 연개소문이 사망
한 후 내분이 발생하면서 재가동
되기 시작했다. 연개소문의 장자
인 연남생이 대막리지를 승계하
자 그 아우들의 연합세력이 반발
하면서 발생한 내분은 고구려 지

설인귀와 연개소문 1967년 중국 상해 부근의 명나라 때 무덤에서 발견된 고서 『당설인귀과해정요고사唐薛仁貴跨海征遼故事』에 실린 연개소문과 설인귀의 전투 장면 그림. 칼을 든 사람이 연개소문, 활을 쏘는 이가 설인귀이며 뒤에서 지켜보는 사람은 당 태종이다.

도층의 단결을 급격히 무너뜨리고 말았다.[22]

장자 연남생은 아우들에게 축출당한 후 옛 수도인 국내성에 웅거하면서 당군의 지원을 요청하고 있었다. 설상가상으로 연개소문의 아우 연정토淵淨土는 666년 12월 심복부하 24명과 12개 읍성의 소속민 763호 3500여 명을 이끌고 신라로 투항했다.[23] 이러한 일련의 내부분열 사태로 인해 고

---

22 『구당서』 권4, 본기 제4, 고종 상 용삭 2년(662) 3월 ; 연개소문의 사망은 일반적으로 사용하는 666년을 택했다. 연개소문·연남생·연남건·연남산 등을 천개소문·천남생 등으로 부르는 것은, 당나라 고조 이연李淵의 '淵'과 동일한 글자의 사용을 금지시키면서 뜻이 비슷한 '천泉' 자로 바꾸어 사용한 때문이다.
23 『자치통감』 권201, 당기 17, 고종 건봉 원년(666) ; 『삼국사기』 권6, 신라본기 제6, 문무왕 6년(666) 12월.

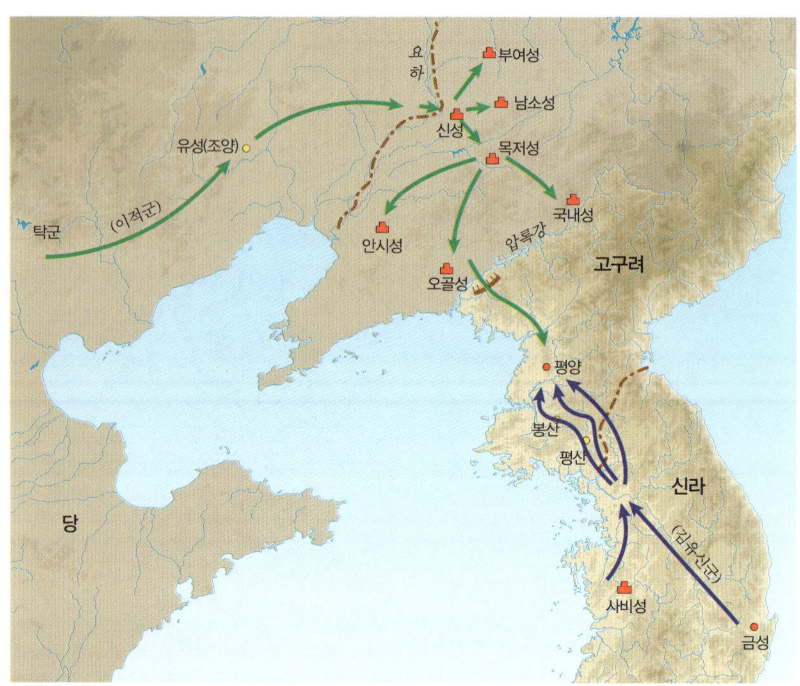

나당 연합군의 고구려 침공 상황(668.9.)

구려의 항전 역량은 급격히 저하될 수밖에 없었으며, 반면에 신라의 팽창 정책은 새로운 전기를 맞이하게 되었다.

이를 계기로 666년 12월 당나라는 이세적李世勣을 사령관으로 하는 고구려 침공부대를 재편성했다. 당시 침공부대의 정확한 규모는 알 수 없으나, 앞서 백제 멸망 직후인 661년에 재편성한 고구려 침공군이 17만 5000여 명이었던 것으로 미루어 이를 상회하는 병력규모일 것으로 짐작된다.

당군은 요하 중류에서 도하한 후 신성을 점령하고 인근 요충지를 공격하기 시작했다. 당군을 맞은 고구려군은 667년 10월부터 이듬해 2월까지 요동지역에서 사활을 건 격전을 벌였다. 고구려군은 당군의 초기 공세에 신성을 빼앗긴 후로 열세를 만회하지 못하고 16개 요충지들을 차례로 빼앗겼다. 그리고 668년 2월 부여성 전투에서 패하면서 다시 40여 성을 빼앗겼다.[24] 압록강 이북지역의 고구려군 전력은 급격히 약화되어가고 있었다. 결국 나당연합군의 주력인 당군은 668년 9월부터 압록강을 건너 고구려의 수도 평양성을 포위하기에 이르렀다. 고립된 평양성에서 한 달 남짓 항전하던 보장왕은 연남산淵男産을 당군 진영에 보내 항복의사를 전했다.

기개 높던 고구려는 705년 28왕 만에 멸망하고 말았다. 그 후 보장왕과 왕자인 고복남高福男 · 고덕남高德男을 비롯하여 연개소문의 아들인 연남건淵男建 · 연남산 등 주요 인사들이 20만여 명의 포로와 함께 당나라로 끌려갔다.

당나라는 고구려의 5부 176성 69만여 호를 분리하여 9도독부都督府 42주 100현을 설치했다. 이 같은 행정조직을 효과적으로 운영하기 위하여 옛 수도 평양에 안동도호부安東都護府를 설치하고 설인귀를 검교안동도호檢校安東都護에 임명하여 2만 병력과 함께 주둔하게 했다.[25] 신라는 나당연합군을 편성하여 팽창정책을 추진함으로써 마침내 백제와 고구려를 멸망시키기에 이르렀으나, 당군이 주력부대가 되고 신라가 이들의 군량을 지원하는 역할의 분담으로 인해 신라의 발언권은 제한적일 수밖에 없었다.

변혁 또는 지각변동

백제는 한강 하류를 신라에 빼앗긴 6세기 중반 이후로 신라 침공에 집착

---

24 『자치통감』 권201, 당기 17, 고종 건봉 2년(667) · 총장 원년(668).
25 『자치통감』 권201, 당기 17, 고종 총장 원년(668).

했다. 30여 년 소강상태를 유지하던 백제의 신라 침공은 무왕이 즉위하면서 재개되었고 의자왕시대로 이어졌다. 신라가 대당 군사외교에 국가의 사활을 걸고 국력을 기울인 것은 이 같은 위기상황을 돌파하기 위한 일종의 생존전략이었다.

당나라도 동북아의 최강국인 고구려를 효과적으로 견제하기 위해 유사시에 신라를 이용할 필요가 있었다. 신라는 대당 군사협력을 통하여 고립상황에서 탈피하고, 당나라는 신라를 그들의 팽창정책에 이용하려는 야심을 가지고 있었다. 이처럼 상호간의 이해가 일치했기 때문에 양국의 국익이 일치하는 지점에서 자국의 이익을 극대화하기 위해 자연스럽게 군사동맹체제를 구축할 수 있었다. 특히 당나라의 이민족 통제정책에 착안한 신라가 외교역량을 집중하여 당군을 삼국 간 전쟁에 끌어들인 것은 대당 군사외교의 전략적 성공이라고 볼 수 있다.

신라와 당군의 사비성 점령은 수륙 양면작전의 성공에 기인한 것이었다. 연합전력의 주력인 당군이 주공主攻으로 서해상을 통해 금강 하구로 신속하게 진입하고, 신라군이 육상으로 이동하여 조공助攻으로 공격에 가담하는 양상을 띠었다. 그리하여 전장 지리에 밝지 못한 당의 대규모 부대가 육로로 이동할 경우 예기치 못한 돌발 사태로 연합작전에 차질을 초래할 수 있는 상황을 미연에 방지할 수 있었다. 이는 조공부대인 신라의 김유신 부대가 황산벌에서 계백 장군의 결사대와 조우하여 의외의 고전으로 연합작전 개시일을 지키지 못했던 사례에 비견된다.

반면 백제의 입장에서는 웅진과 사비성으로 천도한 이후 육상 방위태세 강화에 주력했으나 해상 및 수상 통로에 대해서는 별다른 대비책을 강구하지 않았던 것도 문제점으로 지적할 수 있다. 한강 하류를 신라에 뺏긴 이후로 서해상의 한강 하구 이북지역은 신라의 대중국 교통로로 이용되고, 그 이하 서남해상은 백제의 대중국 교통로로 이용되었을 것이다. 당군이 이 서해상을 통해 곧바로 진입했기 때문에 백제 수도 사비성은 쉽사리 당군의 공격 앞에 노출되었던 것이다.

교통과 통신이 발달하지 못했던 고대국가의 수도가 가지는 위상은 오늘날의 경우와는 큰 차이가 있다. 고대사회는 수도를 중심으로 문물이 집중되기 때문에 수도 실함과 그에 따른 국왕의 항복은 곧 국가 멸망으로 직결되었다. 백제 수도를 점령목표로 삼아 전개한 속전속결의 공세전략은 사비성의 지리적 위치와 고대국가의 수도가 가지는 특성을 정확히 인식하고 추진했기 때문에 성공을 보장할 수 있었던 것이다.

백제의 멸망으로 당나라와 연합전력을 결성한 신라의 목표는 일단 달성되었으나, 고구려 멸망을 바라보고 있던 당군은 아직 목표에 미달한 상황이었다. 고구려의 동맹세력이 될 수 있는 백제를 이미 멸망시킨 상황이었으므로 당군의 고구려 침공은 군사적으로 매우 유리하게 전개될 수 있었다. 그러나 661년 당나라 서북지역을 침입한 위구르족을 물리치기 위해 일부 군사를 철수시킨 후, 잔류부대가 고구려군에 대패하는 등의 타격을 입자 662년 3월 이후 당군은 백제 고토에 주둔한 군대를 제외하고 대부분 철군을 단행했다.

고구려 멸망의 원인은 외부적 요인보다는 오히려 고구려 내부에서 찾는 것이 타당할지 모른다. 666년 5월 연개소문을 계승한 장자 연남생이 반대세력에 의해 축출되자 국내성에서 당군에게 지원을 요청했고, 또 12월에는 연개소문의 아우 연정토가 신라에 투항하는 등의 지리멸렬한 내분으로 고구려 지도층은 사분오열 상태에 있었다. 당군은 요동지역에서 667년 10월부터 고구려군과 접전했으나, 신라군은 12월 당나라의 연락을 받고서야 비로소 부대편성에 착수했다. 아마도 남진하는 당군과 평양성

공격시기를 조절하기 위한 조치였을 것이다. 실제로 당군이 668년 9월 요동을 거쳐 압록강을 건너 수도 평양성에 이르기까지는 무려 1년 가까운 시일이 걸렸다. 그러나 평양성 외곽에서 나·당군이 합류하여 포위작전을 전개한 후 고구려 보장왕의 항복을 받아내기까지는 채 1개월의 시간도 걸리지 않았다.

당군은 백제 사비성을 공격할 때 금강 수로를 이용했으나 고구려 수도 평양성을 공격할 때는 대동강 수로를 이용하지 않았다. 지상으로 평양성까지 남진할 수밖에 없었던 나름대로의 이유가 있었다. 고구려의 영토가 백제와는 달리 광범위할 뿐만 아니라, 지도층의 내분에 직접적인 영향을 받지 않는 군사력이 주요 거점에 상존하고 있어서 침공군에게 큰 위협이 될 수 있었다. 넓은 영토를 방위하기 위해 요소요소에 배치된 병력이 존재하는 상황에서 곧바로 대동강으로 진입하여 평양성만 점령할 경우 오히려 요동지역의 군사력에 포위당할 염려도 있었다. 이것이 당군이 지상으로 연결된 고구려의 요동지역을 돌파하지 않을 수 없었던 가장 중요한 이유일 것이다.

그리고 이미 백제가 멸망했기 때문에 신라의 적극적인 지원으로 고구려의 전력을 분산시킬 수 있다는 것도 중요한 이점이었다. 이제 신라군 주력부대가 고구려의 배후를 공격하고, 당군과 함께 연합작전을 전개할 수도 있는 상황이었다.

신라와 당나라 연합군은 1단계로 신라의 최대 위협세력인 백제를 먼저 침공하고, 2단계로 당의 동북 변경을 위협하는 고구려를 멸망시킴으로써 양국 공히 팽창정책의 최대 걸림돌을 제거했다. 그러나 백제가 멸망한 후에도 그 지배권은 신라에 넘어오지 않았다. 당나라의 패권주의적 야심이 노골화되고 있었지만 신라는 당과의 동맹관계를 단절하지 않고 나당연합군 체제를 성공적으로 유지시켰다. 당의 지배 야욕을 감지한 후에도 대당 정책을 강경 일변도로 몰지 않고 신축성을 유지했던 신라의 실리외교는, 은밀하게 군비를 강화하며 당군을 고구려 침공에 이용하여 그 과실을 톡톡히 챙기게 했다.

당군의 고구려 침공은 661년부터 시작되었으나 백제 침공전의 경우와 달리 신라가 전투부대를 투입하지 않고 군수지원만 전담한 사실도 주목할 필요가 있다. 당시 신라군은 전투부대로 출전하지 않았기 때문에 전투력을 보존할 수 있었는데, 이는 장차 당군과 전쟁을 전개해야 하는 불가피한 상황에 대비하기 위한 신라의 전략적 판단에 따른 것으로 보인다. 백제와 고구려의 멸망으로 변화된 한반도 내의 권력구조는 당나라 주도 하에 이루어질 또 다른 변화와 함께 신라와의 충돌, 즉 나당전쟁을 예고하고 있었다.

김유신이 여동생을 김춘추와 혼인시키다

　　삼국통일의 주역을 담당했던 김유신은 대당 청병외교를 성사시켰던 김춘추와는 신라 귀족사회에서 엄청난 신분의 차이가 있었다. 김춘추는 신라의 진골 왕족이었으나 김유신은 가야가 멸망하면서 신라에 귀화한 왕족의 후예였다. 김유신의 증조부인 금관가야의 구해왕이 법흥왕 때인 532년에 신라에 투항하면서 이른바 '신김씨^{新金氏}'로 신라 진골귀족에 편입되었던 것이다. 그러나 배타적인 신라 귀족사회는 가야 왕족의 존재를 달가워하지 않았다. 김유신의 아버지 김서현은 신라 왕녀인 만명^{萬明}과의 혼인을 거부당했다. 신부 측의 강력한 반대로 원만한 혼사는 애초부터 어려웠다. 『삼국사기』 김유신 열전에서 김서현과 만명의 연애를 '야합^{野合}'이라고 표현한 것은 정상적인 결혼이 불가능한 신분상의 격차를 상징적으로 묘사한 것이다.

　　지증왕은 김유신의 어머니 만명부인의 증조부이니 김유신에게는 외고

조부가 된다. 이처럼 외가가 신라 왕족인데도 불구하고 신분의 차이는 크게 좁혀지지 않고 있었다. 이런 격차는 김유신의 여동생과 김춘추의 혼인에 여전히 걸림돌이 되었는데, 이를 극복하면서 김유신이 여동생 문희文姬를 김춘추와 결혼시키는 과정이 『삼국유사』에 매우 극적으로 묘사되어 있다.

김유신의 큰 여동생 보희가 꿈에 서형산에 올라가 소변을 보았는데 오줌이 경주에 가득하더라는 이야기를 듣고 그 꿈을 자신의 비단 치마와 맞바꾸는 것으로부터 문희가 주역으로 등장한다. 며칠 후 김춘추와 공차기를 하던 김유신이 김춘추의 옷을 밟는 바람에 옷고름이 떨어져나가자 집으로 데려와 문희에게 바느질을 시켰고, 이렇게 하여 김춘추와 문희의 연애가 시작되었다. 그 후로 김춘추는 문희를 만나기 위해 자주 김유신의 집을 방문했고, 결국 문희는 김춘추와 사랑에 빠져 임신하게 되었으나 역시 신분의 차이로 원만하게 성사될 수 없는 혼인이었다.

김유신은 여동생 문희가 부모의 허락도 없이 연애하여 임신하였으니 불에 태워 죽일 것이라고 소문을 낸 후 기회를 노리고 있었다. 그런데 마침 선덕여왕이 김춘추를 대동하고 남산에 오른다는 사실을 알게 된 김유신은 앞마당에 장작불을 질러 그 연기가 남산에서 잘 보이게 하였다. 선덕여왕이 연기를 발견하고 그 연유를 묻던 중 문희가 결혼도 하지 않은 채 부정하게 임신했기 때문에 김유신이 태워 죽이려 한다는 사실을 알게 되었다. 선덕여왕이 문희를 임신시킨 자가 누군지 색출하라 지시했고, 곁에 있던 김춘추가 자신의 소행이라고 자백하면서 상황은 반전되었다. 여왕의 지시에 따라 김춘추는 문희를 구출하고 마침내 결혼에 이르게 되었다.

이러한 일련의 에피소드가 김유신이 단독으로 꾸민 시나리오에 의한 것인지 김춘추와의 모의에 의한 것인지는 알 수 없으나, 자칫 김춘추의 불장난 정도로 끝날 수도 있는 연애를 결혼으로까지 유도한 것은 김유신의 용의주도한 계획이었다. 이 혼인은 김유신 가문이 신라 왕실의 외척세력으로 자리 잡는 데 결정적으로 기여했다. 진덕여왕이 654년 3월 성골시대를 마감하자 김춘추는 귀족들의 추천을 받아 최초의 진골 국왕으로 즉위했다. 그 후 무열왕 김춘추와 무장 김유신은 대백제·고구려 전쟁과 당군 축출전쟁을 주도하면서 신라의 삼국통일을 이끌었다.

김유신은 신라에 귀화한 가야 왕족의 한계를 극복하고 선덕여왕·진덕여왕·무열왕·문무왕에 이르기까지 4대 국왕의 신임을 받으며 가장 역동적인 시대를 살았던 인물이다. 여동생 문희의 아들이 문무왕으로 즉위한 지 10여 년이 경과하고, 당군 축출전쟁마저 성공적으로 끝나가던 673년에 김유신은 운명했다. 살아서는 자신의 꿈을 마음껏 펼치고 죽어서는 '흥무대왕興武大王'에 추존되었던 그는 자신의 신분적 한계를 지혜와 용기로 개척해나간 신라사의 행운아였다.

서는 '흥무대왕興武大王'에 추존되었던 그는 자신의 신분적 한계를 지혜와 용기로 개척해나간 신라사의 행운아였다.

제10장

고구려의 대부분을 대가로 지불한 통일

- 7세기 후반 신라와 당나라의 전쟁

- 백제 고토에 당의 행정조직이 들어서다
- 고구려의 레지스탕스를 지원하다
- 멸망 후 10년 만에 백제 땅을 취하다
- 죽는 것보다 죽을 자리를 택하는 것이 어려운 일이니
- 티베트의 개입으로 7년 나당전쟁이 막을 내리다
- 실리외교의 승리

❖ 백제 유장 흑치상지 당나라에서 재기하다

백제 고토에 당의 행정조직이 들어서다

삼국 중에서 가장 강력한 군사력을 보유하고 있던 고구려가 중국의 여러 국가들과 치른 전쟁은 이들 국가 간의 복합적인 권력관계와 밀접히 연관되어 있었다. 그 와중에 신라는 자국에 불리한 상황을 유리한 국면으로 전환시키기 위해 노력했는데, 그것은 중국대륙 세력과의 제휴나 연합으로 이들 세력을 활용하기 위해 총력을 기울이는 형태로 나타났다. 삼국시대 초기에 군사적·경제적 기반이 가장 취약했던 신라는 상대국의 내분과 지도층의 분열을 이용하면서, 동시에 군사력의 우위를 점하기 위해 외부세력을 적극적으로 활용하는 정책을 채택한 것이다.

잘 알려진 바와 같이 신라는 한반도의 동남부에서 주로 고구려의 영향을 받으며 성장한 국가다. 그러나 백제와 고구려의 위협에서 벗어나기 위해 대당 군사외교를 강화하자 이로 인해 새로운 대립정국이 형성되기 시작했다. 동서세력과 남북세력으로 형성된 대결구도는 신라와 당나라의 연합군을 만들었고, 나당연합군은 660년 7월 백제 수도를 점령한 후 의자왕의 항복을 받아내기에 이르렀다.

백제를 멸망시키고 660년 9월 본국으로 철수하던 당나라 소정방 부대는 1만여 명의 군사를 사비성에 잔류시켰다.[1] 그리고 백제지역에 5도독부를 설치하고 그 휘하의 각 행정구역을 개편했다. 이로써 백제 고토에 당나라 국내 행정제도와 동일한 형태의 하부 통치조직이 편성되면서 백제 고토를 장악하기 위한 제도적 장치가 완비되었다.

특히 웅진도독부熊津都督府는 나머지 4개 도독부를 장악하여 막강한 권한을 행사했는데, 웅진도독부를 제외한 4개 도독부는 현지 주민들을 효과적으로 통제하기 위해 친당적 성향이 강한 백제 유민을 도독으로 임명했다. 각 도독부 휘하의 지방관 역시 친당적인 성향의 인사들로 구성했다. 이는 현지 주민들의 반발을 무마하고 당나라의 영향력을 확산시키는 이민족지배책인 '이이제이' 정책의 기본 방향이었다. 그러나 백제 재건을 부르짖는 부흥군이 봉기하자 당나라는 웅진도독부를 제외한 4개 도독부를 폐지하여 웅진도독부 휘하로 축소 개편시켰다.[2]

나당연합군의 주력군이 비록 당군이었으나 실제로 백제 주력군과 결전을 벌어 최후의 승리를 쟁취한 것은 김유신의 신라군이었다. 이후 백제 부흥군과의 전투에서도 신라군은 선봉에서 작전을 주도하여 크게 전과를

---

1 이때 신라군은 태종 무열왕의 아들 김인태가 지휘하는 7000명이 사비성에 잔류했다.
2 이기백,「신라의 반도 통일과 발해의 건국」,『한국사강좌 : 고대편』, 292·298쪽 ; 민덕식,「나당전쟁에 관한 고찰」,『사학연구』 제40집(한국사학회, 1989), 147쪽에서는 51현이라 했다.

올렸다. 특히 663년 8월의 전투에서는 문무왕이 김유신 등 28명의 장수를 거느리고 주류성周留城(충남 홍성군 장곡) 등을 공격하여 부흥군 주력을 와해시켰다. 또 해상에서는 백제 부흥군을 지원하기 위해 왜군 2만 7000명을 태우고 건너온 전선 400척을 백강구白江口전투에서 격파하여 섬멸하기도 했다.[3]

신라는 장차 백제지역에 대한 신라의 지배권을 강화하고 주도권을 확보하기 위해 부흥군과의 전투를 주도적으로 이끌어나갔다. 당나라의 영토욕에 대항하여 신라의 기득권을 주장할 수 있는 명분 축적용 포석이었던 것이다. 그러나 당나라는 664년 2월 백제 의자왕의 아들 부여융扶餘隆과 화친하도록 신라를 압박했다. 신라가 받은 충격을 매우 컸다.

이어 10월 당나라는 백제 유민들을 위무하고 치안을 유지하는 권한을 부여융에게 부여했다. 그리고 이듬해(665) 7월에는 웅진도위 부여융과 신라 국왕이 웅진성에서 회맹會盟하도록 강요했다. 문무왕은 부여융과 대등한 위치에서 '양측이 화친하여 차후로는 무력으로 변경을 침범하지 않을 것'이라는 요지의 맹세를 했다.[4] 결국 신라는 백제 왕조를 멸망시킨 후 5년이 지나도록 백제 고토를 장악하지 못했으며, 대부분의 고토와 그 주민들은 당군의 군정통치를 받고 있었다.[5]

뿐만 아니라 당 고종은 667년 12월 신라 문무왕에게 대장군의 깃발을

---

3 신형식, 「반외세 통일의 군주 문무왕-문무왕 김법민의 현대적 해석」, 『월간중앙WIN』 (1996년 11월호 부록) ; 이호영, 『신라삼국통합과 여·제 패망원인 연구』(서경문화사, 1997), 229쪽 ; 『일본서기日本書紀』 권27, 천지천황天智天皇 원년 12월-2년 9월 ; 변인석, 『백강구전쟁과 백제-왜 관계』(한올역사학강좌, 1994).
4 『자치통감』 권201, 당기 17, 고종 인덕 2년 ; 『삼국사기』 권6, 신라본기 제6, 문무왕 4년 (664) 8월·5년.
5 이호영, 「삼국통일 과정」, 『한국사』9(국사편찬위원회, 1998), 44-45쪽.

하사하면서 고구려 정벌에 적극 협조하라는 서신을 전달했다. 이는 신라 국왕을 당나라의 일개 장수로 취급하는 것이나 다름없는 모욕적인 조치로, 당나라와 연합군을 편성한 신라의 위상을 격하시키려는 의도적인 행동이었다. 이 같은 일련의 상황을 통해 당의 저의를 재확인한 신라는 결국 영토 확장은커녕 당나라의 정복욕 앞에서 국가의 정체성마저 훼손될 수 있다는 통절한 위기의식을 갖게 되었다.

고구려의 레지스탕스를 지원하다

당의 야욕을 간파한 후로도 동맹관계를 훼손하지 않았던 신라는 그 인내의 보답으로 668년 9월에는 고구려 수도 평양성을 함락함으로써 한반도 북방의 강국으로 군림하던 고구려 왕조마저 멸망시키는 마지막 목표를 달성할 수 있었다. 당은 백제를 멸망시켰을 때와 마찬가지로 고구려의 옛 영토를 9개 지역으로 나누어 각각 도호부都護府를 설치했다. 그리고 행정구역별로 하급행정기관을 설치함으로써 영토편입 야욕을 구체화시켜나갔다. 고구려 고토에 주둔한 2만 병력은 당나라의 지배 야욕을 실현시키는 무력 기반이었다.[6]

특히 고구려 고토에 설치된 당의 도호부는 변경지역의 이민족을 지배하기 위한 최고 통치기관으로, 도독부보다 상급 행정기관이라 여러 개의 도독부를 관할할 수 있었다. 평양에 설치된 안동도호부는 고구려 고토에

---

6 『구당서』 본기 제5, 고종 하 총장 원년(669) 9월 계사조 및 열전 제149 상 「고려」 ; 『자치통감』 권201, 당기 17, 고종 총장 원년.

설치된 다른 도독부는 물론 백제 영역 및 신라에도 영향력을 행사하여, 삼국 전체를 장악하려는 당나라의 야심을 실현시키는 통치기관으로 자리 잡아가고 있었다.

그러나 백제와 마찬가지로 고구려 부흥세력이 봉기하여 당나라 주둔군을 압박하자 곧 군정통치의 한계점이 노출되기 시작했다.[7] 동시에 당군의 탄압도 무자비하게 전개되었다. 당군은 부흥세력이 확산되는 것을 차단하기 위해 반당적反唐的 성격이 강하거나 부흥군과 제휴할 가능성이 있는 고구려 유민 2만 8000여 호를 669년 5월부터 영주營州와 내주萊州(산동성 내주) 등지로 강제 이주시켰다. 그리고 이후 다시 중국 내륙 깊숙한 지역으로 이주시키기도 했다.[8]

당군은 또 부흥군의 전력을 강화시킬 수 있는 각종 농기구를 비롯하여 우마·수레 등을 징발하여 저항세력의 성장기반을 철저히 와해시켰다. 당의 이 같은 적극적인 조치는 백제의 경우와 달리 대고구려 정책에서만 나타난 특징이었다.

이제 고구려를 멸망시킨 당나라는 백제와 고구려의 영토는 물론 신라마저 지배하려는 야욕을 드러냈다. 648년 2월 김인문이 원병을 요청하기 위해 당나라에 갔을 때 당 태종이 '양국이 평정되면 평양 이남과 백제 영토는 모두 신라에 주어 영원토록 편안하게 하려 한다'라고 한 합의사항은 완전히 무시되고 있었다.[9] 당나라의 한민족 지배 야욕을 분쇄하기 위해

---

7 이병도, 『한국고대사연구』, 456-457쪽.

8 『구당서』 본기 제5, 고종 하 총장 원년(669) 5월 경자. 기사에 의하면 2만 8200호에 수레 1080승, 소 3300두, 말 2900필, 낙타 60두를 당의 내륙으로 옮겨 갔다. ; 이케우치 히로시, 「고구려 멸망 후의 유민 반란 및 당과 신라와의 관계高句麗滅亡後の遺民の叛亂及び唐と新羅との關係」, 『만선사연구』 상세 제2책, 420-421쪽.

신라가 당군과의 무력충돌도 불사함으로써 마침내 나당전쟁이 발발하게 되는 것이었다.

신라는 앞서 합의한 국가 간의 약속을 이행하도록 군사적 압박을 가하는 것으로부터 대당 투쟁을 전개하기 시작했다. 특히 고구려 부흥세력을 적극 지원하여 항전 역량을 높여주고, 당의 국내정세를 적절히 이용하면서 전세를 유리하게 이끌어나갔다. 이때 신라가 주목한 것이 고구려 대형大兄(제7관등) 검모잠劍牟岑의 세력이었다. 검모잠이 짧은 기간에 많은 유민들의 호응을 받아 안동도호부의 치소인 평양성을 압박하고 있었기 때문에 당나라는 670년 후반 안동도호부의 치소를 요동성으로 옮겼다.[10] 검모잠의 부흥군은 한때 평양성을 점령하여 고구려 재건의 기세를 올리기도 했다.

그러나 검모잠의 부흥군은 평양성에서 퇴각하여 유민 4000여 호를 이끌고 남하했는데, 이 과정에서 왕족인 고안승高安勝을 국왕으로 추대하여 부흥군의 항전태세를 재정비하고 신라의 지원을 받아 전력을 강화하려고 했다. 이들의 전투력을 강화시켜 대당 전선에 투입할 필요가 있었던 신라는 부흥군에게 금마저金馬渚(전북 익산)지역을 정착지로 제공하고 군량 및 장비를 지원했다.[11] 신라는 강한 적개심을 가진 고구려 유민집단을 배치하여 당나라의 영향력이 금강 이남지역으로 남하하지 못하도록 차단하

---

9 『삼국사기』 권7, 신라본기 제7, 문무왕 11년(671) 7월 26일. 설인귀의 항의서신에 대한 문무왕의 답신.

10 양병용, 「나당전쟁 진행과정에 보이는 고구려유민의 대당전쟁」, 『사총』 제46호(고대사학회, 1997), 51쪽.

11 신라는 683년 10월 고안승에게 소판蘇判(진골, 제3관등)과 김씨 성을 하사하고 경주에 정착시켰다. ; 무라카미 요시오村上四男, 「신라와 소고구려국新羅と小高句麗國」, 『조선학보』 제37·38집(1966), 68-70쪽.

고, 유사시에 대당 전투에 신속히 투입할 수 있다는 점을 함께 고려하면서 당군과의 전면전을 대비하고 있었다.[12]

한편 신라는 670년 3월 망명 중이던 고구려의 태대형太大兄(제2관등) 고연무高延武와 신라의 설오유薛烏儒에게 각각 1만 명씩 2만 명의 정예군사를 주어 압록강 너머 봉황성鳳凰城(요녕성 봉성)지역으로 파견했다. 압록강 이북에서 활약하는 고구려 부흥군을 지원하는 동시에 현지에서 당군 세력이 확산되는 것을 차단하기 위한 출병으로, 이들은 고구려 부흥군을 압박하기 위해 출동한 이근행李謹行의 말갈군을 공격했다. 말갈군에 타격을 가함으로써 부흥군에 대한 압박을 완화시키고, 고구려 유민들의 봉기를 촉발시켜 당군의 활동을 압록강 이북에 묶어두겠다는 전략이었다.[13] 신라군은 670년 4월 초 이근행의 군사를 기습적으로 공격하여 대승을 거두기도 했으나 당나라 지원군이 계속해서 밀려오자 더 이상 대항하지 못하고 퇴각하고 말았다.[14]

멸망 후 10년 만에 백제 땅을 취하다

660년 백제를 멸망시킨 직후 백제 왕족과 회맹을 강요한 모욕적인 사건을 계기로 신라는 당의 저의를 재확인했다. 이로 인한 신라와 당의 대립

---

12 사회과학원 역사연구소 편, 『조선전사4-중세편』(북한 : 과학 · 백과사전출판사, 1979), 236쪽과 243쪽에는 재령의 장수산성을 최초의 거점으로 보고 금마저는 그보다 뒤에 옮긴 지역으로 보았다.

13 노태돈, 「반외세 통일의 군주 문무왕-문무왕 김법민의 현대적 해석」, 『월간중앙WIN』 (1996년 11월호 부록).

14 『삼국사기』 권6, 신라본기 제6, 문무왕 10년(670).

상황은 668년 고구려를 멸망시킨 후 급격히 심화되었다. 당의 야욕이 점차 노골화되자 신라는 당군과 일전을 벌일 수밖에 없다는 쪽으로 상황인식을 하고 있었다. 우선 지리적으로 가까운 백제 고토의 당군을 축출하는 것이 급선무였다. 고구려지역보다 신라와 근거리에 있는 백제지역의 당군을 먼저 축출하고, 전 지역을 완전히 장악한 다음 군사력을 재편성하여 다시 고구려 고토를 점령한다는 것이 신라의 전략이었다.

여기에는 백제 유민들의 당군에 대한 적개심을 불러일으켜 이들의 항전역량을 전력화함으로써 대당 전쟁에 이용하려는 신라의 치밀한 계산도 깔려 있었다. 따라서 당이 옛 백제 왕족들을 후원하면서 대립을 조장하는 상황에서, 신라는 백제 유민들을 포섭하여 이들의 지원을 끌어들여 통일전쟁을 추진해나가는 상황이었다.

670년 7월 당나라는 친당 성격의 일부 백제 유민집단을 조종하여 신라의 대당 적대정책을 무력화시키는 음모를 꾸미고 있었다. 신라는 대아찬大阿湌(제5관등) 김유돈金儒敦을 웅진도독부에 급파하여 화의和議를 요청하면서 사태의 추이를 관망하는 유화전술을 채택했으나 웅진도독부가 이를 거부하는 바람에 무위에 그치고 말았다. 웅진도독부는 오히려 밀정을 침투시켜 신라군의 동태를 감시하려고 했다. 신라에 적대감을 가진 백제 유민집단을 앞세운 당나라의 군사력과 이들 연합세력을 분쇄하려는 신라의 군사력이 팽팽히 대립하면서 긴장은 다시 고조되기 시작했다.

이러한 군사적 대치상황 속에서 문무왕은 신라군의 움직임을 탐지하는 백제 유민의 밀정들을 일제히 색출하여 감금하라고 지시하여 군사정보의 유출을 차단하고 신라군의 작전활동을 보호했다. 그리고 제1단계로 소규모 주요 거점들을 차례차례 점령해나갔다. 이들 거점들은 비록 규모는 작으나 신라군이 장차 대규모 작전을 전개할 경우에 대비하여 미리 점령하

나당 전쟁기 신라와 당의 대치

백제 수도 웅진성 백제시대에는 웅진성, 고려시대에는 공산성이라고 불렸다. 공주를 지키기 위한 백제의 대표적인 고대 성곽으로 백제 멸망 후 나당연합군에 대항하는 부흥운동이 벌어진 곳이기도 하다.

고 있어야 할 전략적 요충지였다. 즉 당군을 축출하고 백제 고토의 실질적인 영토권을 행사할 수 있는 완전한 점령을 위한 선행단계의 작전이었다.

신라는 당군과의 대규모 전면전에 대비하여 교두보로 이용할 주요 거점지역에 대한 공격을 크게 3개 구역으로 나누어 실시했다. 제1전구戰區에서는 크고 작은 63개의 성곽을 점령하고 유민들을 신라 내륙 정착지로 이주시켰다. 제2전구에서는 7개의 주요 성곽을 점령하고 2000여 명의 대항세력을 살상하는 전과를 거두었다. 그리고 제3전구에서는 12개 성곽을 점령하고 7000여 명의 대항세력을 살상한 후 대량의 군마와 무기를 노획했다.[15] 그러나 아쉽게도 그 위치는 명확히 전하지 않고 있다.

---

15 『삼국사기』 권6, 신라본기 제6, 문무왕 상(670).

반신라 세력들을 기습적으로 공격한 신라군은 거란·말갈병을 포함하여 9000여 명을 살상하는 타격을 가했다. 문무왕이 진두지휘하는 가운데 국경지역을 중심으로 80여 개의 크고 작은 성곽을 점령하고, 다수의 군마와 무기들을 노획하는 전과를 거두어 전력을 보강했다. 뿐만 아니라 반신라 성향의 백제 유민들을 신라 내륙지역으로 분산시킴으로써 적대세력으로 성장할 가능성을 사전에 제거하는 성과도 거두고 있었다. 또 승리의 여세를 몰아 웅진도호부의 치소인 웅진성과 옛 백제의 수도 사비성 근교까지 진출하여 부근 지역을 장악했다. 이제 신라군은 웅진도호부에 대한 포위태세를 강화하면서 무력으로 압박해 들어갈 수 있는 발판을 마련하게 되었다.[16]

옛 백제지역으로 진입할 수 있는 강력한 기반이 구축되자 신라는 이를 거점으로 하여 다음 단계의 작전을 시작했다. 먼저 671년 1월에는 웅진도독부의 치소인 웅진을 압박해 들어가다가 남쪽 근교에서 일대 접전을 벌였다. 그러나 초기단계의 작전은 실패하여 당주幢主인 김부과金夫果 등이 전사하는 손실을 입고 패퇴하고 말았다.

이후 신라군은 설구성舌口城(위치 미상)의 공방전에서 수세에 몰리자 성문을 굳게 닫고 소극적으로 대항했다. 전열을 정비하는 시간적 여유를 확보하면서 적의 예봉을 둔화시키려는 지연작전의 성격이었다. 성곽을 포위한 채 공격하던 말갈군은 신라군이 정면대결을 벌이지 않고 시간만 끌자 수차례의 공격에도 아무런 성과를 올리지 못하다가 결국 공성작전에 지쳐 스스로 포위를 풀고 퇴각하기 시작했다. 신라군 수뇌부는 정예 추격대로 퇴각하는 말갈부대의 후미를 기습하여 말갈병 300여 명을 살상하는

---

16 민덕식, 「나당전쟁에 관한 고찰」, 『사학연구』 제40집, 158쪽.

가림성(부여 성흥산성) 웅진성과 사비성을 지키기 위해 쌓은 성으로 백제 때 성곽 중 연대를 확실히 알 수 있는 유일한 성이고, 옛 지명을 알 수 있는 유적으로 매우 중요하다. 501년(동성왕 23) 축조했다고 전하는데, 당시 이곳이 가림군이었으므로 가림성加林城이라고 했다.

전과를 올렸다.[17]

이어 6월에는 웅진성 근교 가림성加林城(충남 부여 임천) 일대의 수확을 앞두고 있는 곡식에 불을 질러 들판을 초토화시켰다. 웅진도독부의 식량난을 가중시키기 위하여 장수 김죽지金竹旨 등이 병력을 동원해 전개한 작전이었다. 신라는 이를 저지하려고 출동한 당군과 석성石城(임천 동쪽) 일대에서 대규모 접전을 벌였다. 이 전투에서 신라군은 당군을 비롯하여 5300여 명의 적을 살상하는 섬멸적인 타격을 입히고 대승을 거두었다. 뿐만 아니라 당군에 가담한 백제 출신의 장수 2명과 당군의 과의果毅[18] 6명을 생포하는 전과를 올림으로써 백제 부흥군은 물론 당군 진영의 전력과 사기를 크게 위축시켰다. 그 직후인 7월 26일에 당의 행군총관 설인귀는 신라 문무왕에게 서신을 보내 이와 같은 일련의 사태에 강력히 항의하며 불만을 표시했다.

---

17 『삼국사기』 권7, 신라본기 제7, 문무왕 11년(671).
18 정규편제에 없는 임시 관직으로 하급장교에 해당하는 직책. 전투 중 가장 선두에 서서 위험한 작전에 투입된다.

이후 당군의 세력은 크게 약화되었다. 이에 신라는 사비성을 중심으로 하는 부근 일대를 소부리주所夫里州로 명명하고 아찬 김진왕金眞王을 도독으로 임명하여 행정적으로 장악했다. 백제가 멸망한 후로 10여 년이 지난 시점에서 비로소 옛 백제 영토의 일부가 신라의 행정구역으로 편입된 것이다. 이와 같이 신라의 군사력이 백제 고토로 밀려들어가자 671년 11월 웅진도독부의 관원과 백제 유민 2000여 명은 47척의 선박에 분승하여 왜倭로 탈출했다.

신라는 옛 백제지역에서의 반신라 투쟁이 사실상 막을 내리자 이듬해 (672)부터는 당군을 완전히 축출하기 위한 대대적인 포위 소탕작전을 전개했다. 그 결과 672년 후반기부터는 옛 백제지역에 대한 지배권을 확보하면서 이 지역의 인적·물적 자원을 동원할 수 있게 됨에 따라 고구려 고토에 주둔한 당군을 축출하는 전쟁에서도 유리한 위치에 서게 되었다. 이 무렵인 672년 9월 신라는 사절단을 당나라에 파견하면서 당나라 고위 관리들에게 뿌릴 엄청난 예물과 함께 앞서 생포한 당군 지휘관 및 군사 170명을 함께 돌려보냈다. 문무왕은 서신을 통해 그간의 사태악화에 대한 신라의 불가피한 입장을 완곡히 해명하고 당 고종의 양해를 구했다.[19]

한편 신라는 657년 왜와 국교를 단절하고 663년 백강전투에서 무력대결을 벌인 이래로 여전히 교류를 재개하지 않고 있었다. 그런데 당나라가 먼저 왜와의 외교를 복원하려고 시도하자 신라는 충격을 받았다. 왜는 신라 후방에서 가장 강력한 위협이 될 수 있는 세력이었다.

당이 664년 4월 사절단을 왜에 파견하고 665년 7월 다시 대규모 사절단을 특파하자 신라는 왜와의 관계개선을 서두르게 되었다. 적극적인 시도

---

19 『삼국사기』 권7, 신라본기 제7, 문무왕 12년(672).

끝에 668년 9월에는 왜의 반응을 끌어내는 성과를 거두었고,[20] 이어 11월
에는 왜의 답례 사절이 신라에 파견됨으로써 657년 이래 10여 년 만에 국
교가 재개되었다.

신라는 또 고안승이 이끄는 고구려 유민들이 왜국과 교류할 수 있도록
직간접으로 지원하기도 했다. 금마저지역에 정착하여 신라의 지원을 받
고 있던 고안승은 671년 1월부터 683년 6월까지 모두 아홉 차례나 사신을
파견하여 왜와 교류했다. 신라는 금마저의 고구려 유민들을 끌어들여 왜
와 한층 더 친밀한 관계를 맺으면서 신라의 침공 가능성을 우려하던 왜의
의구심을 해소시켜나갔다. 이제 신라는 왜가 중립을 유지하는 가운데 대
당 전쟁에 주력할 수 있게 되었다.[21]

죽는 것보다 죽을 자리를 택하는 것이 어려운 일이니

669년 9월 토번족이 천산남로天山南路로 쳐들어오자 당은 이를 저지하기 위
해 670년 4월경 설인귀의 주력부대를 한반도에서 차출했다. 그리고 그 공
백은 말갈족과 거란족을 투입하여 메웠다.[22] 한편 신라는 웅진도독부의
당군 세력과 백제 부흥군 세력을 소탕하고 백제 고토에서 주도권을 장악

---

20 문무왕은 668년(문무왕 8) 9월에 대일외교를 복원한 이후로 681년 7월까지 13년간 12회
　나 사절을 파견하면서 관계를 돈독히 했다. ; 김은숙, 「8세기의 신라와 일본의 관계」, 『국
　사관논총』 제29집(국사편찬위원회, 1991), 104쪽.
21 노태돈, 「대당전쟁기(669~676) 신라의 대외관계와 군사활동」, 『군사』 제34호(국방부 군
　사편찬연구소, 1997), 9-13쪽.
22 서영교, 「나당전쟁과 토번」, 『동양사학연구』 제79집(동양사학회, 2002), 7-8쪽 ; 서영교,
　『나당전쟁사 연구』(아세아문화사, 2006), 90-94쪽.

하게 되는 672년을 전후한 시기부터 고구려 고토로 관심을 옮기기 시작했다. 672년 7월 무렵 당나라는 한족 기병 1만 명과 거란 및 말갈병 3만을 평양에 급파하여 8개 지역에 주둔시켰다. 이들은 주둔지를 요새화하여 방어력을 증강하고 전열을 정비하면서 고구려 부흥군을 공격할 준비를 갖추기 시작했다.

당군과 말갈군은 약 한 달간의 준비기간을 거쳐 672년 8월부터는 본격적인 공격에 나섰다. 먼저 평양성 서남쪽 근교에 위치한 한시성韓始城과 마읍성馬邑城이 1차 공격대상이 되어 집중적인 공격을 받았다. 고구려 부흥군은 후방지원이 차단되어 고립무원의 상황이 지속되면서 패퇴하고 말았다. 이어서 당군은 백수성白水城(황해도 배천) 근교에 진지를 구축하고 포위태세를 강화했다. 백수성의 고구려 부흥군은 사면이 포위된 급박한 상태에 놓였으나 신라군이 당군의 후방을 급습하면서 상황이 반전되었다. 성안의 고구려 부흥군이 신라군의 공격에 내응하는 형세가 되면서 오히려 당군을 포위하는 형세로 급변하게 된 것이었다. 신라군과 고구려 부흥군은 수천 명을 살상하고 많은 전리품을 노획했다.

백수성 공방전에서 패퇴한 당군은 석문산石門山(황해도 서흥 목감)에 이르러 비로소 전열을 정비할 수 있었다. 신라군과 부흥군은 승리의 여세를 몰아 당군을 추격하다가 당군의 포위망에 걸려 2000여 명이 포로가 되는 큰 손실을 입기도 했다. 이 전투에 참전했던 대장군 김유신의 아들 김원술金元述은 주요 지휘관들이 전사하자 자신도 적진으로 달려가 함께 최후를 마치려고 했다. 그러자 그를 보좌하던 담능淡陵이 "대장부大丈夫는 죽는 것이 어려운 것이 아니라 죽을 자리를 택하는 것이 어려운 일이니, 만일 죽어서 성취하는 것이 없다면 차라리 살아서 후에 전공을 세울 기회를 노리는 것만 같지 못하다"고 하며 만류했다. 김원술은 "남아는 구차하게 살

낙랑 대방 지역 축출 상황 (672~673)

지 않는 것이다. 장차 무슨 면목으로 아버지를 뵙겠는가"라고 하면서 듣
지 않았다. 그러나 담능이 끝내 말고삐를 잡고 놓아주지 않았으므로 퇴각
할 수밖에 없었다.

석문산전투에서 대패한 신라군은 대아찬 김효천金曉川, 아찬 김능신
金能申 · 김두선金豆善, 일길찬一吉湌(제7관등) 김양신金良臣, 사찬沙湌(제8관등) 김
의문金義文 · 김산세金山世 등이 한꺼번에 전사하는 심대한 타격을 입었다.
따라서 전력에 막대한 차질을 초래하게 되었으므로 일단 작전을 중단하
지 않을 수 없게 되었다.

이 같은 패전 사실을 보고받은 문무왕은 즉시 중신회의를 소집하여 대
책을 논의했다. 김유신은 당군의 계획을 예측할 수 없으므로 장병들을 모

두 동원하여 주요 지역의 경계를 강화해야 한다고 건의했다. 그러면서 자신의 아들 김원술이 적진으로 들어가서 싸워 죽지 않고 살아 돌아왔으니 참형으로 다스려야 한다고 주장했다. 그러나 문무왕은 김원술이 주장主將이 아닌 하급지휘관이었으므로 처벌할 만한 잘못이 아니라고 하며 더 이상 문제 삼지 않았다.[23]

신라는 장차 당군과의 전투에 대비하여 8월에 한산주漢山州(경기도 광주)의 주장성晝長城(남한산성)을 축조했다. 주위의 둘레가 무려 4360보에 이르는 주장성을 축조함으로써 강북의 북한산성과 함께 강남지역의 중심기지로 이용할 수 있게 되었다. 한강 하류지역을 천연장애물로 하는 방어선을 새로운 거점으로 확보함으로써 한강 이남지역을 군사적으로 한층 더 확고하게 장악할 수 있게 된 것이었다.[24]

한편 임진강 중류지역 일대를 장악하고 있던 고구려 부흥군은 673년 9월 말갈족 이근행 부대의 공격을 받고 임진강의 요지인 호로하瓠蘆河(경기도 적성)에서 접전을 벌였다. 이 지역은 비교적 수심이 얕아서 배를 타지 않고 건너갈 수 있으며, 남쪽의 개활지開豁地로 연결되는 일명 호로탄瓠蘆灘으로 불리기도 하는 곳이었다. 표주박 모양으로 굽이쳐 흐르는 사행蛇行하천이기 때문에 강을 건너려는 세력을 감시하면서 양안의 성곽이 상호 보완적으로 대응할 수 있어서 소수의 군사로도 많은 적을 막아내기 용이한 곳이었다.[25] 이러한 지형적 이점 때문에 호로하는 고구려 부흥군과 당군이 격돌하는 각축장이 되었다.

---

23 『삼국사기』 권43, 열전 제3 「김유신 하」.
24 『삼국사기』 권7, 신라본기 제7, 문무왕 12년(672) ; 민덕식, 「나당전쟁에 관한 고찰」, 『사학연구』 제40집, 162-164쪽.
25 육군사관학교 육군박물관, 『경기도 파주군 군사유적 지표조사보고서』(1994), 78-88쪽.

임진강 전경 호로 지역에 있는 옛 성이라는 뜻의 호로고루瓠蘆古壘는 삼국시대 호로하로 불린 임진강 중상류에 있다. (파주시청 제공)

호로탄 일대에서 격돌한 양군은 일진일퇴를 거듭하는 대접전을 벌였다. 지형의 이점을 최대한 이용한 고구려 부흥군은 당군의 대규모 공격에 효과적으로 대응하여 많은 전과를 올렸다. 그러나 신라군의 지속적인 지원을 받지 못하여 시간이 흐를수록 당의 대군에 포위되고 있었다. 고구려 부흥군은 고립무원의 상황에서 수천 명이 포로가 되는 심대한 타격을 입은 채 결국 와해되고 말았다.[26]

임진강의 호로탄 일대에서 전열을 정비한 당군이 남하하자 신라군은 주요 거점을 중심으로 공격과 방어를 적절히 구사하여 남진을 지연시켰

---

26 『자치감』 권202, 당기 18 고종 함형 4년과 『신당서』 권220, 열전 제145, 「고구려」에 의하면 이 무렵의 전투에 이근행의 처인 유씨劉氏도 참전했다.

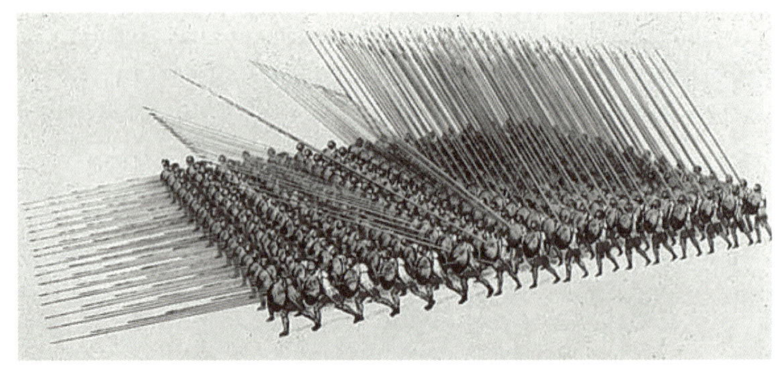

마케도니아의 장창대 동서양에서 공히 장창대의 위력은 강했다.

다. 고구려 부흥군과는 달리 정예화된 신라군은 말갈족과 거란족 중심으로 편성된 당군을 대파하고 2000여 명을 살상하는 전과를 거두었다. 특히 황해도와 경기도 일대 평야지대에서 기병부대를 격파하고 승리할 수 있었던 것은 672년에 창설된 긴 창을 주무기로 하는 장창당長槍幢의 활약 덕분이었다.[27] 이로써 신라는 임진강 일대의 주요 거점들을 수복하여 임진강 이북으로 진출할 수 있는 확고한 발판을 마련하게 되었다.

673년 겨울이 되자 당군은 예성강 중하류지역에 위치한 고구려 부흥군의 여러 거점을 공격해왔고, 임진강과 한강 그리고 예성강 하류의 평야지대에 위치한 성곽들은 673년 겨울 대부분 당군에게 점령당하고 말았다. 이로부터 고구려 부흥군의 활동은 막을 내리고, 신라군 단독으로 당군 축출전쟁을 전개하게 되었다.

한편 신라군의 선전으로 당군이 고전하자 당은 신라 조정 내부에 정치적 분열을 조장하여 신라군의 전력을 약화시키려는 술책을 구사했다. 위

---

27 서영교, 「나당전쟁과 토번」, 『동양사학연구』 제79집, 8-9쪽 ; 서영교, 『나당전쟁사 연구』 (아세아문화사, 2006), 100-104쪽.

예성강 임진강 지역 전투상황(675.2.)

기에 직면한 신라는 대규모 군사기동훈련을 실시하는 등 내부단결을 과시하면서 그동안 축적된 군사력으로 일종의 무력시위를 전개하는 것으로 맞대응했다.[28]

유인궤劉仁軌의 당군은 임진강을 건너 675년 2월 칠중성七重城(경기도 파주 적성)의 신라군을 공격했다. 칠중성은 해발고도가 불과 149미터인 중성산重城山에 위치하면서도 칠중하七重河(임진강) 일대의 광활한 평야지대를 한눈에 감제할 수 있는 전략적 요지였다.[29] 또한 지리적으로는 한반도의 동북

---

28 『삼국사기』 권7, 신라본기 제7, 문무왕 13(673)~14년.

29 육군사관학교 육군박물관, 『경기도 파주군 군사유적 지표조사보고서』, 35-40쪽.

칠중성 (파주시청 제공)

쪽에서 서북쪽으로 통하는 교통의 분기점인 동시에 남진 통로의 합류점
이 되어 한강 하류지역으로 연결될 수 있는 요지이기도 했다. 따라서 칠
중성은 당시 신라 북방 변경지역의 최대 군사거점이었다.

신라군은 칠중성을 중심으로 한 그 외곽의 주요지역을 먼저 점령하고
있었으므로 유리한 위치에서 기습공격을 가할 수 있었다. 그러나 당의 대
군 앞에 중과부적인 신라군은 일단 퇴각하여 농성전으로 전환했다.[30] 그
이후로 당군도 더 이상 칠중성을 공격하지 않고 주변 요지에 주둔하면서
신라군의 활동을 감시했으므로 전투가 벌어지지는 않았다.

그런데 675년 2월부터 당군 일부가 귀국하고 나머지 부대를 재편성하
면서 말갈족 출신 이근행이 지휘를 맡게 되었다. 과거 고구려의 영향력

---

30 『삼국사기』 권7, 신라본기 제7, 문무왕 15년(675).

아래 있던 말갈족이 당군의 일부로 참전함으로써 고구려 부흥군과 신라에는 적지 않은 부담을 주고 있었다.[31] 당이 말갈족과 거란족을 투입한 것은 일부 부대가 본국으로 철수한 후 생긴 기병부대의 전력 공백을 메우려는 의도인 동시에[32] 이민족을 또 다른 이민족으로 통제하는 전통적인 이이제이 정책의 일환이기도 했다.

티베트의 개입으로 7년 나당전쟁이 막을 내리다

당군 잔류부대는 칠중성을 감싸고 흐르는 칠중하를 우회하여 상류지역의 한탄강을 건넌 후 매소성買肖城(경기도 전곡으로 추정)을 중심으로 한 부근 일대에 주둔하기 시작했다. 그리고 곧이어 요충지인 매소성을 점령함으로써 새로운 교두보를 확보했다.

그러나 신라군은 그 직후에 매소성을 탈환한 것으로 보인다. 이에 대한 상황기록은 없으나 지형에 유리한 신라군이 매소성을 탈환하는 데는 큰 어려움이 없었을 것으로 짐작된다. 본격적인 매소성 공방전은 거란군과 말갈군이 혼합 편성된 당군이 매소성을 빼앗기 위해 작전을 재개하면서 그해 9월 하순까지 부근 일대에서 치열하게 전개되었다.[33]

신라군은 소규모 부대로 매소성 외곽의 당군을 수차례 공격하여 적을 피로하게 한 후 675년 9월 29일부터 주력부대와 격돌했다.[34] 그리고 후방

---

31 양병용, 「나당전쟁 진행과정에 보이는 고구려유민의 대당전쟁」, 『사총』 제46호, 44-47쪽.

32 서영교, 「나당전쟁과 토번」, 『동양사학연구』 제79집, 8쪽.

33 안국승, 「매초성 연구」, 『경기향토사학』 제2집(1997), 267 · 276-277쪽 ; 육군사관학교 육군박물관, 『경기도 파주군 군사유적 지표조사보고서』, 82-101쪽.

의 지원을 받은 신라군은 인근 지역과 협력체제를 유지하면서 마침내 당군의 마지막 공격을 물리치고 매소성을 고수해냈다. 퇴각하는 당군이 버리고 간 수많은 각종 무기들은 고스란히 신라군의 전리품으로 남았다.

매소성 공방전에서 실패한 이후 당군은 진로를 바꾸어 다시 칠중성의 신라군을 공격했다. 그러나 칠중성의 신라군은 처음부터 농성 위주로 대응하면서 성을 고수하고 당군의 침공을 물리쳤다. 이 무렵 신라군은 675년 9월 백수성전투에서 당군 1400여 명의 사상자를 내는 대승을 거두고, 예성강 어귀에서도 병선 40척을 나포하고 전마 1000필을 노획하는 전과를 추가했다.[35]

이런 몇몇 대표적인 전투를 비롯해 675년 말을 전후한 시기에 신라와 당은 모두 18회의 크고 작은 전투를 치렀다. 그동안 신라군은 차곡차곡 승리를 거두면서 많은 전리품을 노획한 반면 당군의 전력은 크게 약화되었다. 전선이 소강상태로 접어들자 당군은 손실을 만회하고 군사들의 사기도 고양시킬 수 있는 특단의 방안을 강구하지 않을 수 없었다. 1년여 기간 동안 전열을 정비한 당군은 서해안을 우회하여 금강 하구로 진입하려고 시도했다. 한강과 임진강 및 한탄강 일대에서 전개되었던 수차례의 전투에서 모두 실패하여 내륙으로의 진출이 불가능하게 되자 해상으로 우회할 계획을 세운 것이었다.

신라가 지상전에 군사력을 집중하고 있을 때 측후방의 금강을 거슬러 올라가서 부여성을 점령한다면 당군이 전세를 반전시킬 수도 있었다. 백

---

34 「매초성전투」〔『한민족 대백과사전』7(한국정신문화연구원, 1989)〕의 필자 이호영은 『삼국사기』에는 20만 명이라 했지만 중국 측 사서를 참작하면 4만 명으로 추측된다'고 했다.

35 『삼국사기』의 '천성泉城'은 '백수성白水城'의 세로쓰기를 오독했기 때문이다. ; 『삼국사기』권7, 신라본기 제7, 문무왕 15년(675).

매소성 전투 기록화 (전쟁기념관 제공)

제 고토를 통치하기 위해 671년 8월 신라가 설치한 소부리주의 행정중심지 부여성을 장악함으로써 신라 세력을 축출할 수 있을 뿐만 아니라 신라 본토의 측면을 공략할 수도 있었기 때문이었다. 전세를 역전시키기 위한 당군의 공세는 676년 11월 기벌포伎伐浦(충남 장항)에서 전개되었다.

당군은 신라군의 감시를 피해 금강 하구에 도착하는 데는 성공했으나 하구의 기벌포에서 사찬 김시득金施得이 지휘하는 신라 수군의 감시망에 포착되었다. 초전에서는 설인귀의 당군이 승리했으나 신라군이 전열을 정비하여 금강 입구의 해상을 봉쇄한 후로는 전세가 역전되었다. 설인귀의 병선을 포위하듯 묶어둔 신라군은 전투대형을 자유자재로 변형하면서 공격했고, 유리한 위치에 있던 신라군은 마침내 최후의 승리를 쟁취했다. 당군은 4000여 명이 살상되는 섬멸적인 타격을 입었다.[36]

이 전투는 매소성전투와 마찬가지로 당군의 전투력을 크게 소진시킴으

기벌포 전투 상황(676.11.)

로써 전황을 신라에 유리하게 반전시키는 데 결정적인 역할을 했다. 수륙 양면에서 크게 타격을 입은 당군은 이미 신라군을 상대할 수 있는 전력을 상실했고, 사기마저 저하되어 아예 접전을 회피하는 지경이었다. 더 이상의 회전을 포기한 채 당군이 전면적인 철군을 단행하기로 함으로써 기벌포 전투는 670년부터 676년까지 무려 7년 이상을 끌어온 나당전쟁의 막을 내리는 마지막 전투가 되었다.

이 무렵인 676년 후반기부터 당나라는 티베트족인 토번의 침공에 크게 위협을 느끼고 있었으므로 한반도전쟁에 주력할 수가 없었다. 매소성전

---

36 『삼국사기』 권7, 신라본기 제7, 문무왕 16년(676) ; 정순태, 「반외세 통일의 군주 문무왕－ 문무왕과 백제와 부여풍 행적을 따라」, 『월간중앙WIN』(1996년 11월호 부록).

투에 실패한 이근행의 부대도 철군 후 676년 3월경부터 토번족 토벌전쟁에 투입되고 있었다.[37] 이처럼 토번족과의 전쟁이라는 당나라 내부정세의 변화에 직접적인 영향을 받고 있었다는 측면에서 보면, 신라의 당군 축출전쟁은 7세기 후반에 전개된 국제전의 다른 한 축으로도 이해할 수 있다.

당나라는 고구려 부흥세력을 무력으로 토벌하는 한편, 일반 유민들의 적개심을 약화시킴으로써 지배력을 강화하는 정책을 동시에 추진해나갔다. 예컨대 677년 2월에는 고구려의 마지막 왕인 보장왕을 요동도독으로 임명하여 요동에 상주하면서 고구려 유민들을 위무하도록 했고, 고구려 유민들도 요동으로 이주시켜 함께 거주하도록 했다. 앞서 676년에는 당나라 요동성에 치소를 두고 있던 안동도호부를 신성으로 이동시켜 보장왕과 고구려 유민들의 자치를 보장해주기도 했다.[38] 당나라는 신성의 안동도호부를 통하여 이들의 동태를 감시하는 한편으로, 당나라에 대한 적대감을 약화시켜 신라를 견제하는 세력으로 이용한다는 계획도 가지고 있었다.

실리외교의 승리

신라는 당나라와 연합군을 형성하여, 660년 7월 백제를 멸망시키고 668년 9월 고구려 수도 평양성을 점령함으로써 연합전력의 첫 단계 전략목표를 모두 달성했다. 그러나 당나라가 신라마저 지배하려는 야심을 노출시키

---

37 서영교, 『나당전쟁사 연구』, 247-248쪽.
38 『삼국사기』 권22, 고구려본기 제10, 보장왕 하 의봉 2년(677) ; 보장왕은 요동으로 돌아온 후 유민을 규합하여 대당투쟁을 계획하다가 발각되어 681년 공주邛州로 소환되었다.

면서 한반도는 다시 전화에 휩싸이게 되었다. 당과의 연합군 형성을 주도했던 신라가 이런 사태를 어느 정도까지 예견하고 있었는지는 알 수 없으나, 백제와 고구려를 상대로 전개했던 660년부터 668년까지의 전쟁에 이어 다시 7년여의 나당전쟁을 승리로 이끈 그 용기와 저력은 높이 평가할 만하다. 신라가 당군 축출전쟁마저 승리로 이끌 수 있었던 요인을 몇 가지로 분석해볼 수 있을 것이다.

신라는 어떠한 악조건에서도 대당 외교를 단절하지 않고 주도적으로 전개했다. 당나라의 감정이 악화되는 위기상황에서도 한층 적극적인 대당 외교를 전개하여 반신라 감정을 약화시키고 연합군체제의 정당성을 강조했다. 당군에 맞서 강력한 무력투쟁을 전개하면서도 외교적으로는 당나라 조정과 선린관계를 유지하는 이른바 화전양면和戰兩面의 실리외교는, 국익을 최우선으로 하는 신라의 일관된 정책노선이었다.

연합군을 형성할 당시 신라의 최종목표는 대동강–원산만 이남을 영토로 확보하는 것으로, 이는 양국 간에 이미 합의된 사항이었다. 그런데 당 태종이 합의한 사항을 고종 대에 이르러 지키려 하지 않았기 때문에 무력으로 대응할 수밖에 없었다는 점을 신라는 부각시켰다. 선린관계가 손상되는 것을 미연에 방지하고, 동시에 신라의 단호한 의지를 천명한 대응조치가 전쟁을 승리로 이끄는 1차적 요인이 되었던 것이다.

이러한 적극적인 외교 자세는 왜와의 관계개선에서도 적용되었다. 당나라가 왜와의 관계를 개선한 것에 자극받은 신라는 발 빠르게 대응했다. 왜와의 관계를 개선하는 것은 신라의 후방을 위협할 수 있는 제3세력에 대해 안전조치를 강화하는 긴요한 작업일 뿐만 아니라 백제 유민들과의 관계개선에 악영향을 미칠 수 있는 요인을 사전에 제거하는 작업이기도 했다. 한편 왜의 입장에서도 663년 백강전투에서 참패한 이래 10여 년간 단절된 국교를 재개함으로써 신라의 보복침공 우려를 해소할 수 있었다.

신라는 당군 축출전쟁에 고구려 부흥군 세력을 적극 활용했다. 신라의 최종목표인 대동강-원산만 이남지역을 확보하기 위해 부흥군의 전력을 보강해줌으로써 완충기능을 강화시킨 신라의 전략 운용은 높이 평가할 만한 것으로, 고구려 고토에서 부흥군이 전개한 전투는 당군에 상당한 손실을 입혔다.

특히 오늘날의 황해도와 임진강 일대에서 전개된 전투는 비록 부흥군의 패퇴로 끝나기는 했으나, 당군의 남진을 지연시킴으로써 신라가 군사력을 보존하고 대응태세를 강화할 수 있는 시간적 여유를 확보하는 데 크게 기여했다. 한편으로 신라는 고구려 부흥군 세력이 지나치게 성장하면 결국 신라에 큰 부담이 될 수밖에 없다는 사실도 염두에 두었을 것이다. 따라서 당군과 부흥군이 싸우는 동안 양측의 전력이 소진된 마지막 단계에서 어부지리를 취하겠다는 계산도 이미 신라의 전략스케줄에는 포함되어 있었을 것이다.

신라가 당나라의 전력이 분산된 틈새를 포착하여 공세를 강화함으로써 성과를 거둔 사실도 중요한 의미가 있다. 예컨대 674년의 매소성전투에서는 당의 대공세를 유인 섬멸작전으로 타격을 입히고 승리를 이끌어냈다. 토번족의 침공을 물리치기 위해 당의 주력군이 대부분 빠져나간 후에 펼쳐진 공세이기는 했으나, 이 전투의 승리로 신라의 대당 외교에는 정치적 힘이 실리게 되었다.

매소성전투는 당군 축출전쟁의 승리를 보장하는 최후의 지상전으로 삼국 통일전쟁의 분수령이 되었다. 당군이 한반도 내륙에서의 작전을 포기하도록 압박한 결정적 계기가 된 전투였던 것이다. 최후의 승부수로 서해안으로 우회하여 백제 고토를 점령함으로써 전세를 역전시키려던 676년의 기벌포전투마저 신라군이 선방하면서 당군의 전면적인 철군은 앞당겨지지 않을 수 없게 되었다. 10여 년간 이민족의 지배 정책에 대항하는 민족 차원의 대당 전쟁을 꾸준히 전개한 결과, 마침내 신라는 한반도에서 당군을 축출하고 서쪽 대동강에서 동해의 원산만에 이르는 경계선 이남 지역을 자국 영토로 확보하게 되었다.

당나라 세력을 대동강 이북으로 축출했으나 이때부터 곧바로 대동강 이남을 신라 영토로 인정받은 것은 아니었다. 당나라의 공식 인정은 반세기가 훨씬 지난 735년(성덕왕 34)에 비로소 이루어졌는데, 이처럼 오랜 시간이 지나 공식문서로 대동강 이남을 내준 것은 발해渤海가 세력을 확산하고 있었기 때문이었다. 외형적으로는 발해의 장문휴張文休가 수군을 이끌고 산동반도의 등주登州(산동성 봉래)로 쳐들어왔을 때 신라가 파병하여 당군을 지원해준 데 대한 정치적 보상이었다.

그러나 그 이면에는 신라의 당나라에 대한 적대감을 완화시켜 우방으로 확보하고, 새로운 위협세력으로 등장한 발해 견제에 이용할 수 있다는 계산이 깔려 있었다. 어쨌든 급변하는 주변정세의 변화와 대당 외교에 능동적으로 대처한 신라는 막강한 당의 군사력을 자력으로 축출한 것은 물론, 당초 합의한 대로 백제 고토와 대동강 이남의 고구려지역까지 자국 영토로 확보하게 되었다. 백제와 고구려의 유민들을 민족적 동질성으로 결속시켜 내부 단결을 강화하고, 이를 다시 대당 적개심으로 승화시키는 한편으로 외교적으로는 전통적인 대당 유화정책을 적절히 구사하여, 국익을 최우선으로 하는 실리외교와 유연성을 잃지 않은 강온 양면정책을 전개하여 새로운 영토의 확장으로 연결시켰던 것이다.

삼국 통일전쟁의 마지막 과정이었던 신라의 당군 축출전쟁은, 강대국 수·당을 상대로 투쟁하던 고구려를 계승한 한민족의 대이민족對異民族 전쟁이기도 했다. 따라서 신라의 삼국통일은 나당전쟁 승리의 결과인 동시에 고구려 영토의 대부분을 상실하는 대가를 지불한 결과이기도 한 것이었다.[39]

---

[39] 김철준, 『한국문화전통론』(세종기념사업회, 1983), 58쪽.

백제 유장 흑치상지 당나라에서 재기하다

백제 장수 흑치상지黑齒常之는 신라 침공작전을 비롯한 기타 군사작전에서는 이름이 발견되지 않다가 백제 멸망 단계에서 비로소 등장한 인물이다. 황산벌에서 김유신군의 발목을 잡아 작전에 차질을 준 계백도 이와 유사한 경우다. 『삼국사기』 흑치상지 열전에 의하면 그는 백제 서부지역 출신으로 제2관등인 달솔達率에 풍달군風達郡의 장수를 겸하고 있었다. 7척 장신에 지략과 용맹을 겸비한 인물이었으나 백제가 나당연합군에게 항복할 때는 그도 당군에 투항한 것으로 나온다. 그러나 점령군으로 주둔한 당나라 소정방군의 횡포가 극에 달하고 유민들의 생존이 위협받게 되자 부흥운동을 결심하게 된 것으로 보인다.

그는 10여 명과 모의하여 당군 진영을 탈출한 후 현 예산군 대흥의 임존산성任存山城에서 부흥세력을 규합했다. 흑치상지의 봉기 소식이 전해지자 열흘도 못 되어 그 휘하에 집결한 부흥군이 3만에 이르렀다고 한다. 그

부흥군 유적 임존성 전경 백제 멸망 후 주류성과 더불어 백제 부흥운동의 거점 중 하나인 임존성. 웅진 천도 이후 수도 방위 역할을 담당했다. 부흥운동 당시 흑치상지가 이 성을 이끌었다. 또한 후삼국 시대에는 고려 태조 왕건과 견훤이 이곳에서 전투를 벌였다고 전해지는 유서 깊은 곳이다. (예산군)

러나 당군의 노략질을 피해서 몰려든 주민이 대부분이었을 것이므로 실제로 싸움에 나갈 수 있는 전투 병력으로 보기는 어렵다.

이렇게 모여든 주민들로 부흥군을 편성한 흑치상지는 소정방군의 공격을 받고 이들을 물리치기도 했다. 이 승리는 부흥군에게 자신감을 주기에 충분한 사건이었다. 이에 고무된 부흥군은 비교적 짧은 시간에 200여 개의 성을 회복하며 기세를 올렸다. 그러나 이런 승세를 오랫동안 지속할 수는 없었던 것으로 보인다. 소규모 산성에서 소정방의 정규군을 상대로 장기간 항전하는 데는 한계가 있을 수밖에 없었다. 마지막 저항을 하던 흑치상지는 당 고종이 파견한 사신의 회유를 받고 662년을 전후한 어느 시기에 당의 유인궤劉仁軌 진영에 투항함으로써 백제 고토에서의 활동을 접었다.

당나라로 이동하여 고종으로부터 좌령군원외장군左領軍員外將軍 양주자사洋州刺史에 임명된 흑치상지는 이후 크고 작은 전투에 참여하여 승리하면서

명성도 높아졌다. 678년에는 토번 정벌전쟁에 이경현·유심례 등과 출전하여 전공을 세우고 고종으로부터 좌무위장군겸검교좌우림군左武衛將軍兼檢校左羽林軍에 임명되었다가 다시 하원군부사河源軍副使에 임용되었다. 그 후 정예기병 2000명을 이끌고 출전하여 토번군을 섬멸하고 그 공로로 하원도경략대사河源道經略大使에 임명되었다. 7년여 동안의 토번 정벌전쟁에서 세운 눈부신 전공으로 흑치상지는 연국공燕國公에 책봉되기도 했다.

돌궐이 당의 변경으로 쳐들어와 약탈을 자행할 때는 토벌작전에 출동하여 혁현한 전공을 세우고, 연연도대총관燕然道大總管으로서 부총관인 이다조李多祚·왕구언王九言과 함께 출전하여 돌궐을 고비사막 이북으로 축출하기도 했다. 그러나 좌감문위중랑장左監門衛中郎將인 찬보벽爨寶璧이 전공에 눈이 멀어 돌궐 추격전을 서두르면서 문제가 발생하고 말았다. 흑치상지의 지원을 외면한 채 적진 깊이 들어갔다가 많은 군사를 잃고 참패한 것이다. 이런 사실이 중앙 조정에 알려지는 것이 두려웠던 찬보벽은 자신의 과실을 감추기 위해 흑치상지에게 책임을 뒤집어씌웠다. 흑치상지가 두 마음을 품고 응양장군鷹揚將軍 조회절趙懷節과 공모하여 적진에 정보를 넘겨주었다고 모함한 것이다. 결국 패전지장인 찬보벽은 처형되고 흑치상지도 투옥되었다가 이국땅에서 형장의 이슬로 사라졌다. 같은 한족이 아닌 이민족의 장수가 공을 쌓아가는 것이 주변의 장수들은 부럽기도 하면서 한편 두렵기도 했을 것이다.

백제 멸망 후 당나라에 투항한 무장으로 토번 및 돌궐 토벌작전에 출전하여 많은 전공을 세웠던 흑치상지는 부하들을 아끼는 인간애가 남달랐다. 『삼국사기』에 승전의 대가로 하사받은 귀중품을 부하들에게 나누어주어 자신에게는 남은 것이 별로 없었다는 기록이 있는 것으로 보아 재물을 탐하지 않는 청렴한 리더였던 것 같다. 부하들로부터 존경과 지지를

받으며 이국의 전쟁터를 누비던 백제 유장 흑치상지의 능력이 정작 백제
멸망과정에서는 전혀 발휘되지 못한 것이 더욱 아쉽다.

제6장

다시 발해를 꿈꾸며

- 733년 발해와 당나라의 전쟁

• 고구려를 계승하며 말갈을 거두다
• 당의 전략적 파트너로 성장하다
• 새질서와 구질서
• 거대한 제국 발해의 전성시대
• 역사 속으로 사라지다
• 해동성국 부활운동

❖ 발해 공주의 묘비

고구려를 계승하며 말갈을 거두다

발해는 고구려 멸망 후 7세기 말을 전후한 시기에 그 유민들이 옛 고구려 영토를 중심으로 세운 나라로, 이 시기를 통일신라와 함께 '남북국시대南北國時代'라 부른다. 건국 초기에 발해의 국왕은 대외적으로 '고려 왕'을 자처했고, 발해가 멸망한 후에 그 주민들은 '발해인'으로 역사서에 기록되었다.

장차 발해의 구성원이 되는 고구려 유민과 고구려계 말갈족은 건국 이전부터 이미 당나라와 군사적으로 대립하고 있었다. 고구려 멸망에 대한 적대감 때문에 당과는 감정의 골이 깊을 수밖에 없었다. 따라서 발해를 건국한 고구려 유민집단은 장차 당나라의 안전을 위협할 세력으로 성장할 소지가 있다는 지도층의 우려 때문에 강제이주의 대상이 되기도 했다.

대조영^{大祚榮}을 중심으로 하는 고구려 유민집단이 언제 어떠한 규모로 영주^{營州}(요녕성 조양)지역으로 이주하게 되었는지에 관한 정확한 자료는 남아 있지 않다. 그러나 이들은 669년 고구려 수도 평양과 요동지역 주민들 가운데 당나라에 저항할 잠재력을 보유한 세력집단으로 간주되어 강제 이주되던 중 영주지역에 체류하게 되었다. 한편 걸사비우^{乞四比羽}가 이끄는 무리는 고구려 유민집단과 함께 영주에 머물고 있던 말갈족으로, 그동안 고구려의 대중국 군사작전에 기병을 동원하는 등의 방법으로 개입했다 하여 역시 강제이주 대상이었다.

대조영의 고구려 유민집단은 695년 5월 거란족 지도자 이진충^{李盡忠}이 돌궐의 지원을 받아 영주지역을 공격해오자 이듬해 9월 무렵 동진을 시작했다.[1] 영주지역에 당군이 주둔하자 일부 고구려 유민은 현지에 잔류하면서 당군에 협력하기도 했으나 대부분은 당나라의 영향력이 커지는 영주지역을 벗어나기 위해 동쪽으로의 이주를 감행했다.[2]

이 무렵 거란족은 이진충의 지휘 하에 북중국의 하북지역으로 남진하고 있었으나, 696년 10월 이진충이 죽고 지도자가 교체되었음에도 불구하고 여전히 공세를 유지하고 있었다. 그러던 중 당나라가 돌궐을 끌어들여 거란의 배후를 공격하자 전세가 역전되었다. 거란족의 반란은 697년 6월 당군에 의해 진압되었다. 거란의 반란이 진압된 후로 당나라는 영주지방에서 동북쪽으로 근거지를 옮긴 대조영의 아버지 걸걸중상^{乞乞仲象}을 진국공^{震國公}에, 말갈족 지도자 걸사비우를 허국공^{許國公}에 각각 임명하며

---

1 정병준, 「영주의 대조영 집단과 발해국의 성격」, 『동북아 역사논총』 16호(동북아역사재단, 2007), 29쪽.
2 김종복, 「발해의 건국과정에 대한 재고찰」, 『한국고대사연구』 34(지식산업사, 2004), 310-313쪽.

회유를 시도했다.[3] 그러나 걸걸중상과 걸사비우가 당나라의 제의를 거절
함에 따라 당군의 공격을 받게 되었고, 1차 전투에서 말갈족의 지도자 걸
사비우가 전사하고 말았다. 마침 대조영의 아버지 걸걸중상도 병으로 사
망하면서 대조영이 고구려 유민과 말갈족들을 함께 이끌게 되었다.[4]

당의 전략적 파트너로 성장하다

대조영은 고구려 유민과 말갈족 집단을 이끌고 이동하다가 천문령天門嶺
(송화강 지류 휘발하와 혼하의 분수령인 길림성 합달령) 동쪽에서 과거 대당
1차 전투의 실패를 설욕한 후 계속 동진해갔다. 타격을 입은 이해고李楷固
군대는 대조영 추격에 나섰으나 곧 포기하고 되돌아갔다.[5] 이 무렵 당군
은 영주지방을 침공해온 돌궐족으로 인해 장거리 보급선에 위협을 느끼
고 있었다. 실제로 요동지역 일부에서는 육로가 차단되어 해로를 통해 보
급을 받을 정도로 그 피해가 심각했다. 그리하여 더 이상 당군의 추격을
받지 않고 이동을 계속하던 대조영 집단은 이후 오늘날의 동만주 목단강
牧丹江 유역인 길림성 돈화시敦化市 부근에 정착하여 동모산東牟山(길림성 돈화
시 성산자산성)을 중심으로 수도를 건설하고 발해의 기초를 다지기 시작했
다.[6]

---

3 노태돈, 「발해의 건국」, 『한국사』10(국사편찬위원회, 1996), 22-24쪽.
4 임상선, 『발해의 지배세력 연구』, 55쪽 ; 이인철, 「6~7세기의 말갈」, 『국사관논총』 제95집
  (국사편찬위원회, 2001), 60쪽.
5 임상선, 「발해 건국 참여집단의 연구」, 『국사관논총』 제42집(국사편찬위원회, 1993), 34 ·
  141-142쪽.
6 노태돈, 「발해의 건국」, 『한국사』10, 25쪽.

발해의 첫 수도 동모산 (전쟁기념관 제공)

　　한편 당나라는 699년 요동에 있던 도호부를 안동도독부安東都督府로 축소 개편하고, 고구려 보장왕의 아들 고덕무高德武를 안동도독에 임명했다. 이 처럼 요동지역이 완충지대 역할을 하게 되자 동북지역에 정착한 대조영 집단은 당나라의 위협이 완화된 상황에서 건국의 초석을 다질 수 있게 되었다. 그러나 발해는 당에 대한 경계를 풀지 않았다. 이미 당군의 침입을 예상해놓은 가운데 대조영은 그 견제를 위해 주변의 돌궐·거란·통일신라·일본 등과의 군사외교를 강화해나가기로 했다. 발해의 첫 번째 외교 상대는 통일신라로, 마침 통일신라도 당나라의 지배야욕에 군사적으로 대항하는 상황이어서 이를 틈타 가장 먼저 관계를 개선할 수 있었다. 그러나 이 교류는 통일신라에서 대조영을 진골 제5관등의 최하위 관등으로 대우하는 모욕적인 대접을 감수하고 이루어지는 것으로, 통일신라와 당의 재결합을 차단하고 당의 보복침공에 대비해야 하는 발해의 절박한 상황을 그대로 대변해주는 관계개선이었다.

그러나 당나라가 발해를 북방민족에 대한 견제세력으로 이용할 가치가 있는 집단으로 인정하면서 군사적 긴장은 어느 정도 완화되어갔다. 특히 건국 초기의 발해는 당나라가 쳐들어오지 않는 한 먼저 전쟁을 일으킬 상황이 아니었으므로 당나라의 친발해정책을 적극 수용했고, 당과의 전쟁 위험이 감소한 후로는 국가체제를 안정시키면서 국력도 축적할 수 있었다.

한편 거란족의 반란을 진압한 당나라는 이제 요서지역을 압박해 들어오는 돌궐세력에 대처해야 하는 상황을 맞게 되었다. 발해와 돌궐 · 거란 · 해奚 등의 주변 세력들이 한꺼번에 봉기하여 전략적으로 제휴하면서 당나라에 공동 대응하는 형세를 이루고 있었기 때문이었다. 그러니 당나라로서도 발해의 실체를 인정하지 않을 수 없었다. 특히 실권자인 측천무후則天武后가 죽고 중종中宗이 복위한 705년 이후에는 발해의 건국을 기정사실로 인정하면서 먼저 사신을 파견하고 관계개선을 요청해왔다. 돌궐 · 거란과 같이 요서지역에서 당나라의 안전을 위협하는 세력을 견제하는 측방 우호세력으로 발해의 존재는 반드시 필요했던 것이다. 건국 초기에 무엇보다 안정의 추구가 절실했던 발해의 경우도 강대국인 당과 불필요한 무력충돌을 일으킬 이유가 없었다. 따라서 동아시아의 문화선진국인 당나라와의 교류는 발해에게 불가피한 선택이었다.

대조영은 당나라의 교류 제의를 수용하고 자신의 둘째 아들 대문예大門藝를 당나라에 파견했다. 712년 주변의 군사적 환경이 악화되어가고 있던 시기에 요서지역으로 영향력을 확대하다가 해족과의 전투에서 패한 당군은, 이로 인해 변경지역의 안정이 위태롭게 되자 발해를 우군으로 확보할 속셈이었다. 이런 연유로 발해는 당과의 관계에서 유리한 위치를 점할 수

있었다. 당나라는 713년 대조영을 '발해군왕渤海郡王 홀한주도독忽汗州都督'
에 임명하고, 그 아들 대무예大武藝를 계루군왕桂婁郡王에 임명하는 의례적
조치를 취했다.[7] 발해는 당나라가 정치적·군사적 필요에 의해 요청한 관
계강화 제의를 실리적으로 이용했고, 대조영이 '발해군왕'의 칭호를 받
은 것을 계기로 진국震國 대신 '발해'가 국호로 불리기 시작했다.

그러나 '국왕'이 아닌 '군왕'으로 불림으로써 신라와 같은 대등한 국가
로는 인정을 받지 못하고 있었는데, 당나라의 이 같은 인식은 통일신라가
발해와 수교하는 과정에서도 영향을 미칠 수밖에 없었다.[8] '발해'를 국호
로 사용한 이후로는 당과의 사신 교류가 활발해지고 교역량도 크게 증가
했다. 또 714년 4월에는 거란을 공격하는 당에 대해 군사적 중립을 지킴
으로써 당나라와의 관계를 훼손하지 않았다. 이제 발해는 안정된 분위기
속에서 당나라의 선진문물을 유입하고, 비교적 단기간에 국가체제를 정
비하여 동북아의 새로운 강국으로 발돋움하는 기틀을 마련할 수 있게 되
었다.[9]

새설서와 구절서

대조영이 재위한 뒤 20여 년간의 안정화정책은 발해가 새로운 발전을 추

---

7 『구당서』 권199 하 열전 제149 하 「북적 발해말갈」.
8 노태돈, 「발해의 건국」, 『한국사』10, 28쪽 ; 한규철, 「당과의 관계」, 『한국사』10(국사편찬
  위원회, 1996), 116쪽 ; 심승구, 「발해 무왕의 정치적 과제와 등주공격」, 『군사』 제31호(국
  방부군사편찬연구소, 1995), 5-6쪽.
9 노태돈, 「발해의 발전」, 『한국사』10, 30쪽.

구하는 데 중요한 도약대가 되었다. 특히 719년 3월 대조영을 계승한 장자 대무예가 즉위한 이후로 발해의 대내외 정책은 매우 적극적인 양상을 나타내었다. 대무예는 즉위 직후에 부왕의 시호를 '고왕高王'이라 명명하고 '인안仁安'이라는 독자적 연호를 공포하여 발해의 대외적 위상을 고양시켰다. 이 무렵 당나라도 돌궐·해·거란 등 북방민족의 반란을 무력으로 제압하고 안정을 되찾으면서 점차 발해의 존재를 재인식하고 있었다.[10] 변방 토벌정책의 성공에 고무된 당나라가 동북지역에서 강력한 세력으로 성장하고 있는 발해를 새롭게 주목하게 된 것이었다. 당은 발해에 조문 사절을 파견하는 한편으로, 이듬해 8월에는 대무예를 '발해국왕'으로 책봉하면서 발해를 제후국으로 두려는 야심을 드러내기 시작했다. 당나라 중심의 국제질서라는 현실을 인정할 수밖에 없었던 발해도 그 의도를 수용했다. 이는 정치적·군사적 측면뿐 아니라 문화적으로도 독보적인 선진국 당에 대해 실리적인 대외정책을 추진하겠다는 의지의 표현이었다.

발해에 대한 당나라의 관심을 촉발시킨 사건은 흑룡강 부근을 근거지로 하여 살고 있던 흑수말갈黑水靺鞨과의 관계에서 비롯되었다. 흑수말갈에 대한 영향력을 독점하려는 당나라와 이를 빼앗기지 않으려는 발해 사이에 갈등이 생기기 시작한 것이었다. 흑수말갈 지도부가 726년 당나라에 사신을 파견하여 관계를 강화하려 하자 발해는 이를 견제하지 않을 수 없었다. 흑수말갈 지역으로 당의 영향력이 침투하는 상황을 방치할 경우 발해의 안보에 커다란 위협이 될 수 있었기 때문이었다. 이 무렵 발해의 성장과 돌궐의 압박에 위기의식을 느낀 흑수말갈은 당나라 세력을 적극적

---

10 변인석, 「8세기 동아시아 정세에서 바라본 당·발해 관계」, 『국사관논총』 제85집(국사편찬위원회, 1999), 255쪽.

발해 상경성 제1궁전터와 제2궁전터 전경 (동북아역사재단 제공)

으로 끌어들이고 있었다. 이미 발해의 주선으로 당나라와 통교해오던 흑수말갈이 도중에 발해를 배신하고 당나라와 직접 교류하기 시작하자 무왕은 발해를 경유하던 종전의 관례를 무시한 행위를 문제 삼았다. 당나라와 연합하여 발해를 제압하려는 저의를 가진 흑수말갈 지도부가 사신을 파견하여 당나라 버슬을 받으려는 것으로 판단한 것이었다. 따라서 발해는 흑수말갈과 당나라가 더 이상 깊은 관계로 발전하기 전에 무력으로 제압하여 화근을 제거해야 한다는 결단을 내리게 되었다.[11]

그런데 발해 무왕의 흑수말갈에 대한 강경정책을 그 아우 대문예가 반대하고 나서면서 내부갈등으로 비화되었다. 대문예는 발해가 흑수말갈을 공격할 경우 이는 당나라의 무력침공을 불러들이는 도화선이 된다고 보

---

11 한규철, 「당과의 관계」, 『한국사』10, 116-118쪽.

았다. 그는 아버지 대조영에 의해 705년 당나라에 파견된 후 8년여 만인 713년 당 현종玄宗 즉위 초 양국이 공식적으로 수교할 무렵에 귀국했다.[12] 대당관계의 중요성을 인식한 부왕 대조영에 의해 양국 간 친선관계를 담보하는 일종의 인질로서 당나라에 장기간 체류했던 그는, 발해의 적극적인 대당 친화정책으로 양국관계가 크게 개선되는 것을 계기로 귀국하게 되었다. 이 무렵 대문예는 친당 세력의 중추적 인물로 성장해 있었다.

이와 같이 입지를 강화한 대문예는 무왕 즉위 후 권력 재편성 과정에서 무왕의 대외정책과 마찰을 일으키게 되었다. 무왕의 입장에서도 아우 대문예의 친당적 성향과 그를 추종하는 친당 세력의 성장은 적지 않은 부담이었다. 특히 무왕은 당나라에 체류한 경험이 없었기 때문에 대문예와는 다른 감정을 가질 수밖에 없었다.

이에 무왕은 흑수말갈이 당나라와 제휴하면서 야기된 위협요인을 사전에 제거하기 위해 무력으로 응징할 계획을 세우면서 그 임무를 아우 대문예에게 부여했던 것이다. 무왕이 친당 성향의 대문예에게 흑수말갈 공격 임무를 부여한 것은 당나라 세력의 확산을 견제하는 직접적인 효과가 있었기 때문이었다. 친당 세력의 핵심인 대문예를 선봉에 세움으로써 당나라와의 관계 악화를 완화시킬 수도 있었으며, 침공이 실패하는 경우에는 대문예를 주축으로 하는 세력을 약화시키는 부수적인 효과도 기대할 수 있었을 것이다.

대문예는 발해에 비해 1만 배나 많은 인구를 가지고도 멸망하고 만 고구려의 예를 들어 발해와 당나라의 무력충돌은 무모한 행위라고 반대했다. 그는 군사를 이끌고 출정하는 순간까지도 반대 주장을 굽히지 않았으

---

12 김종복, 「발해와 당의 관계」, 『발해의 역사와 문화』(동북아역사재단, 2007), 135쪽.

나 무왕은 끝내 수용하지 않았다. 수용하지 않았을 뿐만 아니라 분노한 무왕이 아우를 처형하려 들자 급기야 대문예는 당나라로 달아나버렸다. 그 후 무왕의 종형인 대일하大壹夏가 침공 작전을 지휘했으나 성과를 거두지는 못한 것으로 보인다. 당나라로 망명한 대문예는 현종의 환영을 받고 좌효위장군左驍衛將軍에 임명되었다. 이때 발해 무왕이 당나라에 사신을 파견하여 대문예를 처형하라고 요구하자 현종은 대문예를 안서安西지역으로 빼돌린 후 영남嶺南에 유배시켰다고 거짓으로 통보했다. 이후 현종의 거짓말에 대해 발해 무왕이 강력히 항의하면서 대문예 유배문제는 다시 처리되었고, 발해는 이 사실을 공식적으로 통보받았다.[13]

이 문제는 사실상 발해 무왕의 요구대로 관철되지는 않았으나, 유배하는 형식을 갖춤으로써 무왕의 체면을 세워주었기 때문에 양국관계가 더 이상 악화되지는 않았다. 발해는 당나라와의 관계를 단절하지 않고 726년 무왕의 장자 대도리행大都利行과 셋째 아들 대의신大義信을 당나라에 파견하는 등 선린관계를 유지했다. 728년에는 장자 도리행이 당나라 수도 장안長安에서 사망하는 사건이 있었지만 양국관계는 종전과 다름없이 유지되었다.

이 무렵 이미 강력한 세력으로 성장한 거란과 돌궐이 당나라와 대립각을 세우기 시작하자, 730년 발해는 당의 세력 확산에 대비하기 위한 전략 차원에서 이들 세력과 연합전선을 구축했다. 그런데 거란과 돌궐의 연합세력이 732년 3월 유주幽州(지금의 북경 부근)에서 패전한 이후로 당나라 세력이 유주로 밀려들면서 발해가 위협을 받게 되었다.[14] 마침 그해 9월 거

---

13 『구당서』 권199 하, 열전 제149 하 「북적 발해말갈」.
14 후루하타 도오루古畑徹, 「당발분쟁의 전개와 국제정세」, 임상선 편역, 『발해사의 이해』(신서원, 1990), 210-212쪽.

란이 연합세력을 형성하여 당나라를 공격할 것을 제의해오자 발해 무왕은 거란과 돌궐의 비호 아래 장문휴張文休의 지휘로 산동반도의 등주를 공격했다.

압록강 하구에서 출항하여 선제공격을 감행한 장문휴의 발해군은 등주자사登州刺史 위준韋俊을 전사시키는 전과를 거두고 내륙 쪽 해안의 내주항萊州港으로 진출했다. 그리고 이듬해(733) 정월에는 산해관 부근에 상륙한 후 북쪽 요서지역의 마도산馬都山을 공격했다.[15] 이때 망명 중이던 대문에가 733년 정월 18일 유주에서 징발한 당나라 군사를 이끌고 발해군을 공격했다. 그리고 다급해진 현종은 당나라에 체류하고 있던 신라인 김사란金思蘭을 중심으로 604명의 대규모 사절단을 파견하여 신라군이 발해의 남쪽지방을 공격하도록 성덕왕聖德王에게 요청했다.[16] 즉 당군이 마도산 지역에서 발해군을 공격하고, 통일신라군이 발해의 측방을 공격하는 작전을 구상한 것이다. 그러나 733년 초 북상한 통일신라군은 발해의 남쪽 변경을 공격하다가 혹한과 험준한 지형 때문에 수많은 사상자를 내고 아무런 성과도 거두지 못한 채 퇴각하고 말았다.[17]

이와 같이 8세기 전반기의 발해는 거란·돌궐 등과 공동전선을 형성하여 새로운 국제질서를 구축하려 했고, 당나라는 통일신라와 연합하여 구질서를 고수하려고 안간힘을 썼다. 그로부터 약 1세기가 경과한 9세기 전반 발해는 선왕宣王에 의해 새로운 대외팽창정책이 추진될 때까지 당나라와의 관계를 개선하고 국가체제를 정비하는 안정기를 맞이했다. 이처럼

---

15 심승구, 「발해 무왕의 정치적 과제와 등주공격」, 『군사』 제31호, 29쪽.
16 『자치통감』 권213, 당기 29, 개원 21년 정월 정사 ; 『삼국유사』 권2, 기이 제2 효성왕.
17 『삼국사기』 권8, 신라 본기 제8, 성덕왕 32년(733) ; 『구당서』 권199 하, 열전 제149 하 「북적 발해말갈」.

특수한 사안에 대해 대립한 상황을 제외하면 발해의 대당 정책은 기본적으로 선린우호관계를 유지하는 것이었다. 특히 8세기 후반 문왕시대에는 당나라 통치제도와 당나라식 방어체계를 발전적으로 도입하기도 하는 등 긴밀한 관계를 지속했다.

거대한 제국 발해의 전성시대

발해는 1대 고왕과 2대 무왕 시대를 거치면서 주변 이민족에 대해 활발한 정복활동을 전개했다. 따라서 발해와 당나라의 군사적 긴장관계는 문왕이 즉위한 후로 20여 년이 경과한 8세기 중반까지 계속되었다. 이 무렵 발해는 먼저 주변 말갈부족에 대한 지배를 강화했는데, 동평부東平府 · 철리부鐵利府 · 정리부定理府 · 안변부安邊府 · 솔빈부率賓府 등을 설치하여 이른바 부주제府州制로 말갈족에 대한 지배시스템을 체계화했다. 또한 흑수부黑水部와 월희부越喜部를 제외한 말갈족 거주지역의 대부분을 석권하여 위세를 과시했다. 그리고 이러한 정치적 · 군사적 환경변화에 적응하고자 수도를 중경현덕부中京顯德府(길림성 화룡현 서고성자)에서 상경용천부上京龍泉府(흑룡강성 영안현 발해진)로 옮기는 등 건국 후 반세기가 경과할 즈음에는 이미 상당한 수준의 국가발전 기반을 이룩하고 있었다.[18]

문왕이 즉위하면서부터 추진한 문치주의文治主義 정책도 이 시기에 이르러 가시적인 효과를 나타냈다. 따라서 문왕시대에는 앞 시대와 달리 정치 · 문화 · 경제적 측면에서 당나라와 밀접한 관계를 유지하게 되었다.

---

18 한규철, 『발해의 대외관계사』(신서원, 1994), 104쪽.

이는 발해가 안정적인 국가체제를 지향하는 것과 맞물려 양국관계를 강화시키는 촉매가 되었다. 건국 초기부터 당나라의 선진문물이 도입되기는 했으나, 특히 문왕의 즉위 후반부인 8세기 중반 이후에는 당나라의 영향을 받은 선진 중앙정치기구와 지방행정제도도 완성되었다.

발해는 당나라의 3성 6부 제도를 발전적으로 도입하여 3성을 통해 중앙집권적 정치체제를 강화하고, 6부 산하에는 24사司를 설치한 당나라와 달리 발해의 실정에 맞추어 12사로 축소 개편했다. 이와 같이 당나라로부터 중앙 및 지방제도를 비롯한 선진문물을 도입하면서 군사방어체계도 당나라의 전통적 방어체계를 원용했다. 산성山城과 평지성平地城이 결합된 형태의 고구려식 방어체계를 지양하고, 발해의 지형적 특성을 고려하여 평지성 중심의 방어체계로 개편한 것이 그 대표적인 사례다.[19]

755년 11월 당나라에서는 안록산安祿山과 사사명史思明의 반란이 일어나 현종이 촉蜀지방으로 피신하는 사태가 발생했다. 763년 1월 반란은 진압되었으나 혼란이 지속되자 당은 발해와의 관계를 새롭게 정립할 필요를 느끼게 되었다. 이른바 '안사의 난'으로 혼란을 겪은 당나라는 반란세력을 제압한 이후로도 지방의 절도사節度使가 독자적 세력으로 군림함에 따라 중앙의 통제력을 회복하지 못하고 있었다.[20] 따라서 당나라는 동북지역의 새로운 강국으로 성장하고 있는 발해의 존재를 인정하지 않을 수 없게 되었다. 신라와의 차별화를 위해 사용하던 '발해군왕'을 '발해국왕'으로 개칭한 것도 친당적인 우호국으로 포섭하려는 화해의 조치였다.

---

19 왕승례王承禮, 『발해의 역사』, 송기호 옮김(한림대학 아시아문화연구소, 1988), 재판 142-146쪽 ; 송기호, 「발해 문왕대의 개혁과 사회변동」, 『한국고대사연구』6(한국고대사연구회, 1992), 66-68쪽.
20 미야자키 이치사다, 『중국사』, 조병한 편역, 209-210쪽.

한편 중국대륙의 군사강국인 당나라가 '안사의 난'으로 내란의 위기에 처하고, 발해를 친당 세력으로 포섭하는 전략을 구사하는 상황에서 일본도 발해의 역할에 고무되지 않을 수 없었을 것이다. 일본은 당나라가 내란을 겪는 동안에는 통일신라에 관심을 기울일 수 없는 점을 이용해 그 틈에 통일신라를 침공하려 했고, 여기에 발해를 끌어들이려 하고 있었다. 그러나 일본 내부의 정치적 불만과 비판을 외부의 적으로 향하게 하려는 의도에서 추진된 신라 침공계획은 결국 무산되고 말았다.[21]

발해는 건국 초기부터 추진해오던 말갈족에 대한 정복활동을 문왕시대 전반기인 8세기 전반에 일단락 짓고, 9세기 전반인 선왕 대인수大仁秀시대에 이르러서 재개했다. 이처럼 정복활동을 재개하지 않을 수 없었던 것은 철리부·불열부拂涅府·월희부가 802년과 841년 무렵에 독자적으로 당나라에 조공하는 등의 상황변화가 있었기 때문이었으나 이 같은 정벌이 어떤 성과를 거두었는지는 자세히 알 수가 없다.[22]

발해는 8세기 말 문왕이 서거한 이후로 무려 25년 동안 내분의 혼란을 겪었다. 문왕 대흠무大欽茂를 계승하여 793년에 즉위한 4대왕 대원의大元義시대부터 9대 대명충大明忠시대인 818년까지 6명의 왕이 즉위하여 평균 재위 4년여 만에 교체될 정도로 왕위계승을 둘러싼 정치적 혼란은 극심했다. 그러나 문왕의 작은 아들로, 조카 성왕成王을 계승하여 즉위한 강왕康王 대숭린大嵩璘은 집권 초기부터 강력한 정책으로 체제를 안정시키며 15년 동안 재위했다. 그는 즉위 초인 795년 2월 당나라가 '발해군왕'과 '우효위

---

21 한규철, 『발해의 대외관계사』, 205·207-208쪽 ; 윤재운, 『한국고대무역사연구』(경인문화사, 2006), 202쪽.
22 송기호, 「발해 문왕대의 개혁과 사회변동」, 『한국고대사연구』6(한국고대사연구회, 1992), 71-72쪽.

대장군右驍衛大將軍'의 칭호를 보내 과거 문왕시대와 차별화를 시도하자 강력히 항의하여 798년 3월 '발해국왕'으로 바로잡았다. 798년 일본에 보낸 외교문서에 나타난 것과 같이 강왕이 표방한 고구려 계승의식도 국내의 정치적 안정을 도모하는 데 기여했다.[23]

그러나 9세기 초인 강왕 말기부터 정왕定王 대원유大元瑜-희왕僖王 대언의大言義-간왕簡王 대명충大明忠에 이르는 10여 년 동안 정치적 혼란은 재연되었다. 이렇게 내부 혼란을 겪던 발해가 안정을 되찾게 되는 것은 818년 간왕을 계승하여 선왕 대인수가 즉위하면서부터였다. 내부 혼란을 극복하고 중흥의 기반을 구축하기 시작한 선왕시대를 지나 13대 경왕景王 대현석大玄錫시대인 9세기 후반에 이르러 발해는 이른바 '해동성국海東盛國'으로 불리며 최고의 전성시대를 구가할 수 있었다.[24]

'해동성국'의 기초는 10대 국왕인 선왕 대인수시대부터 다져지기 시작했다. 대조영의 동생 대야발大野勃의 4세손인 그는 연호를 '건흥建興'으로 삼아 국가 중흥의 강력한 의지를 대내외에 과시했다. 그리고 문왕시대에 활발하게 전개했던 대외 정복활동도 재개했다. 특히 북쪽으로는 흑룡강(아무르 강) 아래를 근거지로 하고 있던 월희말갈越喜靺鞨을 정복한 것으로 보이는데, 오늘날의 흥개호興凱湖(흑룡강성 동단의 중·러 국경지역) 부근으로 추정되는 회원부懷遠府와 안원부安遠府를 이 무렵에 설치했을 것이다. 또 한편으로는 요동반도와 한반도 서북쪽으로도 세력을 확장해나갔다. 8세기 중반의 문왕시대에 진출한 요동지역을 교두보로 삼아 선왕시대에 이르러서는 요양 일대까지 석권하여 10세기 초 거란족이 쳐들어올 때까지

---

23 윤재운, 『한국고대무역사연구』, 207쪽.
24 송기호, 『발해정치사연구』(일조각, 1997), 중판 127·139·141-145·160쪽.

흑수말갈
송화강
하얼빈
목단강
우수리강
홍개호
마리야노프카성터
거란
상경(영안)
길림
동모산(돈화)
동경(훈춘)
스쵸클라누하성터
니콜라예프카성터
팔련성
크리스키노성터
중경(화룡)
서고성
요하
영광탑
두만강
서경
죄(조양)
심양
환인
집안
요양
압록강
청해토성
남경(북청)
청천강
대동강
원산
평양
신라
탐라
왜
발해 9세기 영역도

지배한 것으로 짐작된다.[25]

뿐만 아니라 통일신라에도 관심을 가지고 있던 선왕은 남쪽으로의 진출도 시도했다. 앞서 문왕시대에도 이미 대동강 이북지역까지 진출한 사례가 있었으나 선왕 대에 이르러 다시 시도한 것으로, 통일신라가 826년 7월(헌덕왕 18) 대동강 일대에 300리 장성을 축조한 것도 발해의 남진에 대비한 조치였다.[26]

발해의 대외 정복활동은 선왕시대에 이르러 일단락되는데, 이 같은 활동이 성과를 거둘 수 있었던 것은 주변 강국인 당나라와 통일신라가 모두 내부 혼란에 직면해 있었기 때문이었다. 따라서 선왕시대에 5경 15부 62주의 행정구역을 정비하고 내치에 주력했던 발해는 선왕을 계승한 대이진大彛震과 대건황大虔晃, 대현석에 이르는 3대의 국왕 시대에 최고의 전성기를 누릴 수 있었다. 그리하여 특히 9세기 후반인 13대 대현석의 재위기에는 당으로부터 '해동성국'으로 지칭되기도 했던 것이다.[27]

주변국의 정세가 급변하면서 발해의 위상은 새롭게 정립되었고, 그것은 다시 제국의 융성으로 연결되었다. 대륙의 통일왕조 당나라는 '안사의 난(755~763)' 이후 급격한 변화의 소용돌이에 휘말렸다. 중앙 정계에서 환관이 발호하고 붕당 간의 정쟁으로 혼란이 거듭되는 가운데, 지방에서는 번진세력藩鎭勢力이 할거하여 국가의 통치 기능을 마비시키고 있었다. 9세기 중반의 농민 봉기를 시작으로, 9세기 후반 왕선지王仙芝의 반란과 이에 호응하여 일어난 '황소黃巢의 난(875~884)' 역시 당의 붕괴를 부채질하고

---

25 송기호, 『발해성지사연구』, 147-150쪽.

26 송기호, 「동아시아 국제관계 속의 발해와 신라」, 『한국사시민강좌』 제5집(일조각, 1989), 54쪽.

27 『신당서』 권219, 열전 제144 「북적 발해」.

있었다.[28] 발해의 가장 강력한 견제세력인 당나라의 이 같은 내분과 국가적 혼란은 발해의 전성시대와 묘하게 맞물려 있었다.

역사 속으로 사라지다

발해에 대해 가장 큰 영향력을 가지고 있던 당나라지만, 당의 중앙정부는 이미 지방에 대한 통제력조차 상실하고 있었다. 지방의 번진세력들은 지역을 점유하며 중앙정부와 대립했고 군사력을 가진 절도사들이 지역의 새로운 실력자로 등장했는데, 그 대표적인 인물이 하남河南지역의 선무절도사宣武節度使인 주전충朱全忠이었다. 바로 이 주전충에 의해 907년 당나라 애제哀帝가 폐위되면서 300년 통일제국은 역사 속으로 사라지고 말았다. 당의 멸망 후에는 후량後梁(907~923)이 건국되면서 중국대륙은 이른바 '5대 10국'의 시대로 접어들게 되었다.

이 무렵 특히 거란족의 진출과 당나라의 붕괴로 인해 10세기 전반기의 중국대륙과 한반도는 혼란의 소용돌이를 벗어나지 못하고 있었다. 즉 10세기 초의 동아시아에는 거란족이 발흥할 수 있는 유리한 환경이 조성되면서, 서요하 서쪽 지류인 시라무렌 강 유역을 중심으로 야율아보기耶律阿保機가 지휘하는 거란족이 새로운 패자로 등장하고 있었다.[29] 오래전부터 거란족의 거점지역이었던 이곳은 395년 고구려 광개토왕이 직접 군사를 이끌고 거란족 토벌전을 전개했던 곳이기도 했다.[30]

---

28 미야자키 이치사다, 『중국사』, 조병한 편역, 215-216쪽.
29 미야자키 이치사다, 『중국사』, 조병한 편역, 220쪽.

북서쪽으로부터 점차 세력을 키우고 있던 거란의 위세에 눌려, 한때 해동성국으로 불리며 제국의 풍모를 갖추어나가던 발해의 국세는 점점 더 위축되어가고 있었다. 중원 진출을 노리는 거란에게 장차 후환거리가 될 수 있는 발해는 최우선 제거대상이었다. 이제 주변에서 가장 큰 위협세력으로 성장하고 있는 거란에 대해 군사적 대응책을 강구하지 않을 수 없었던 발해는, 이를 위해 통일신라를 비롯한 주변국과의 공조체제를 강화하기로 했다. 발해는 거란의 팽창에 위협을 느끼는 주변국과 비밀리에 관계를 개선해나가면서 외형적으로는 거란과 화친관계를 유지하고 있었다.

당시 통일신라는 강력한 지방세력들의 발호로 중앙정부의 통치력을 수도권 일원에 제한적으로 행사할 수밖에 없는 상황에 놓여 있었다. 특히 견훤甄萱과 궁예弓裔 세력의 압박은 국가의 존립마저 위협하는 지경이었다. 따라서 통일신라 역시 거란세력이 급격히 팽창하는 현실을 인정하여 양국관계를 강화하는 정책을 추구하면서 발해와의 관계도 재정립할 수밖에 없었다. 그러나 통일신라는 국력이 약화되고 있는 발해의 제의를 수용하여 대거란 공조체제를 구축하는 것이 오히려 자국의 안보를 위태롭게 할 수 있다고 판단했다. 따라서 발해를 공격하는 거란의 지원군 파병 요청을 수용한 것은 통일신라로서는 불가피한 선택이었다. 발해의 입장에서는 배신행위였으나 이미 급격히 쇠퇴하고 있던 발해와의 관계를 강화하기보다는 거란과 공조하는 것이 현실적인 선택이었다.[31] 동북아에서는 세력구조의 재편과 함께 다시금 어지러운 이합집산이 이루어지고 있었다.

당나라가 멸망한 이후 중국대륙에 들어선 후량後梁·후당後唐과 발해 사

---

30 서길수, 「시라무렌강의 추억」, 『월간중앙』(2004년 2월호 부록), 17-20쪽.
31 송기호, 『발해정치사연구』, 208-209쪽.

이에는 군사적으로 별다른 교류나 지원이 없는 상태였다. 뿐만 아니라 통일신라를 비롯한 한반도의 후삼국도 발해를 지원하여 거란의 팽창에 대응할 처지가 아니었다. 따라서 이제 주변국과의 공조체제 구축이 불가능해진 발해는 자력으로 거란과의 관계를 설정할 수밖에 없었다.

이와 같은 상황에서 양측이 최초로 관계를 맺게 된 것은, 10세기 초에 거란 고위층이 발해로 망명했다가 다시 탈출하여 거란으로 되돌아간 사건이 단초가 되었다. 이후 916년 2월 나머지 7부의 부족장들을 살해하고 거란족을 통일하여 황제에 즉위한 야율아보기가 무력정복을 단행하면서 발해와 거란의 본격적인 악연이 시작되었다. 거란의 야율아보기는 중원을 장악하기 위해 916년과 921년 대군을 이끌고 대규모 군사작전을 전개했으나 배후의 위협세력으로 남아 있는 여진과 발해 때문에 작전을 효과적으로 전개할 수가 없었다.

거란이 중원을 공격하기 전에 먼저 공략할 대상은 그들의 작전에 영향을 미칠 수 있는 가장 위협적인 세력, 발해였다. 그러나 발해를 공격하기 전에 서쪽지역을 먼저 공격하여 후환을 없애야 한다는 주장이 제기됨에 따라 거란의 대대적인 서방 정벌이 시작되었다.[32] 거란은 916년 7월의 전초전에 이어 924년 6월부터 서쪽의 토혼吐渾(토욕혼) · 당항党項 · 달단韃靼 등을 공략한 후 925년 9월 작전을 종료했다. 이 정벌 후 거란의 세력은 서쪽으로 오늘날 감주甘州(감숙성 장액시)에 이르고, 서북쪽으로 오르콘Orkhon 강까지 영향력을 행사할 수 있게 되었다.

거란의 팽창에 위협을 느끼고 있던 발해는 이에 앞서 이미 918년 2월 거란에 사절단을 파견하여 관계를 개선하려고 했다. 그리고 918년 후삼

---

[32] 송기호, 『발해정치사연구』, 212-215쪽.

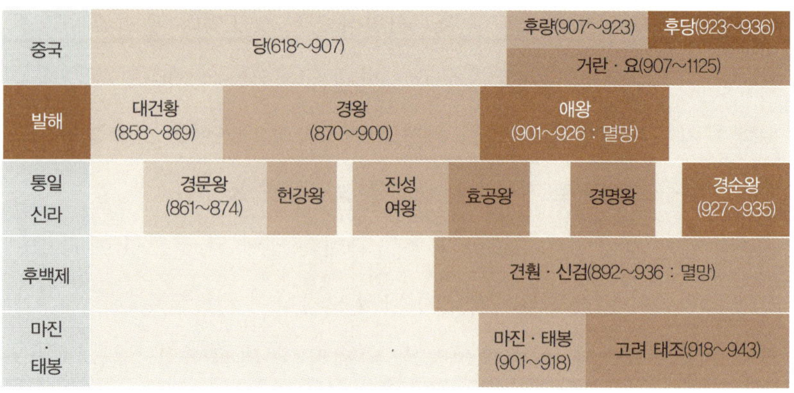

발해 주변국 상황 (9세기 말~10세기 초)

국을 통일하고 새로 출범한 고려에도 사절을 파견하여 왕실 간의 혼인을 통해 동맹을 강화하려고 했다.[33] 그러나 거란은 919년 2월 요녕성 일대를 동평군東平郡으로 명명하고, 광범위한 지역에 설치하는 군정관軍政官의 성격을 띤 방어사防禦使를 배치하면서 본격적인 발해 침공작전을 준비하고 있었다. 또 921년부터는 오늘날 하북성河北省의 단주檀州와 순주順州 지방 주민들을 이주시키고, 924년에는 역시 하북성 소주蘇州지방 주민들을 오늘날 요녕성 일대의 동평군 등지로 강제 이주시킴으로써 해당 지역에 대한 지배력을 강화하려고 했다. 특히 요동지방을 장악하는 과제는 거란의 경제적 기반을 확보하는 중대한 사안이며, 동시에 발해가 중국대륙과 제휴할 수 있는 통로를 차단하여 고립시킨다는 전략적 문제와 관련되어 있었다.

이러한 거란의 적극적 조치에 대해 발해는 요동지방을 확보하기 위한 요주 선제공격을 감행했다. 발해는 이 작전에서 요주자사遼州刺史 장수실

---

[33] 김은국, 「발해 말왕 대인선시대 대외관계 연구」, 『국사관논총』 제82집(국사편찬위원회, 1998), 179쪽.

張秀實을 살해하고 주민들을 탈취하는 전과를 올렸다. 그러나 925년 9월 거란 태조가 서방 정벌을 마치고 개선하면서부터 상황이 급변하기 시작했다. 거란의 서방 정벌은 발해를 공략하고 나아가 중국대륙으로 진출하기 위한 사전 정지작업의 일환이기 때문이었다. 925년 12월 거란이 전면공격을 단행하면서부터 본격적인 전쟁과 함께 발해의 위기는 시작되었다. 거란이 요동을 점령하여 발해 공격의 거점을 구축하게 되면서 상황은 정면대결 양상으로 급격히 악화되었다.

거란이 서방지역을 공략하여 후환을 없애고 요동지역을 장악하여 발해와 중국대륙의 육상교통로를 차단한 가운데 전개한 침공으로, 발해는 926년 정월 초순 부여부扶餘府(길림성 농안현)를 빼앗기고 말았다. 3만 군사가 부여부를 지원하기 위해 출동했으나 도중에 거란군을 만나 패전했다. 그리고 불과 수일 만에 수도인 상경용천부의 홀한성忽汗城(흑룡강성 영안현 동경성)이 포위되었고, 그 후 10여 일 만에 애왕哀王이 거란군에 투항하면서 발해는 멸망하고 말았다.[34]

해동성국 부활운동

15대 애왕 대인선大諲譔의 시대인 926년 1월 거란의 침공으로 멸망한 발해는, 재건을 바라는 유민들의 끈질긴 부흥운동과 함께 '후발해後渤海'와 '정안국定安國' 등으로 계승되었다. 230여 년의 생을 마감하고 발해가 멸망한

---

34 김은국, 「발해 말왕 대인선시대 대외관계 연구」, 『국사관논총』 제82집, 186-187쪽 ; 「발해멸망의 원인」, 『발해건국 1300주년』(사단법인고구려연구회, 1999), 132-136쪽.

10세기 중반 무렵은, 당나라도 290여 년 만에 멸망한 후 이미 20여 년이 경과하고 있을 때였다. 923년부터 926년까지 후당後唐이 존속했으나 더 이상 당나라를 계승하는 국가는 출현하지 않았다. 당시 한반도에서는 고려가 후백제의 견훤 세력과 첨예하게 대립하고 있었으므로 배후의 거란과는 우호적인 관계를 유지하고 있었다. 즉 고려와 후백제가 거란과 제휴하기 위해 경쟁적으로 노력하는 상황이었고, 거란도 중국대륙의 후당을 견제하기 위해 한반도의 후삼국과 제휴하지 않을 수 없었다.

이 같은 주변국 환경을 십분 이용할 수 있게 되면서 발해로 부흥하려는 움직임은 비교적 장기간 지속되었다. 몇몇 국가들이 발해의 후예를 자처하고 나섰으나 모두 단명하고 말았고, 상경용천부를 중심으로 부흥왕조 후발해가 수립되는가 하면 옛 발해의 서경압록부를 중심으로 정안국이 세워지기도 했다. 발해 유민에 의해 수립된 후발해는 중국대륙의 후당과 관계를 강화하려 하는 등 비교적 활발한 외교를 펼쳤지만 그럼에도 그 건국연도나 존속기간, 집권세력과 권력기구, 세력권의 범위 등은 정확히 전하지 않고 있다. 929년 5월과 7월 후당에 사신을 파견한 것으로 미루어 929년 5월 이전에 성립된 것으로 추정만 할 뿐이다. 정안국도 송나라에 사신을 파견했다는 내용이 『송사宋史』에 보이기는 하나 후발해와 마찬가지로 기록을 남기지 않았기 때문에 주변국과의 관계가 어떠했는지는 자세히 알 수 없다.[35]

발해 부흥운동의 전기에 해당하는 10세기 후반까지 발해 유민들은 거의 반세기 동안 지속적으로 남하하여 고려에 이주했다. 후발해나 정안국

---

35 한규철, 『발해의 대외관계사』, 250-251쪽 ; 김위현, 「발해 유민과 후발해 및 대발해」, 『발해건국 1300주년』(사단법인고구려연구회, 1999), 150-152쪽.

등 발해 계승국가의 부흥운동이 새로운 전기를 맞이하면서 그 과정에서 고려로 귀화하는 이주민이 대거 발생했기 때문이었다. 그러면서도 한편에서는 여전히 발해 고토지역에서 새 정권을 수립하며 발해 부흥운동을 계승해나갔다.

초기의 부흥운동 국가들은 반거란 친고려 성향의 대외정책으로 주변국과의 관계를 설정해나갔다. 특히 1029년(고려 현종 20) 9월 요동지역에서 수립된 대조영 7대 후손 대연림大延琳의 '홍요국興遼國'은 친고려적 성향이 강한 국가였다. 대연림은 거란 동경요양부東京遼陽府에서 '동경장군'이라는 직위를 가진 이로, 발해 멸망 직후에 거란의 위무정책慰撫政策에 호응하여 전향한 인물이었다. 홍요국은 발해가 멸망하기 이전부터 거란의 영향권에 편입되어 있던 요동지역에서 봉기했기 때문에 지리적으로 근접한 고려와의 관계를 강화하여 거란을 견제하지 않을 수 없었을 것이다. 따라서 홍요국은 건국 직후부터 이듬해 멸망할 때까지 2년에 불과한 기간 동안 무려 다섯 번이나 고려에 사절단을 파견하여 지원을 요청했다. 그러나 고려조정의 지원을 이끌어내지 못하면서 고립무원의 상황에 처하게 되었고, 결국 이런 대내외적 어려움을 수습하지 못함에 따라 발해 멸망 후 100년이나 경과하여 일어난 홍요국의 재건노력은 1030년(고려 현종 21) 8월 거란의 침공으로 막을 내릴 수밖에 없었다.[36]

고려 16대 예종睿宗시대인 1116년에는 발해 유민 고영창高永昌이 '대발해국大渤海國'을 수립했다. 홍요국이 멸망한 후로 90년 가까운 세월이 지났지만 제국 발해에 대한 유민들의 향수는 여전했다. 홍요국을 멸망시킨 거란은 유민들의 저항력을 약화시키기 위해 적극적인 이주정책을 추진했으나

---

36 임상선, 「발해 유민의 부흥운동」, 『새롭게 본 발해사』(고구려연구재단, 2005), 96-97쪽.

고영창은 거란이 여진과 대립하는 혼란기를 틈타 발해 유민들을 규합해 나갔다.

동북만주에 자리 잡은 완안부^{完顔部} 여진의 추장 아골타^{阿骨打}가 여진족을 이끌고 대대적인 침공을 해오자 고영창은 발해무용마군^{渤海武勇馬軍} 2000명을 지휘하게 된 기회를 이용하여 거병을 감행했다. 그리고 1116년 정월 발해군 8000여 명의 호응을 받아 동경요양부를 점령한 후 대발해국 황제에 즉위했다. 비록 발해 멸망 후 장구한 날이 흘렀으나, 거란의 세가 약화되고 여진의 세가 다시 흥기하는 주변의 변화를 적절히 이용한 대발해국은 50여 주를 휘하에 끌어들이는 성과를 거두고 있었다.[37]

오늘날 요녕성 심양^{瀋陽}에서 거란군과 접전을 벌이던 고영창은, 1115년 수립된 여진족의 금^金나라와 제휴하기 위해 협상을 전개하는 등 활발한 군사외교를 추진하기도 했다. 그러나 '황제' 칭호의 사용을 고집하며 발해 재건의 의지를 보이다가 결국 금나라 군사에게 참살당하고 말았으니, 다시 타오른 발해 부흥운동도 주변국과 정치적·군사적으로 연계하지 못한 한계를 드러내면서 대단원의 막을 내리고 말았다.[38] 발해가 멸망한 지 190년이 지난 후였다.

37 김위현, 「발해 유민과 후발해 및 대발해」, 『발해건국 1300주년』, 156-157쪽.
38 한규철, 『발해의 대외관계사』, 267-268쪽 ; 임상선, 「발해 유민의 부흥운동」, 『새롭게 본 발해사』, 98-99쪽.

발해 공주의 묘비

정혜貞惠와 정효貞孝는 발해 3대 국왕인 문왕 대흠무의 둘째, 넷째 공주다. 이들의 묘비가 1949년과 1980년에 각각 발견되면서 많은 사실들이 새롭게 알려지게 되었는데, 사료가 부족한 발해사의 공백을 메워주는 큰 수확이었다.

정혜공주 묘비는 중국 길림성 돈화현의 육정산六頂山 고분군에서 발견되었는데, 총 725자의 비문은 손상된 문자가 많아서 판독이 불가능한 부분도 있었다. 그녀는 남편이 죽은 후 수절하다가 40세인 777년 4월 14일에 죽어서 '정혜'를 시호로 받았으며, 780년 11월 24일에 진릉珍陵서원에 배장陪葬(부장附葬 또는 합장合葬)한 것으로 알려졌다.

그리고 문왕의 존호가 '대흥보력효감금륜성법대왕大興寶曆孝感金輪聖法大王'이었으며, 대흥 37년에 보력으로 개원改元하였다가 말년에 다시 대흥을 연호로 사용한 사실도 이 비석을 통해 알려졌다. 또 비석 주변의 번초문蕃草文

과 상단의 운문雲文(구름무늬), 그리고 함께 출토된 석사자 두 마리는 발해 석각예술의 수준을 짐작할 수 있게 했고, 당나라 비문의 수준과 동일한 비문의 문장 수준은 발해의 학문적 깊이를 헤아릴 수 있게 했다.

그런데 길림성 화룡현 용두산龍頭山에서 정효공주의 묘비가 완전한 상태로 발견되면서 정혜공주 묘비에서 애매하거나 불가능했던 부분까지 판독이 가능하게 함으로써 더 많은 사실들이 알려지게 되었다. 비문의 요지는 이렇다.

757년에 문왕의 넷째 공주로 태어났다. 출가한 뒤 남편이 죽자 수절하다가 대홍 56년(792) 6월 19일 36세로 죽었다. 슬하에는 딸을 하나 두었다. 시호를 정효공주라 하였으며 그해 11월 28일 기묘에 염곡染谷의 서원西原에 배장하였다.

1980년과 1981년 두 차례 발굴에서 공주와 남편의 것으로 보이는 인골이 발견되었고, 기타 석실에서도 여자 5명, 남자 26명의 인골이 수습되었다. 이들의 평균 신장은 여자가 156센티미터, 남자가 161센티미터였으며 연령은 25~45세까지였다.

이미 도굴된 상태였기 때문에 유물이 제대로 남아 있지는 않았으나 석실의 벽화와 도용陶俑조각 · 도금한 구리 장식품 · 구리못 · 쇠못 · 칠기조각 · 글씨가 새겨진 벽돌 등이 발견되었는데, 특히 석실 동 · 서벽과 북벽 등에 그려진 12명의 인물도가 중요한 의미를 가진다. 무사武士 · 시위侍衛 · 내시內侍 · 악사樂師 등으로 구성된 이들은 평소에 공주를 시중들던 사람들이었다. 석실과 묘비는 모형으로 제작되어 국내에 전시되기도 했다.

한편 앞서 발굴된 정혜공주의 묘비를 통해 당나라에 비견하여 매우 높은 것으로 인식되던 발해의 학문 수준은 정효공주 묘비의 발굴로 재평가될 수밖에 없었다. 두 공주의 묘비는 생년과 사망날짜가 다를 뿐 나머지 문장은 거의 동일하다는 사실이 밝혀진 것이다. 이를 두고 연구자들은 당시 발해가 몇 가지 묘비문을 미리 만들어놓고 필요시에 대입하여 사용하는 단계에 지나지 않는 낮은 수준이었다고 결론지었다. 앞으로 더 많은 묘비와 관련 사료의 발굴을 통해 발해의 역사가 밝혀지면 이러한 판단도 재평가될지 모른다.

언제나 으뜸은 국익이다

● 우리 한민족은 고대로부터 수많은 전쟁을 치러왔다. 지정학적으로 중간지대rim land에 위치한 한반도는 주변국 간의 힘이 교차하는 지역에 자리잡고 있어, 때로는 완충지대에서 때로는 격전지로 급변하는 이중적 성격을 갖게 되었다. 흔히 한반도를 전략요충지라고 하는 것도 결국은 주변의 '해양세력'과 '대륙세력'이 형성하는 힘의 관계성, 그 영향력을 지적한 것에 다름 아니다.

문헌상으로 나타나는 한민족 최초의 전쟁은 기원전 4세기 말~기원전 3세기 초에 걸쳐 전개된 고조선과 연나라의 전쟁이었다. 한국의 역사에서 고대사회라 함은 고려왕조가 후삼국을 통일하기 직전까지의 시기를 일컫는데, 대개 발해와 통일신라가 멸망하던 10세기 전반까지를 포함하는 것이 일반적이다. 발해가 신흥세력 거란을 견제할 주변국과 제휴하지 못해 결국 붕괴되고, 한반도에서도 935년 신라 경순왕이 고려에 자진 투항한 이듬해 후백제가 고려에 멸망하면서 한국 고대사가 막을 내렸다. 이와 같이 고조선부터 발해·통일신라에 이르기까지 크고 작은 전쟁을 치르면서 승리와 패배를 주고받았다.

한국 고대 전쟁사에서 주목할 만한 사실은 민족의 사활을 건 수많은 전쟁을 치르면서도 특히 선진문화를 보유한 중국대륙의 국가들과는 전쟁과 외교를 적절히 양립시키며 관계를 단절하지 않았다는 점이다. 이는 국익을 최우선으로 하는 실리외교의 전형으로, 우리 고대사회의 대외투쟁사에 흐르는 일관된 정신이라고 할 수 있다. 이들 전쟁의 대부분은 그 결과가 국왕이나 군사지휘관의 개인 역량에 의해 좌우되는 경우가 많았고, 따라서 지도자들은 나름의 지식과 지혜를 총동원하여 국가나 민족의 운명을 건 전쟁에서 승리하고자 노력하지 않을 수 없었다. 고대 전쟁사에 나타난 이 같은 지략과 전략적 사고는 오늘날 우리의 전략적 사고를 형성하는 데도 일정한 영향을 끼쳤음에 틀림없지만, 한국 고대 전쟁사는 사료의 부족으로 그 연구결과를 일반화하기 어려운 부분들이 적지 않다.

한반도 내부의 지형적·전략적 환경은 오늘날도 크게 변하지 않았다. 넓고 비옥한 토지가 존재하는 지역, 예컨대 한강을 비롯하여 낙동강지역이나 영산강 일대, 그리고 호남에서 황해도까지 서해를 연하는 일대의 평야지역은 특히 한반도 내의 대립과 충돌 상황에서 매우 중요한 군사적 거점이자 목표가 되었다. 신라 진흥왕시대 영토확장의 결정판이었던 한강유역 점령은 고구려·백제와의 전쟁에서 매우 유리한 조건을 마련하는 발판이었다. 한강유역이 풍부한 인적·물적 자원의 공급지일 뿐 아니라 남양만을 통해 중국의 남북조 국가들과 연결되는 통로이기 때문이었다.

또 한반도를 둘러싼 국제관계 속에서 지형적 환경은 줄곧 동서와 남북을 연결하는 외교의 축을 만들어냈다. 이러한 동북아 국제질서의 역관계는 그때마다의 특수한 사정에 기인한 것이었지만, 실제로는 원교근공의 외교전략이 중요한 수단으로 작동하고 있었음을 의미한다. 중국에 수·당이 들어서기 전에 고구려가 북위와, 백제가 송과, 그리고 신라가 진나라 등과 친선을 유지하면서 선진문물을 수용하고 의례적인 조공관계를 통해 중국세력을 이용한 것이 그 단적인 예다.

이러한 외교축이 무너진 것은 6세기 후반 신라가 한강유역을 장악한 이후였다. 이에 앞서 고구려의 장수왕은 이미 중국 남북조의 대립을 이용하여 북조의 북위·동위·북제·북주 등과 통교하고, 다른 한편으로 남조의 동진·송·제·양·진 등과도 친선을 도모함으로써 전쟁을 예방하는 성과를 거두었다. 그러나 589년 수나라가 남북조를 통일하고, 한강유역을 차지한 신라가 수와 직접 수교한 이후로 한반도의 주도권은 신라로 넘어갔다. 위기를 기회로 바꾼 신라는 마지막까지 살아남아 발해와 함께 남북국시대의 한 축을 이루면서 한국 고대사의 마지막을 장식했다.

기원전

2333 단군왕검이 나라를 세워 '조선'이라 칭함.

2000 후기 신석기문화가 형성되고 만주지역에서는 부분적으로 청동기문화가 시작됨.

1401 중국에 은殷왕조 건립.

1122 은이 멸망하고 무왕이 주周를 세움.

1000 민무늬토기인이 한반도 각지에 이주하여 농경문화를 이루고 전기 청동기문화를 형성함.

800 고조선의 수도를 왕검성으로 정함.

450 송화강 상류 일대에서 부여가 일어남.

300 대동강 유역에 철기문화가 널리 시작되고 한문자가 전래됨.

221 진秦나라가 중국을 통일함.

206 유방이 한漢을 세움.

195 연나라의 위만이 조선으로 망명해 오자 준왕이 박사로 삼고 서계西界를 지키게 함.

194 위만이 조선을 공략, 왕검성을 도읍으로 위만조선을 건국하자 준왕은 한반도 남부로 내려가 살면서 스스로 한왕韓王이라고 함.

190 위만이 진번 · 임둔을 복속시킴.

108 한漢 무제의 5만군이 수륙양면으로 포위공격하여 위만조선을 멸하고, 그 땅에 낙랑 · 임둔 · 현도 · 진번의 4군을 설치함.

82 한이 진번군을 폐하고 그 일부를 낙랑군에, 임둔군을 폐하고 그 일부를 현도군에 통합함.

59 해모수가 북부여를 건국함.

57 신라의 혁거세가 왕위에 올라 왕호를 거서간, 국호를 서나벌徐那伐이라 함.

50 왜가 신라의 변경을 침입하려다 돌아감.

37	주몽이 고구려를 세우고, 신라는 금성을 축조함.

37 주몽이 고구려를 세우고, 신라는 금성을 축조함.

28 4월, 낙랑이 신라를 공격함.

10월, 고구려가 북옥저를 병합함.

18 온조가 하남위례성에 백제국을 세움.

11 2월, 말갈이 백제의 위례성을 포위하여 백제가 대부현에서 격파함.

7월, 백제가 마수성을 쌓고 병산책瓶山柵을 세워 낙랑과의 화친을 깸.

5 1월, 백제가 수도를 한산漢山으로 옮김.

7월, 백제가 한강 서북에 성을 쌓음.

2 낙랑이 백제의 위례성을 침범하여 불태움.

기원후

3 고구려가 졸본에서 국내성으로 천도하고 국내성에 환도산성을 축조함.

8 10월, 백제가 마한을 멸하고 병합함.

22 고구려가 부여를 공격하여 대소왕이 사망하자 부여는 대소왕의 동생을 옹
립하여 갈사국曷思國을 건국함.

28 한의 요동태수가 고구려의 환도산성을 포위함.

32 고구려가 낙랑을 공격해 항복을 받음.

55 2월, 고구려가 요서 10성을 쌓아 후한에 대항함.

56 2월, 백제가 우곡성을 쌓아 말갈에 대비함.

7월, 고구려가 동옥저를 토벌함.

61 8월, 마한의 장수 맹군孟君이 복암성을 신라에 바침.

68 8월, 부여의 갈사국이 고구려에 투항함.

75 10월, 백제가 신라의 와산성을 점령함.

76 9월, 신라가 와산성을 수복함.

77 8월, 신라가 가야를 황산진(낙동강 양산)에서 격파함.

105 1월, 신라와 백제 사이에 화평이 성립함.

고구려는 한의 요동 6현을 공략했으나 요동태수에게 격퇴됨.

115 2월, 가야가 낙동강의 황산에서 신라와 교전함.

7월, 신라가 보 · 기병으로 가야군을 격퇴함.

121 1월, 고구려가 후한의 침공을 물리친 후 현도군과 요동군의 성곽을 불사르고 2000명을 살상함.

125 7월, 말갈이 신라의 대령책을 습격하고, 백제는 신라에 원병을 보냄.

132 2월, 백제가 북한산성을 축조함.

146 8월, 고구려가 요동군의 서안평을 습격함.

172 11월, 고구려가 후한을 좌원에서 대파함.

184 고구려가 요동태수의 공격을 격퇴함.

189 7월, 신라와 백제가 구양에서 격전을 치름.

190 8월, 백제가 신라의 원산향 부곡성을 습격, 와산성에서 신라군에 승리를 거둠.

199 백제가 신라의 변경을 공격함.

203 10월, 말갈이 신라의 변경을 습격함.

205 요동의 공손강이 낙랑의 남부에 대방군을 설치함.

208 왜가 신라의 변경을 습격함.

209 10월, 고구려가 국내성에서 환도성으로 천도를 단행함.

210 10월, 말갈이 백제의 사도성을 습격함.

220 조비가 위를 세움.

221 유비가 촉을 세움.

222 손권이 오를 세움.

236 7월, 고구려가 오의 사신을 죽여 위에 보냄.

위의 사마의가 요동의 공손연을 정벌함.

238 고구려가 위의 공손씨 토벌에 1000명의 원병을 지원함.

대방군이 위에 예속됨.

244 8월, 위의 관구검이 고구려의 환도성을 점령함.

246 백제가 대방군을 공격했으나 위군의 반격으로 백제의 북진이 좌절됨.

263 촉한이 멸망하고, 위의 사마염은 진晉을 세움.

274 2월, 낙랑 · 대방 · 현도군이 진에 예속됨.

302 9월, 고구려가 3만 군사로 현도성을 공격해 8000명을 생포함.

307 신라가 국호를 계림에서 신라로 고침.

313 8월, 고구려가 중국대륙의 혼란을 틈타 낙랑군을 공격, 함락시킴. 설치 421년 만에 대동강 이남의 낙랑군 지역을 회복하게 됨.

314 고구려가 대방군을 공격해서 함락시킴. 고구려 미천왕과 공방전을 벌이던 요동의 장통이 민호 1000여 가를 이끌고 모용씨에게로 귀속함.

316 11월, 흉노가 서진을 멸하고, 중국대륙에서는 5호 16국시대가 시작됨.

342 11월, 연군燕軍의 침입으로 고구려의 환도성이 함락됨.

371 10월, 고구려 평양성이 백제군 3만의 공격을 받아 고국원왕이 전사함.

375 7월, 고구려가 백제의 수곡성을 함락함.

377 10월, 백제 근구수왕이 3만 군사로 고구려 평양성을 보복 공격함.

385 6월, 고구려 고국양왕이 후연의 요동·현도군을 함락시키고 1만을 생포함.

11월, 고구려가 후연의 모용농에게 요동·현도군을 다시 빼앗김.

391 5월, 고구려의 광개토왕이 왕위에 오름.

392 7월, 고구려가 4만 군사로 백제를 침공하고 10성을 함락시킴.

9월, 고구려가 거란을 공격, 주민 500여 명을 생포함.

404 11월, 고구려가 후연을 공격하고, 대방지역에 침입한 백제와 왜의 연합군을 전멸시킴.

410 고구려가 동부여를 공격하여 60여 성을 점령함.

413 고구려 광개토왕이 사망하고 장수왕이 즉위함.

427 고구려가 수도를 압록강 이북 국내성에서 대동강 유역으로 옮기고 본격적인 남하정책을 추진함.

475 9월, 고구려 장수왕이 3만의 병력을 이끌고 백제의 한성을 점령함. 성 밖으로 도망치던 개로왕이 고구려군에 붙잡혀 전사하고, 백제는 한성에서 웅진(공주)으로 천도함.

490 신라 소지왕이 수도 경주에 시장을 개설하고 상품유통을 장려함.

493 3월, 신라 소지왕이 백제 동성왕과 결혼동맹을 맺고 고구려의 남침에 공동 대응키로 함.

494 7월, 고구려가 신라의 살수원(괴산)을 공격하다가 백제군이 신라를 지원하자 퇴각함.

495 8월, 고구려가 백제의 치양성을 공격하다가 신라군이 백제를 지원하자 퇴각함.

502 3월, 신라가 순장제도의 폐지를 공포함.

512 6월, 신라가 이사부를 보내 우산국(울릉도)을 정복함.

520 1월, 신라 법흥왕이 백관의 관복 및 관등·골품제도 등에 관해 규정한 율
     령을 공포, 중앙집권적 통치체제를 확립함.

527 신라 법흥왕이 흥륜사 창건책임자인 이차돈을 처형함.

532 신라 법흥왕이 금관가야를 합병하여 낙동강 이서의 평야지역으로 진출할
     수 있는 교두보를 확보함.

535 신라 법흥왕이 진골귀족들의 반대를 물리치고 불교를 국교로 공인, 왕권
     강화의 사상적 기반을 마련함.

538 신라가 함안의 아라가야를 멸함.
     백제가 사비성으로 천도, 국호를 남부여南扶餘라 함.

551 1월, 신라 진흥왕, 백제와 연합군을 편성하여 한강 유역 일대를 탈환하고
     산악지역인 한강 상류의 10군을 점령함.

553 7월, 신라가 백제군을 몰아내고 한강 유역을 독점함.

554 7월, 백제 성왕이 신라에 보복 공격을 가함. 옥천의 관산성에서 신라군과
     공방전 중 성왕이 전사함.

562 9월, 신라가 고령의 대가야를 합병하면서 낙동강 유역의 대부분을 장악함.

565 신라 진흥왕이 품주稟主를 설치하여 국가의 공적인 수입과 지출을 함께 관
     장하게 함.

579 2월, 북주北周의 양견이 수나라를 건국함.

586 고구려가 도읍을 평양의 안학궁(대성산)에서 평양의 장안성으로 옮김.

589 1월, 수 문제가 진陳을 멸하고 중국을 통일함.

598 6월, 수 문제가 30만 대군을 이끌고 고구려 침공을 개시함(제1차 고구려 침공).
     7월, 수의 원정군이 요하에서 기아와 질병으로 타격을 입고 퇴각함.

604 11월, 수 양제가 장안에서 낙양으로 천도함.

607 8월, 고구려 사신이 돌궐추장 계민가한의 처소에서 순행 중이던 수 양제와
     조우함.

612 수 양제가 113만여 병력을 이끌고 고구려를 침공(제2차 고구려 침공). 우문
     술·우중문 등이 이끄는 수의 30만 별동부대가 평양에서 철수하여 살수를
     건너던 중 을지문덕의 수공에 섬멸적 타격을 입음.

613 2월, 수 양제가 우문술 등을 재기용하여 군사지휘권을 부여함.

4월, 수 양제가 대군을 이끌고 요하를 건너 고구려 변경지역으로 진입함(제3차 고구려 침공).

6월, 수의 예부상서 양현감이 여양성을 중심으로 반란을 일으키자 병부시랑 곡사정이 고구려 진영으로 망명함.

6월 28일, 곡사정이 망명하자 수 양제가 퇴각을 결정함.

8월, 수 양제가 양현감의 반란세력을 완전히 제압함.

614 2월, 수 양제가 고구려 원정을 독단으로 결정하고 조서를 내려 이를 반포함(제4차 고구려 침공).

7월, 고구려가 수나라에서 투항해온 곡사정을 압송하여 양제의 위신을 세워줌으로써 수와의 화의를 성립시킴.

8월, 수의 원정군이 곡사정을 태운 수레를 앞세우고 철군을 개시함.

618 3월, 수 양제가 우문술의 아들 우문화급·우문지급 등에 의해 살해됨.

5월, 이연이 수를 멸하고 당을 개창하여 고조가 됨. 당이 중국의 새로운 통일국가로 등장함.

626 8월, 당의 이세민이 친형 이건성을 죽이고 차자로 황태자가 되었다가 아버지 이연을 퇴위시키고 태종으로 즉위함.

631 2월, 고구려가 부여성에서 비사성에 이르는 천리장성 축조에 착수함.

642 8월, 신라의 합천 대야성이 백제군 1만여 명에 점령되면서 김춘추의 사위인 김품석이 일가족과 함께 모두 전사함. 주민 1000여 명이 포로가 됨.

10월, 연개소문이 영류왕과 대신 100여 명을 살해하고 보장왕을 즉위시킨 후 자신은 대막리지에 취임함.

643 9월, 신라가 당에 사신을 보내 삼국의 정세를 설명하고 원병을 요청함.

644 1월, 당 태종이 고구려에 사신을 보내 신라 침공을 자제하도록 요청함.

645 4월 26일, 당 태종이 10만 대군으로 고구려를 공격, 개모성이 함락되면서 고구려인 2만여 명이 포로가 되고 10만 섬의 곡식을 빼앗김.

5월 17일, 당 태종의 화공으로 고구려 요동성이 함락됨. 1만여 명이 전사하고 군사 1만, 주민 4만여 명이 포로가 됨. 백암성이 당 태종에 항복하면서 고구려인 1만 명이 포로가 됨. 신라가 3만의 지상군을 출동시켜 당군을 지원함.

6월 23일, 고구려 증원군 3만 6800여 명이 당군에 투항, 3500명은 당의 벼슬을 받고 중국대륙으로 이동함. 말갈병 3300명이 생매장됨.

9월, 당군이 60여 일간 연인원 50만을 동원하여 안시성 밖에 토산을 조성함. 토산이 붕괴되자 고구려군이 이를 장악함.

10월, 당 태종이 안시성 공격을 포기하고 철군명령을 하달함. 요하 도하 중 한파를 만난 당군은 심각한 타격을 입음.

646 고구려 보장왕이 당에 사신을 파견하여 무력충돌에 대한 유감을 표시함. 고구려가 천리장성의 축조를 완성함.

647 신라 김춘추가 일본에 수개월간 체류하면서 양국 간 군사동맹을 체결함.

648 신라 진덕여왕이 김춘추와 그 아들 김문왕을 당에 파견, 적극적인 대당 외교를 전개함.

649 5월, 당 태종의 사망으로 고구려 침공준비를 전면 중지함.

654 3월, 신라의 진덕여왕이 죽고 진골 출신의 김춘추가 왕위에 올라 더욱 적극적인 대당 외교를 전개함.

655 8월, 백제가 고구려 및 말갈군과 연합하여 신라 북쪽 국경지대에 위치한 30여 성을 점령함.

660 3월, 당 고종이 소정방을 총사령관으로, 신라 왕자 김인문을 부사령관으로 하여 백제를 공격함. 침공군을 13만으로 결정함.

7월, 신라와 백제의 황산벌전투에서 백제의 계백이 전사하고, 의자왕은 수도 사비성에서 태자를 대동하고 웅진성으로 탈출함. 국왕과 태자가 탈출한 상황에서 시비성은 나당연합군에 투항함.

661 백제 부흥군이 주류성을 거점으로 부흥운동 전개.

6월, 신라 무열왕 김춘추가 고구려 정벌군을 결성하던 중 사망. 묘호를 태종으로 함.

662 1월, 당나라 장수 방효태가 지휘하는 대군이 연개소문의 고구려군과 사수에서 접전하여 대패, 방효태의 아들 13명이 모두 전사함.

1월, 김유신 등 9명의 장수가 지휘하는 신라군이 2000여 량의 수레에 쌀 4000석과 벼 2만 2000여 석을 싣고 평양성으로 출발, 당군 진영에 군량을 전달하고 2월에 복귀함.

663 신라 문무왕이 김유신 등 28명의 장수를 거느리고 참전하여 두릉윤성(청양

군 정산)과 주류성(홍성군 장곡) 등을 점령함. 주류성이 나당연합군에 함락
되면서 백제재건 투쟁이 종료됨.

666 고구려의 연개소문 사망 후 맏아들 남생이 막리지가 되나 내분으로 곧 당
나라에 망명하고 아우 남건이 막리지가 됨.

667 신라 문무왕이 김유신 등과 함께 고구려 정벌에 나서고 당나라도 고구려를
공격함.

9월, 당군이 고구려 동북방 변경지역의 주요 성을 점령함.

668 9월 20일, 나당연합군이 평양성을 포위, 보장왕의 항복으로 고구려가 멸망함.

670 6월, 고구려 부흥군, 평양의 안동도호부를 점령하고 당의 관인들을 처형하
나 고간 · 이근행 등 당나라 장수의 공격을 받고 평양성에서 퇴각함.

672 신라가 고구려병과 합세하여 백수성 근처에서 당군을 격파함.

673 7월, 김유신이 79세를 일기로 사망. 문무왕은 김유신이 국가에 기여한 공
적을 들어 후손들에게 채백 1000필, 조 1000석을 하사하고 군악대 100명을
파견하여 장례를 지원함.

674 신라가 반월성 부근에 인공호수 안압지를 조성함.

675 신라가 옛 고구려의 남쪽 변경지역까지 주와 군을 설치함.

9월, 매소성을 중심으로 부근 일대에 집결한 당의 대군과 신라군이 치열한
공방전을 펼침. 신라군이 전마 3만 400여 필을 노획함.

676 11월, 신라군이 금강 하구 기벌포에서 당의 설인귀군을 격파함. 신라가 당
군을 한반도에서 완전히 몰아내면서 삼국통일을 완성함.

683 12월, 당 고종이 죽고 측천무후가 684년부터 정권을 독점함.

687 신라가 전국을 9주 5소경으로 편성함.

692 신라의 설총이 이두를 정리함.

697 6월, 대조영이 이끄는 고구려 유민이 천문령에서 당군을 요격시키고 말갈
족과 함께 목단강 유역의 서고성자(동모산) 일대를 근거지로 삼아 정착하
기 시작함.

698 발해 건국.

700 발해가 신라에 사신을 파견하고 새 왕조의 개창을 공식적으로 통보함.

719 대조영이 사망하고 아들 대무예가 뒤를 이어 즉위함.

723 신라가 처음으로 왜에 사신을 보냄. 혜초가 서역에서 돌아와 『왕오천축국

전』을 저술함.

732 3월, 거란이 당군에 대패하자 9월에 발해의 장문휴군이 요동반도의 요지인 등주를 선제공격함.

733 1월, 당군이 보복적 발해침공을 단행하자 발해는 윤3월에 거란군 지원부대를 파견하여 당군을 공격함.

737 발해 무왕의 둘째 왕자인 대흠무가 문왕으로 즉위한 후 적극적인 대당 외교를 추진하며 당과의 관계 개선을 시도함.

751 신라의 김대성이 불국사를 창건함.

762 당이 '발해군왕'에서 '발해국왕'으로 호칭을 격상시키고 발해와 당의 관계는 크게 개선됨. 신라와의 대립상황도 약화됨.

802 신라가 가야산 해인사를 창건하고 3층석탑을 건립함.

804 왜의 국사가 신라에 와 황금 300량을 바침.

828 신라의 장보고가 완도에 청해진을 설치하여 청해진 대사에 임명됨.

916 8월 14일, 거란족의 추장 야율아보기가 요나라를 세우고 황제의 자리에 오름.

918 왕건이 고려를 건국함.

926 2월, 103성이 모두 거란에 점령되면서 발해가 멸망함.

7월, 요 태조 야율아보기 사망.

936 고려가 후삼국을 통일함.

참고문헌

한국 고문헌

『삼국사기』
『삼국유사』
『역대병요』

한국 현대 문헌

강선, 「4~6세기 동아시아 정세와 고구려의 대외정책」, 『군사』54(국방부군사편찬연구소, 2005)

공석구, 「고구려의 요동지방 진출정책과 모용씨」, 『군사』54(국방부군사편찬연구소, 2005)

권오중, 『낙랑군연구』(일조각, 1992)

______, 「창해군과 요동동부도위」, 『역사학보』168(2000)

김기흥, 『삼국 및 통일신라 세제의 연구』(역사비평사, 1991)

김두진, 「단군신화의 문화사적 접근」, 『한국사학』11(한국정신문화연구원, 1990)

______, 『한국고대의 건국신화와 제의』(일조각, 1999)

김병남, 「백제 영토변천사 연구」, 전북대학교 박사논문(2001)

김위현, 「발해 유민과 후발해 및 대발해」, 『발해건국 1300주년』(사단법인고구려연구회, 1999)

김은국, 「발해 말왕 대인선시대 대외관계연구」, 『국사관논총』82(국사편찬위원회, 1998)

______, 「발해멸망의 원인」, 『발해건국 1300주년』(사단법인고구려연구회, 1999)

김은숙, 「8세기의 신라와 일본의 관계」, 『국사관논총』29(국사편찬위원회, 1991)

김일경, 「난공불락의 안시성」, 『월간중앙』(2004년 2월호 부록)

김종복, 「발해와 당의 관계」, 『발해의 역사와 문화』(동북아역사재단, 2007)

______, 「발해의 건국과정에 대한 재고찰」, 『한국고대사연구』34(지식산업사, 2004)

김철준, 「신라귀족세력의 기반」, 『인문과학』7(서울대학교, 1962)

______, 『한국문화전통론』(세종기념사업회, 1983)

김한규, 「위만조선관계 중국측 사료에 대한 재검토」, 『부산여자대학논문집』8(1980)

______, 『한중관계사 I』(아르케, 1999)

노근석, 「신라 중고기의 군사조직과 지휘체제」, 『한국고대사연구』5(지식산업사, 1992)

노태돈, 『고구려사연구』(사계절, 1999)

______, 「대당전쟁기(669~676) 신라의 대외관계와 군사활동」, 『군사』34(국방부군사편찬연구소, 1997)

______, 「반외세 통일의 군주 문무왕–문무왕 김법민의 현대적 해석」, 『월간중앙WIN』(1996년 11월호 부록)

______, 「발해의 건국」, 『한국사』10(국사편찬위원회, 1996)

______, 「발해의 발전」, 『한국사』10(국사편찬위원회, 1996)

______, 「왜 고조선인가」, 『고조선 · 단군 · 부여』(고구려연구재단, 2004)

민덕식, 「나당전쟁에 관한 고찰」, 『사학연구』40(한국사학회, 1989)

박경철, 「고구려군사전략고찰을 위한 일시론」, 『사학연구』40(한국사학회, 1989)

박준형, 「고조선의 대외교역과 의미」, 『북방사논총』2(고구려연구재단, 2004)

박지원, 『열하일기』, 임정기 편, (민족문화추진회, 1980)

백기인, 『중국군사제도사』(국방군사연구소, 1998)

변인석, 『백강구전쟁과 백제–왜 관계』(한올역사학강좌, 1994)

______, 「8세기 동아시아 정세에서 바라본 당 · 발해 관계」, 『국사관논총』85(국사편찬위원회, 1999)

서길수, 「시라무렌강의 추억」, 『월간중앙』(2004년 2월호 부록)

서병국, 「중국인의 고구려유망과 요동개간」, 『백산학보』34(백산학회, 1987)

서영교, 「나당전쟁과 토번」, 『동양사학연구』79(동양사학회, 2002)

______, 『나당전쟁사 연구』(아세아문화사, 2006)

서영수, 「고조선의 위지와 상역」, 『한국사시민상좌』2(일소사, 1988)

______, 「신라 통일외교의 전개와 성격」, 『통일기의 신라사회연구』(동국대 신라문화연구소, 1987)

______, 「위만조선의 대한투쟁」, 『한국사』2(한길사, 1994)

______, 「위만조선의 형성과정과 국가적 성격」, 『고조선과 부여의 제문제』(한국고대사연구회, 1996)

서인한, 『고구려 대수 · 당전쟁사』(국방부전사편찬위원회, 1991)

송기호, 「동아시아 국제관계 속의 발해와 신라」, 『한국사시민강좌』5(일조각, 1989)

______, 「발해 문왕대의 개혁과 사회변동」, 『한국고대사연구』6(한국고대사연구회, 1992)

______, 『발해정치사연구』(일조각, 1997)

신채식, 『동양사개설』(삼영사, 1993)

신형식, 「반외세 통일의 군주 문무왕–문무왕 김법민의 현대적 해석」, 『월간중앙WIN』,

(1996년 11월호)

______, 「삼국통일전후 신라의 대외관계」, 『신라문화』2(1985)

______, 「신라병부령고」, 『역사학보』61(1974)

______, 『한국고대사의 신연구』(일조각, 1986)

심승구, 「발해 무왕의 정치적 과제와 등주공격」, 『군사』31(국방부군사편찬연구소, 1995)

안국승, 「매초성 연구」, 『경기향토사학』2(경기향토문화연구소, 1997)

양병용, 「나당전쟁 진행과정에 보이는 고구려유민의 대당전쟁」, 『사총』46(고대사학회, 1997)

여호규, 『고구려성 I : 압록강 중상류편』(국방군사연구소, 1998)

______, 『고구려성 II : 요하유역편』(국방군사연구소, 1999)

______, 「광개토왕릉비에 나타난 고구려의 대중인식對中認識과 대외정책」, 『역사와 현실』55(2005)

______, 「정치력과 외교력, 그 엇갈린 선택-연개소문과 김춘추」, 『역사의 길목에 선 31인의 선택』(푸른역사, 1999)

______, 「3세기 후반~4세기 전반 고구려의 교통로와 지방통치조직」, 『한국사연구』91(1995)

유원재, 「중국왕조와의 관계」, 『한국사』6(국사편찬위원회, 1995)

육군본부, 『위국헌신의 길』(육군인쇄창, 2004)

육군사관학교 육군박물관, 『경기도 파주군 군사유적 지표조사보고서』(1994)

윤내현, 『고조선연구』(일지사, 1994)

윤명철, 『한민족의 해양활동과 동아지중해』(학연문화사, 2002)

윤일영, 「관미성위치고」, 『북악사론』2(국민대학교, 1990)

윤재운, 『한국고대무역사연구』(경인문화사, 2006)

이기동, 「고구려의 등장과 동옥저 및 동예 복속」, 『한국사강좌 : 고대편』(일조각, 1982)

______, 「대외관계의 전개」, 『한국사강좌 : 고대편』(일조각, 1982)

______, 『백제사연구』(일조각, 1996)

______, 「백제의 건국과 발전」, 『한국사강좌 : 고대편』(일조각, 1982)

______, 「부여왕국의 흥망」, 『한국사강좌 : 고대편』(일조각, 1982)

______, 『신라골품제사회와 화랑도』(일조각, 1990)

______, 「위씨조선의 흥망」, 『한국사강좌 : 고대편』(일조각, 1982).

______, 「철기의 사용과 연맹왕국의 형성」, 『한국사강좌 : 고대편』(일조각, 1982)

이기백, 「백제왕위계승고」, 『한국사논문선집 : 고대편 II』(역사학회, 1978)

______, 『신라사상사연구』(일조각, 1997)

______,「신라의 반도 통일과 발해의 건국」,『한국사강좌 : 고대편』(일조각, 1982)

______,『한국고대사론』(탐구당, 1975)

이내옥,「연개소문의 집권과 도교」,『역사학보』99 · 100(역사학회, 1983)

이도학,「고대국가의 성장과 교통로」,『국사관논총』74(국사편찬위원회, 1997)

______,『새로 쓰는 백제사』(푸른역사, 1997)

이만열,『강좌 삼국시대사』(지식산업사, 1976)

이병도 역주,『국역 삼국사기』(을유문화사, 1977)

이병도,『한국고대사연구』(박영사, 1981)

이성제,『고구려의 서방정책연구』(국학자료원, 2005)

이인철,『고구려의 대외정복 연구』(백산자료원, 2000)

______,『신라정치제도사연구』(일지사, 1993)

______,「6~7세기의 말갈」,『국사관논총』95(국사편찬위원회, 2001)

______,「6~7세기의 무기 · 무장과 군사조직의 편제」,『한국고대사논총』7(한국고대사
     연구회, 1995)

이재 외,『한민족전쟁사총론』(교학사, 1988)

이정숙,「진평왕대 왕권강화와 제석신앙」,『신라문화』16(동국대 신라문화연구소,
     1999)

이춘식,『중국고대사의 전개』(신서원, 1992.)

이호영,「매초성전투」,『한민족 대백과사전』7(한국정신문화연구원, 1989).

______,「삼국통일 과정」,『한국사』9(국사편찬위원회, 1998)

______,『신라삼국통합과 여 · 제 패망원인연구』(서경문화사, 1997)

이형구 · 박노희,『광개토내왕릉비 신연구』(동화출판사, 1987)

이희진,『전쟁의 발견』(동아시아, 2004)

임기환,『고구려 정치사연구』(한나래, 2004)

______,「3~4세기초 위魏 · 진晉의 동방정책」,『역사와 현실』36(한국역사연구회, 2000)

임상선,「발해 건국 참여집단의 연구」,『국사관논총』42(국사편찬위원회, 1993)

______,「발해 유민의 부흥운동」,『새롭게 본 발해사』(고구려연구재단, 2005)

______,『발해의 지배세력 연구』(신서원, 1999)

임홍빈 · 유재호 · 성백효 역주,『동국병감』(국방부전사편찬위원회, 1984)

전덕재,「4~6세기 농업생산력의 발달과 사회변동」,『역사와 현실』4(한국역사연구회,
     1990)

정경희,「고조선의 사회와 정치」,『한국사시민강좌』2(일조각, 1988)

정병준,「영주의 대조영 집단과 발해국의 성격」,『동북아역사논총』16(동북아역사재단,
     2007)

정순태,「반외세 통일의 군주 문무왕-문무왕과 백제와 부여풍 행적을 따라」,『월간중
　　　앙WIN』(1996년 11월호)
정재윤,「475년 한성전투의 군사전략과 전쟁사적 의미」,『군사』50(국방부군사편찬연
　　　구소, 2003)
지배선,「모용연의 중국화정책과 대외관계」, 연세대학교 박사논문(1986)
천관우,「광개토왕의 정복활동」,『한국사시민강좌』3(일조각, 1988)
　　　　,『인물로 본 한국고대사』(정음문화사, 1982)
최몽룡,「상고사의 서해교섭사연구」,『국사관논총』3(국사편찬위원회, 1989)
최성락,「철기문화를 통해서 본 고조선」,『국사관논총』33(국사편찬위원회, 1992)
한규철,「당과의 관계」,『한국사』10(국사편찬위원회, 1996)
　　　　,『발해의 대외관계사』(신서원, 1994)

북한 문헌

리지린,『고조선연구』(북한 : 과학원 출판사, 1963)
역사과학연구소,『고구려문화사』(북한 : 사회과학출판사, 1975)
이지린 · 강인숙,『고구려역사』(북한 : 사회과학출판사,1976)
사회과학원 역사연구소 편,『조선전사2 고대편』(북한 : 과학 · 백과사전출판사, 1979)

중국 문헌

『구당서舊唐書』
담기양譚其驤 주편主編,『중국역사지도집 3』(대만 : 지도출판사, 1982)
부락성傅樂成,『중국통사』, 신승하 옮김(우종사, 1976)
『북사北史』
『사기史記』
『삼국지』
삼군대학三軍大學 편저,『중국역대전쟁사中國歷代戰爭史』제3~8책(대만 : 여명문화사업공사,
　　　1976)
『수서隋書』
『신당서新唐書』
왕승례王承禮,『발해의 역사』, 송기호 옮김(한림대학 아시아문화연구소, 1988)
여사면呂思勉,『수당오대사隋唐五代史』(중국 : 상해고적출판사, 1984)
『위서魏書』
『자치통감資治通鑑』
『전국책戰國策』,「연책燕策」

전백찬翦伯贊 편,『중국전사中國全史』(학민사, 1990)

『진서晉書』

최대용崔大庸,「중국고대병기적주조여예적발전中國古代兵器的鑄造與藝的發展」,『문사지식文史知
    識』(1994)

『한서漢書』

『후한서後漢書』

일본 문헌

누노메 조후,『수당사연구』(동붕사, 1968)

니시지마 사다오,「친위왜왕책봉에 이르는 동아시아의 정세親魏倭王冊封に至る東アジアの情勢」,
    『중국고대국가와 동아시아세계中國古代國家と東アジア世界』(동경대학출판회, 1983)

무라카미 요시오,「신라와 소고구려국新羅と小高句麗國」,『조선학보』37 · 38(조선학회,
    1966)

미야자키 이치사다,『중국사』, 조병한 편역, (역민사, 1984)

이나바 이와키치,「한대의 만주」,『만주역사지리』(1940)

이마니시 하루아키,「고구려의 남북도와 남소 · 목저高句麗の南北道と南蘇 · 木底」,『청구학총』
    22(1935)

이케우치 히로시,「고구려멸망 후의 유민 반란 및 당과 신라와의 관계高句麗滅亡後の遺民の叛
    亂及び唐と新羅との關係」,『만선사연구滿鮮史研究』(길천홍문관, 1951)

__________,「조위의 동방경략曹魏の東方經略」,『만주지리역사연구보고』12(동경제국대학
    문학부, 1930)

__________,「한위진의 현도군과 고구려漢魏晋の玄菟郡と高句麗」,『만선사연구』(일본 : 길천홍
    문관, 1951)

『일본서기』

후루하타 도오루,『발해사의 이해』, 임상선 편역(신서원, 1990)

서양 문헌

르네 그루세René Grousset,『유라시아 유목제국사』, 김호동 · 유원수 · 정재훈 옮김(사계
    절, 2002)

유 엠 부찐Ю.М.Бутян,『고조선』, 국사편찬위원회 옮김(국사편찬위원회, 1986)

찾아보기

ㄱ

가림성加林城　288~289

가야伽倻　116, 119~120, 168, 193~194, 272

강계江界　98, 100, 103

강왕康王　327~328

개로왕　135, 163, 165~167, 173~175, 182

개모성蓋牟城　229, 231, 235, 260

개성　125

거란契丹　153, 288, 292, 315, 317~320, 323

거칠부居柒夫　184, 191

검모잠劍牟岑　283

견훤甄萱　309, 332, 336

경여갑당京餘甲幢　187

계루부桂婁部　77

계백階伯　256~257, 268, 308

계수罽須　78, 81~82

고국양왕故國壤王　144~147, 149~150

고국원왕故國原王　82, 115, 121, 124~125, 130~131, 135, 141~144, 160, 166

고국천왕故國川王　76~78, 80~81, 83, 86

고비사막　40, 42, 310

고안승高安勝　283, 291

고연수高延壽　232~233

고영창高永昌　337~338

고왕高王　320, 325

고이산성高爾山城　95, 140, 221

고이왕古爾王　110~113, 115

고정의高正義　232~233

고창국高昌國　226

고현高峴　189

고혜진高惠眞　189

곡사정斛斯政　232

공손수公孫遂　223~224

관구검기공비毌丘儉紀功碑　97

관미성關彌城(오두산성)　151~152, 154

관산성管山城전투　192

관자管子　16

광개토왕廣開土王　135, 145, 147, 149~155, 157~159, 168, 170, 179, 210, 331

광개토왕릉비(호태왕비)　151, 153~157

괴곡성　111, 113

구수왕仇首王　113

구진천仇珍川　49

국내성國內城　82, 95~97, 100, 110, 124, 141, 149, 159, 172, 179, 192, 265, 269

궁예弓裔　332

귀당貴幢　187~188

근구수왕近仇首王　127~128, 132, 135

근초고왕近肖古王　115~118, 120~135, 143, 146, 160, 166

금관가야金官加耶　155, 181, 192, 272

금마저金馬渚　283, 291

금현성金峴城　183

기벌포伐伐浦 전투   301~302, 306
기자조선   31, 55
김무력金武力   191
김부식金富軾   236
김시득金施得   301
김원술金元述   292, 294
김유신金庾信   253~254, 256~257, 263,
    268, 272~274, 279~280, 282~293
김인문金仁問   254, 282
김춘추金春秋(무열왕)   164, 197, 203~204,
    227~228, 250, 252~253, 272~274

ㄴ

나당연합군   254~258, 262~263, 267,
    270, 279, 287, 308
나당전쟁   271, 283, 302, 304, 307
나제동맹   167, 171
낙랑군   63, 69, 73~74, 88, 94, 99, 102,
    113, 138
남북국시대南北國時代   314, 344
남소성南蘇城   155, 260
남조南朝   171, 181, 200, 209, 344
내물왕奈勿王(내물마립간)   116, 126, 155,
    178~179, 191
내신좌평內臣佐平   112, 114
내주항萊州港   255, 282, 324
노관盧綰   37, 54~55
노당弩幢   186~187
노하진灅河鎭   217
농안農安   158, 259, 335
눌지왕訥祇王   160, 167, 179

ㄷ

단군왕검檀君王儉   14, 30~32
단부段部   139
당항성薰項城   192, 200~201, 333
대가야大加耶   181, 193
대건황大虔晃   330
대동강   22, 57, 60, 134, 159~160, 179,
    263, 270, 304~306, 330
대릉하大凌河   25, 28, 217
대발해국大渤海國   337~338
대방帶方   88, 94, 102, 105, 108, 110, 129,
    138, 143
대성산大城山   159, 171~172
대야성大耶城   197~198, 203, 227
대장척당大匠尺幢   185, 187
대조영大祚榮(고왕)   315~320, 322, 328,
    337
대종교大倧敎   32
덕물도德物島(덕적도)   255
『도덕경道德經』   243
도독부都督府   267, 279, 281~282
도리천忉利天   205
두 림道琳   166~167, 172~173, 175
도호부都護府   166~167, 172~173, 175
돌궐족突厥族   185, 208~209, 213~214,
    225, 310, 315~318, 320, 323~324
동경요양부東京遼陽府   337~338
『동국통감』   16
동명왕東明王   32
동모산東牟山   316~317
동예東濊   60, 113
동진東晉   125, 128~129, 132, 139, 141
동천왕東川王   83, 86, 89~90, 92~94, 97~
    101, 103~105, 110, 141

동평군東平郡　334

동호족東胡族　24

동황성東黃城　100, 141~142

등거리외교等距離外交　162, 171

등주登州　306, 322

ㅁ

마도산馬都山　324

마립간麻立干　178

마운령摩雲嶺 순수비　194

마한馬韓　108~109, 116, 119~120, 129~
　　130, 133

말갈족靺鞨族　129, 168, 209, 291, 294,
　　296, 298~299, 314~316, 325, 327

매소성買肖城전투　299~302, 305

명림답부明臨答夫　74~76

명림어수明臨於漱　101

모용부慕容部　139

모용외慕容廆　139, 141

모용황慕容皝　115, 140~141

몽촌토성　114

무왕武王　196~198, 203, 250~251, 268

무제武帝　39, 41~44, 46~47, 50~51

무황후武皇后(측천무후)　262, 318

문무왕　205, 263, 274, 280, 285,
　　288~290, 293~294

문자왕文咨王　171, 210

문주왕文周王　182

미천왕美川王　115, 138~139, 142

ㅂ

박지원朴趾源　236

발기拔奇　78, 80~82

발해　306, 314, 316~341

방효태龐孝泰　264

백강白江(전투)　256~257, 290, 304

백고伯固　74

백관당百官幢　187

백수성白水城(전투)　292, 300

백암성白巖城　183, 230~232, 238, 260

번진세력藩鎭勢力　330~331

법당군단法幢軍團　184

법흥왕法興王　180~181, 185, 187~188,
　　193, 272

병관좌평兵官佐平　111~112, 114

병부兵部　180, 187

보장왕寶藏王　203, 227, 230, 241~243,
　　259, 267, 270, 303, 317

본가야 → 금관가야

봉산성烽山城　111, 113

〈봉역도封域圖〉　227

봉황성鳳凰城　284

부여夫餘　68, 70, 73, 90, 92~93, 108, 158

부여융扶餘隆　280

북수남공北守南攻 정책　171, 208

북위北魏　161~165, 170~171

북조北朝　163, 171

북진北鎭　211

분서왕汾西王　113

비류수沸流水　94

비류왕比流王　113~115

비열홀주比列忽州　193

비유왕毗有王　160, 167, 180

비화가야非火加耶　193

ㅅ

『사기史記』 16, 41, 55
사로국斯盧國 178
사마의司馬懿 90, 92, 94, 101
사비성泗沘城 254, 256, 258, 268~270, 279, 288, 290
사사명史思明의 반란 326
사설당四設幢 187
산동반도 46, 211, 255, 306, 324
산상왕山上王 78, 82~83, 86
살수薩水(전투) 220~221, 238
삼각산三角山 순수비 194
『삼국사기三國史記』 48, 115~117, 121, 134~135, 154~155, 191~192, 236, 242, 256, 272, 289, 308, 310
『삼국유사三國遺事』 15~16, 30~31, 203, 273
삼국통일 57, 164, 195, 199, 203, 272, 274, 307
삼년산성三年山城 163~164
삼성교립三姓交立 방식 178
3성 6부三省六部 326
삼천당三千幢 188
삼한일통三韓一統 57
상경용천부上京龍泉府 325, 335~336
상대등上大等 180
서안평西安平 73, 94
석문산石門山전투 292~293
선덕여왕善德女王 197, 202~204, 274
선비족鮮卑族 69, 72, 92, 170
설오유薛烏儒 284
설인귀薛仁貴 254, 264~265, 267, 289, 291, 301
섭하涉何 41~43

성기成己 52
성덕왕聖德王 324
성왕聖王 192, 195, 198~199, 256
소부리주所夫里州 290, 301
소수림왕小獸林王 144~147, 149
소정방蘇定方 254, 257~258, 264~265, 279, 309
소판차령小板次嶺(판석령板石嶺) 95, 97
송宋 162~163, 171, 336
『송사宋史』 336
『송서宋書』 134
쇠뇌 23, 48~49, 210
수隋 197~198, 208~227, 229, 231, 236~238, 240, 246~248, 261
수곡성水谷城 122, 127, 152
수항사자受降使者 217~218, 237
숙신肅愼 69, 155
순체荀彘 44~45, 47~48, 50~51
시라무렌 강 153, 331
시중侍中 180
신대왕新大王 74~76, 80
신성新城 95, 115, 140~141, 155, 183, 221~222, 229, 266, 303
신주新州 191, 199
실성왕實聖王 178~179
실직주성悉直州城 163

ㅇ

아골타阿骨打 338
아라가야阿羅加耶 155, 193
아막산성阿莫山城 196
아차성阿旦城(아차산성) 113, 154, 166, 174~175

안동도호부安東都護府　267, 281, 283, 303

안록산安祿山의 반란　326

안시성安市城　232~237, 242, 252, 259, 261

안원왕安原王　182

압록강　40, 60, 65, 67, 94~95, 97~98,
　　　100, 102, 105, 140, 179, 214, 218,
　　　221, 263~264, 267, 270, 284, 324

애제哀帝　331

야율아보기耶律阿保機　331, 333

양만춘梁萬春　235~236

양복楊僕　44~45, 47, 50

『양서梁書』　134

양제煬帝　213~218, 221, 223~225, 237

양평襄平　102, 138~139, 141, 216

어량대도魚梁大道　222

연燕　16, 18~22, 24~25, 27~29, 36~37,
　　　55~57, 115~116, 120, 134, 141~143,
　　　145~146, 216

연개소문淵蓋蘇文　197, 203, 227~228, 235,
　　　238, 241~243, 249~251, 263~267,
　　　269

연국공燕國公　310

연남생淵男生　243, 263~265, 269

연정토淵淨土　265

『열하일기熱河日記』　236

염수鹽水　253

염전사상厭戰思想　232, 237, 239

영성자산성英城子山城　233

영양왕嬰陽王　210~211, 218

영주營州　211~214, 229, 237, 282,
　　　315~316

예종睿宗　337

오吳　88~92, 102

오월吳越　134

5호 16국　159, 170

옥저沃沮　60, 63~64, 98~100, 103~105

완안부完顔部 여진　338

왕검성王儉城　25, 38, 46~49, 51~53, 56

왕구언王九言　310

왕선지王仙芝의 반란　330

외여갑당外餘甲幢　187

요녕성遼寧省　29, 60, 65, 69, 95, 132, 138,
　　　155, 157, 183, 211, 216, 221, 229,
　　　231~232, 260, 284, 315, 334

요동군　28, 43, 65, 69, 73, 102, 138~139,
　　　216

요동반도　25, 29, 132, 212, 233, 328

요동성遼東城　157, 216~217, 221~224,
　　　230~232, 235, 237~238, 260~261,
　　　283, 303

요서 경략설　132~133

요주遼州　260, 334

요하遼河　20, 22, 25, 28~29, 36, 60, 132,
　　　138, 150, 154, 157, 211~212, 214~
　　　215, 217, 221, 229~230, 233, 266

우거왕右渠王　39~41, 46~48, 51~53

우문부宇文部　139, 141

우문술宇文述　217, 219, 221, 223

우중문于仲文　218~219

운제雲梯　21, 23, 185~186, 210

웅진도독부熊津都督府　279, 285, 288~291

웅진성熊津城　258, 280, 287~289

원교근공遠交近攻 전략　18, 88

위구르족　264, 269

위구태尉仇台　68, 70, 73

위덕왕威德王　192, 195

위만조선　38, 55

위무정책慰撫政策　337

위사좌평衛士佐平 111

위산衛山 46~47, 50

위씨조선 15

위충韋冲 211

유방劉邦(고조高祖) 36

유옥구 104~105

유유紐由 99, 103~105

유인궤劉仁軌 297, 309

육합성六合城 216

윤충允忠 203

을지문덕乙支文德 218~220

을파소乙巴素 77~78, 80, 86

의무려산맥醫無閭山脈 25, 153

의자왕義慈王 197~198, 203, 250,
    256~258, 268, 279~280

이근행李謹行 284, 294, 298, 303

이다조李多祚 310

이사금尼師今 178

이사부異斯夫 183

이세민李世民 → 태종(당)

이세적李世勣 229~230, 232, 266

이연李淵 225

이이제이以夷制夷 249, 279, 299

이진충李盡忠 315

일연一然 15, 30

임둔臨屯 40~41, 56, 63, 98

임라가라任那加羅 → 금관가야

임존산성任存山城 308~309

ㅈ

장문휴張文休 306, 324

장손무기長孫無忌 228, 242, 262

장수왕長壽王 82, 135, 150~151, 159~162,
    165~168, 170~172, 174~175, 182,
    210

장엄蔣儼 228, 251

장창당長槍幢 296

전국7웅戰國七雄 18, 24

전국시대戰國時代 16~18, 22, 28~29, 37,
    216

『전국책戰國策』 16

전진前秦 132, 145~147, 178

전차전戰車戰 21

절노부絶奴部 77, 86

절도사節度使 326, 331

정관의 치 236

정안국定安國 335~336

『제왕운기帝王韻紀』 31

조정좌평朝廷佐平 116

졸본부여卒本扶餘 69

좌원坐原 76~77

좌평제도佐平制度 111

주장성晝長城 294

주전충朱全忠 331

죽령竹嶺 98, 189, 199

준왕準王 37~38, 55~56

중성산重城山 297

중천왕中川王 100~101

지증왕智證王 180, 193, 272

진秦 17, 21, 27~28, 36~37, 54

진개秦開 24~25

진국震國 319

진대법賑貸法 78, 80

진덕여왕眞德女王 252~253, 274

진번眞番 40, 56

진사왕辰斯王 151

진평왕眞平王 196, 202

진한辰韓 178
진흥왕眞興王 171, 181, 183, 187~188,
　　190~191, 193~194, 198~199, 251,
　　256
진흥왕순수비 193

ㅊ

찬보벽饌寶壁 310
창녕척경비 194
책계왕責稽王 113
척경비拓境碑 193
천리장성千里長城 241, 259
천산남로天山南路 291
천산산맥千山山脈 25, 28, 115, 231
철기시대 22, 49
첨해왕沾解王 112
청동기문화 14, 16
청병외교請兵外交 197, 246, 248, 254, 272
청야입보전술淸野入保戰術 73, 75, 219, 240
청천강 43, 220, 238
촉蜀(촉한) 88, 91~92, 101
최비崔毖 139
춘추시대春秋時代 16~17, 21
충당衝撞 186~187
충차衝車 21, 185~186, 210, 230
치양雉壤 121, 130, 143
칠중성七重城 297~300

ㅌ

탁군涿郡 211~212, 214, 221
탄현炭峴 256~257
태자하太子河 231, 260

태조왕太祖王 63~65, 69~70, 73~74, 98
태종(당) 49, 198, 203, 225~236,
　　238~239, 242~243, 248, 250~252,
　　261~262, 265, 282, 304
토번족吐蕃族(티베트) 225, 291, 302~303,
　　305, 310
토욕혼吐谷渾(토혼) 225, 333
통일신라 57, 203, 314, 317, 319, 324,
　　327, 330, 332~333
통정진通定鎭 229
투석당投石幢 186~187

ㅍ

8조법금八條法禁 15
팔륜누거八輪樓車 222
패수浿水(혼하渾河) 41, 43, 45, 47, 49
패하浿河 124, 152
평양성平壤城 124~125, 128, 130~131,
　　135, 143, 160, 162, 166, 168, 197,
　　218~219, 228, 231, 243, 263, 267,
　　269~270, 281, 283, 292, 303
평원왕平原王 189, 211
평주平州 102, 138~139

ㅎ

하남위례성河南慰禮城 114
하북위례성河北慰禮城 114
한漢 36~53, 55, 60~62, 64
한사군漢四郡 226
한산주漢山州 294
『한서漢書』 55
한성漢城 108, 114, 129, 154, 167, 182

한탄강 299~300

해동성국海東盛國 328, 330, 332

현도성玄兎城 62~63, 65, 68~70, 73, 88,
94, 102, 138

현종玄宗 322~324, 326

호로하瓠蘆河(호로탄瓠蘆灘) 294~295

혼하渾河 41, 94, 155~156, 221~222, 260,
316

홀한성忽汗城(흑룡강성 영안현 동경성) 335

화전양면和戰兩面 전략 304

환도산성丸都山城(길림성 집안시 외곽) 82,
95, 97, 100, 104, 141~142, 192

황건적黃巾賊의 반란 86~88

황소黃巢의 난 330

황초령黃草嶺(순수비) 98, 194

회원진懷遠鎭 211, 215, 217, 221

회흘回紇(위구르) 264

후발해後渤海 335~336

후연後燕 147, 149, 154~157

후한後漢 62, 65, 88, 91~92

흉노족匈奴族 36~37, 39~42, 44~45, 53,
55, 61~62, 68, 92

흑수말갈黑水靺鞨 320~322

흑치상지黑齒常之 308~311

흥수興首 256~257

흥요국興遼國 337

KODEF 한국 전쟁사 ❸

동북아의 왕자를 꿈꾸다

고조선에서 발해까지, 한민족의 고대전쟁사

초판 1쇄 인쇄 2009년 12월 21일
초판 1쇄 발행 2009년 12월 28일

지은이 | 서인한
펴낸이 | 김세영
펴낸곳 | 도서출판 플래닛미디어

주소 | 121-839 서울 마포구 서교동 381-38 3층
전화 | 3143-3366
팩스 | 3143-3360
등록 | 2005년 9월 12일 제 313-2005-000197호
이메일 | webmaster@planetmedia.co.kr

ISBN 978-89-92326-61-2 93910